文物保护基础及保护技术应用研究

赵芳 主编

文化发展出版社
Cultural Development Press

图书在版编目（CIP）数据

文物保护基础及保护技术应用研究 / 赵芳主编 .—北京：文化发展出版社，2020. 12
(2022.1重印)
ISBN 978-7-5142-3174-8

Ⅰ. ①文… Ⅱ. ①赵… Ⅲ. ①文物保护－研究－中国 Ⅳ. ① K87

中国版本图书馆 CIP 数据核字（2020）第 223762 号

文物保护基础及保护技术应用研究

主　　编：赵　芳

责任编辑：唐小君　　　　　　　责任校对：岳智勇
责任印制：邓辉明　　　　　　　责任设计：侯　铮
出版发行：文化发展出版社有限公司（北京市翠微路 2 号　邮编：100036）
网　　址：www. wenhuafazhan. com
经　　销：各地新华书店
印　　刷：阳谷毕升印务有限公司

开　　本：787mm×1092mm　1/16
字　　数：295 千字
印　　张：16
印　　次：2021 年 5 月第 1 版　2022 年 1 月第 2 次印刷
定　　价：46. 00 元
I S B N：978-7-5142-3174-8

◆ 如发现任何质量问题请与我社发行部联系。发行部电话：010-88275710

编委会

作　者	署名位置	工作单位
赵　芳	主　　编	呼和浩特市文物保护中心

前　言

随着城市化进程的不断加快，我国现代化建设逐渐扩大，与此同时，城市建设中一些深层次矛盾也逐步显露，其中现代化建设与文物保护是城市建设中一对矛盾组合体。如何在现代化建设与发展过程中，有效地保护原有文物，并合理利用文化遗产为城市现代化建设做贡献，是一个需要不断探索和解决的问题。文物的积淀凝聚着深厚丰富的文化内涵，成为反映人类过去生存状态、人类的创造力以及人与环境关系的有力物证，成为城市文明的纪念碑。无法复制的特征又使它们具有不可再生的唯一性特征，同时也赋予它们一种难得的文化价值，这种文化价值可以转化为宝贵的文化资源，对现代城市精神生活产生多方面的积极影响。文物的这种双重性质向我们提出了严肃的课题：它们的不可再生性要求我们必须进行妥善而有效的保护；它们的文化价值又要求我们积极而合理地加以利用，为现实的生存和发展服务。实践已经证明并将继续证明，对于文物来说，继承是最好的保护，发展是最深刻的弘扬。

本书共有十一章，分别介绍了：文物保护的基础、文物保护与相关学科的关系、影响文物保存的环境因素、文物保护与宣传、不可移动文物的保护和利用、青铜器文物保护技术、陶瓷器文物保护技术的应用、金属类文物保护技术、竹木漆器文物保护技术、骨角牙器和琥珀文物保护技术、纸质文物与纺织品保护技术等内容。本书根据文物保护基础理论与各项政策和法规进行编写，具备理论性和实用的特点，适合相关从业人员学习使用。

本书在编写过程中参考了有关文献和一些文物保护管理经验性文件，并且得到了许多专家和相关单位的关心与大力支持，在此表示衷心感谢。

《文物保护基础及保护技术应用研究》编委会

目　录

第一章　文物保护的基础

第一节　文物的概念及分类

一、文物的概念

日常生活中，虽然人们都明白文物所指称的对象，但时至今日，文物在国际上尚无一个被各国共同确认的统一的定义，甚至关于文物的名称、内涵，也没有完全达成共识。

联合国教科文组织一般把文物称作“文化财产”或“文化遗产”，印度和希腊称“古物”，西班牙称“历史遗产”日本则称“文化财产”。

联合国教科文组织第16届大会于1970年11月14日在巴黎通过的《关于禁止和防止非法进出口文化财产和非法转让其所有权的方法和公约》中的第一条对“文化财产”一词作了明确规定。它是指“每个国家根据宗教的或世俗的理由，明确指定为具有重要考古、史前史、历史、文学、艺术或科学价值的财产”，具体包括11类：（1）动物群落、植物群落、矿物以及具有古生物学意义的物品的稀有收集品和标本；（2）有关历史，包括科学、技术、军事及社会史有关国家领袖、思想家、科学家、艺术家之生平以及有关国家重大事件的财产；（3）考古发掘（包括正常的和秘密的）或考古发现的成果；（4）已肢解的艺术或历史古迹或考古遗址之构成部分；（5）一百年以前的古物，如铭文、钱币和印章；（6）具有人种学意义的文物；（7）有艺术价值的财产，如①全部是手工完成的图画、绘画和绘图，不论其装帧框座如何，也不论所用的是何种材料（不包括工业设计图及手工装饰的工业产品②用任何材料制成的雕塑艺术和雕刻的原作；③版画、印片和平版画的原件；④用任何材料组集或拼集的艺术品原件；（8）稀有手稿和古版书籍，有特殊意义的（历史、艺术、科学、文学等）古书、文件和出版物，不论是单本的或整套的；（9）邮票、印花税票及类似的票证，不论是单张的或成套的；（10）档案，包括有声、照相和电影档案；（11）一百年以前的家具物品和古乐器。

联合国教科文组织第 17 届大会于 1972 年 11 月 16 日在巴黎通过的《保护世界文化和自然遗产公约》规定“文化遗产”为：“凡从历史、艺术和科学观点看来具有突出的普遍价值的建筑物、雕刻和绘画，具有考古价值的古迹遗存等”；“从历史、艺术和科学观点看来在建筑式样、协调一致性或与环境风景结合方面，具有突出的普遍价值的分散或相互关联的成组建筑”广从历史学、美学或人种学观点看来具有突出的普遍价值的人类工程或自然与人联合工程及考古地址等”。

1982 年 11 月 19 日，中国第五届全国人民代表大会常务委员会第 25 次会议通过的《中华人民共和国文物保护法》第二条明确规定受国家保护的文物包括：（1）具有历史、艺术、科学价值的古文化遗址、古墓葬、古建筑、石窟寺和石刻；（2）与重大历史事件、革命运动和著名人物有关的，具有重要纪念意义、教育意义和史料价值的建筑物、遗址、纪念物；（3）历史上各时代珍贵的艺术品、工艺美术品；（4）重要的革命文献资料以及具有历史、艺术、科学价值的手稿、古旧资料等；（5）反映历史上各时代、各民：族社会制度、社会生产、社会生活的代表性实物。”《文物保护法》第二条同时规定具有科学价值的古脊椎动物化石和古人类化石同文物一样受国家保护”。

上述两个公约和中国文物保护法有关文物的条款表明，尽管所用名称不同、表述各异，但其内涵是基本一致的，它们是文物内在本质的反映和表现。具体地说，凡是文物都应具备以下五个基本特征：（1）必须是有价值的物质遗存，包括文献形态和狭义的实物形态；（2）必须是人类活动的产物；（3）必须是已经成为历史的过去且不可能重新创造；（4）应是掌要的、有代表性的实物；（5）同文物固有的使用价值的分离。

综上所述，我们可将文物的概念定义为：所谓文物，是指在历史发展过程中，由人类活动产生的，具有历史、艺术、科学价值的物质文化遗存的总称。

文物的历史价值在于，凡文物都是人类历史上创造的物质文化遗存，不可能被再生产、再制造，一破坏就无法挽回；同时，文物又是一定历史时期人类为适应生产、生活和其他社会活动之需的产物，无不打上时代的烙印，体现出明显的时代特征；蕴涵着该时代的各个方面信息。通过文物的不同侧面可以探讨当时社会的各个侧面，而文物系列整体，则是历史进程的物证。

文物的艺术价值主要是指文物本身所表现出的艺术性。主要表现在：

（1）审美、欣赏、愉悦功能：许多艺术性的文物具有它永不磨灭的魅力，永远给人以艺术启迪和美的享受，给人以联想并陶冶人的情操，给人以娱乐并寓教于乐。

（2）借鉴作用：许多艺术性的文物都是历史上著名的艺术家或劳动人民智慧的

结晶，其中蕴涵着许多宝贵经验，永远值得后人参考借鉴。

（3）资料价值：艺术性的文物表现了文物产生时代的艺术风格、工艺技术水平、当时人们的审美观点，可为美学、美术史、艺术史的研究提供弥足珍贵的实物资料。

文物的科学价值是指文物蕴涵的知识、科学与技术信息所具有的价值。它主要体现在（1）反映了当时社会的生产力水平和科学技术水平，是各门科学发展的实物例证，从许多具有科学价值的文物中我们可以看出科学技术发展的历程。实践也证明，各门科学史都需要用实物来证明。（2）具有科学价值的文物可以为今天的科学技术研究所借鉴，服务于当今建设，真正做到“古为今用”。

二、文物的分类

1. 文物分类的目的

文物分类的主要目的，见表 1–1。

表 1–1　文物分类的目的

目的	内容
便于文物的科学管理	首先，文物不分类，就是一种无序状态，科学管理无从谈起。其次，不同文物具有不同的特点，其管理需要采取不同的方法、手段和措施。如不同文物体积有差，重量有别，价值殊异，构成的材质也不相同，其管理自应有别。最后，是实行计算机管理的客观需要与基础
便于文物的整理研究和利用	如，对博物馆来说，其文物藏品少者上万件，多者几十万、几百万件，乃至上千万件。如此多的文物馆藏，若不进行分类，要查找某种藏品，岂不是大海捞针？研究和利用更无从谈起
为了更好地保存文物	由于组成文物的材料不同，在理化性质上存在着明显差异，要求的存放环境不同，所采取的保护处理方法也不同。如金属材料文物需要干燥的环境，而漆木竹雕文物则须保存在适当润湿的环境中

2. 文物分类的原则

（1）在同一次分类中，应遵循同一标准的原则。一次分类中，不能同时使用各种分类标准，否则，将会引起混乱。

（2）按一定标准将同类文物划归为一类。这一原则可以指导人们选择某一分类标准把各种各样的文物划归为几个不同的大类，然后在大类中再进一步分成小类。至于选择何种分类标准，则根据收藏、宣传、研究、保护、教学等的需要而定。

（3）一种分类法只能依一个标准。由于文物十分庞杂，又涉及收藏、保护、宣传、研究等问题，所以文物分类不可能只用一个标准和一种方法，而要根据需要制定多种标准和多种方法。但在采用某一方法进行文物分类时，不能同时用两个标准或交叉使用两个标准对文物进行分类，而只能用一个方法，一种标准。不过为实际需要，在经同一标准划分出来的大类中，采用另一种标准和方法将大类逐步分成小类，则是可以的。

（4）对复合体文物进行分类，应以约定俗成为原则。复合体文物是指以明显不同质地的材料制成的器物。所谓“约定俗成”原则，系指在长期分类实践中形成的行之有效的原则，它是以器物的主要质地和复合材料中某种材料对器物功能所起决定作用，作为划分类别的科学依据。

3. 文物分类的方法

文物分类的方法较多，一般而言，文物分类标准的制定和文物分类方法的运用，均以文物收藏、保护、宣传、研究、教学的需要而定，现概述如下：

（1）时间分类法：是以文物制作的时代为标准，对文物进行分类的方法。任何文物都产生于一定的时代（年代），没有时代的文物是不存在的，这是时代分类的科学依据所在。至于有的文物由于流传物本身原因，时代一时尚难判断，这应属对文物的认识问题，和文物必产生于特定的时代是完全不同的两个问题。

在按时代分类时，要注意世界各国的共性和特性，如有的届家将文物分为石器时代文物、铜器时代文物、铁器时代文物；而我国则分为古代文物和近、现代文物。其中，古代文物又分为史前文物和历史时期文物。史前文物一般分为旧石器时代文物和新石器时代文物，由于时间跨度长，为便于研究，还可再划分出早、中、晚期。而历史时期的古代文物，一般按朝代划分为夏代文物、商代文物、周代文物、战国文物、秦代文物、汉代文物、魏晋南北朝文物、隋代文物、唐代文物、五代十国文物、宋代文物、辽代文物、金代文物、元代文物、明代文物、清代文物。近代文物，一般指 1840 年至 1919 年间的文物。现代文物，一般指 1919 年至当代的文物。

时代分类法对我国文物的分类（见图 1–1）所示。

- 文物
  - 古代文物
    - 史前时期文物
      - 旧石器时代文物
      - 新石器时代文物
    - 历史时期文物
      - 夏代文物
      - 商代文物
      - ……
      - 清代文物
  - 近、现代文物
    - 近代文物（1840～1919）
    - 现代文物（1919年～今天）

图 1–1　时代法对我国文物的分类

（2）区域分类法：是以文物所在地为标准，对文物进行分类的方法。文物有产生它的地点，或有出土地点，或有收藏地点，或有埋藏地点，或有建立的地点，等等。总之，都有它的所在位置。离开了具体的地点，文物是无法存在的。区域分类法就是以此为根据，按照文物所在的区域实行归类。通过区域归类文物，可以使人们对某个区域的文物有比较全面的了解，对研究该地区的历史提供比较全面的资料，特别是有利于加强对文物实行区域的管理。

以区域分类法对文物进行归类，首先对区域要有一个范围界定，一般来说，有以行政区划分范围的区域，即国家权力机关或政权机关批准的行政区域，它有严格的区划界线，如北京文物、安徽文物、新疆文物；还有以地理自然位置为范围的区域，即地理（自然）区域，这个区域没有严格界线，其界线是模糊的，如黄河流域、长江流域、淮河流域；还有一种依自然地理的相对位置来划分的区域，如中原与边疆。

（3）功用分类法：是以文物的功用为标准对文物进行分类的方法。作为社会生产和社会生活的历史遗存，文物是为了达到一定的目的而制作的，换句话说，任何一种文物，都有它的用途。正由于此，在对文物分类时，通过对其功用的研究，可以把功用相同或基本相同的文物聚为一类，形成不同的类别。

文物的功用与其形制是分不开的，形制是文物的外形，可以看得见、摸得着，形象、具体。而文物的功用是其内涵，附着于文物的形体中，并通过人利用其形体发挥作用。但按文物功用分类，有某一功用的文物，其形制并不完全相同，往往会因为时代而异。

按功用分类，文物一般可分为古建筑和古器物。其中，古建筑一般包括城市建筑、宫殿建筑、衙署建筑、园林建筑、宗教建筑、馆堂建筑、坛庙建筑、书院建筑、民居建筑、交通建筑、水利建筑、纪念建筑等；古器物则包括农具、手工工具、兵器、炊器、盛器、酒器、水器、乐器、计量器、杂项等。

按功用对文物进行分类，可不受文物的年代和质地的限制，即可以把不同时代不同质地而功用相同的文物划归为一类，有助于对文物进行更深层次的研究。

（4）质地分类法：是以制作文物的材料为标准，对文物进行分类的方法。文物是由一定的物质材料制作而成的文化遗物，由于所用物质材料的多样性，根据不同质地材料进行文物归类，是质地分类法的出发点。

质地分类法主要用于对古器物的归类。这种分类方法有着悠久的历史，时至今日，我国博物馆藏品，还大都采用按质地分类，西方博物馆也大多采用这种方法对文物藏品进行分类。这是因为文物藏品按质地分类优点很多，不同质地的文物藏品对保存环境有着很不相同的要求，所采取的保护方法也不相同。当然，按这种方法进行分类，也存在着判明质地的困难，主要是有些文物并非由单一的材料制成，此时，若能采用现代科学技术，对古器物进行物理鉴定或化学定性、定量分析，将能使文物质地的判定更加科学，从而为按质地对文物进行分类提供更为科学的依据。

质地分类法的结果，见图 1–2 所示。

- 文物
  - 无机材料文物
    - 金属文物（金器、银器、铜器、铁器、锡器、铅器等）
    - 石质文物（石刻、石碑、玉石、宝石等）
    - 陶瓷文物（陶器、瓷器、玻璃、珐琅器等）
    - 石窟壁画文物（颜料、地仗、崖体等）
  - 有机材料文物
    - 漆木器文物（竹器、木器、版画等）
    - 丝毛棉麻类文物（丝织品、毛织品、棉麻织品等）
    - 纸质文物（古书籍、绘画等）
    - 牙骨器文物（甲骨、牙雕、贝币、骨角器等）
    - 皮革类文物（皮革制品等）

图 1–2　质地分类法的结果

（5）属性分类法：是以文物的社会属性、科学文化属性为标准，对文物进行分类的方法，亦即以文物的性质为标准进行分类的方法。文物是人类社会活动的遗存，人们的任何活动都不是孤立的、无意识的或无目的的，这种社会性或目的性使制作的生产用具和生活用具、文化艺术品等都标上了文化传统的烙印，具有了文化的属性。

文物属性是由文物的用途及其蕴涵所决定的，因此，在运用属性分类法时，必须首先研究文物的用途及其文化内涵，只有这样，才能够比较准确地确定它的性质。

按属性对文物进行分类，主要可划分为礼器类文物、明器类文物、科技文物、宗教文物、民族文物、民俗文物、革命文物、工具类文物、生活用具类文物、交通工具类文物、兵器类文物、乐器类文物、艺术类文物、戏剧类文物、体育类文物等。

（6）价值分类法：是以文物价值为标准，对文物进行分类的方法。文物具有历史、艺术、科学价值，没有价值的历史遗迹和遗物不是文物。按价值分类，主要是根据文物价值的高、低来区分文物，至于价值高、低的确认，需经鉴定。

根据我国文物法规，对文物价值高低的区分，采用两种办法：一、对文物史迹，即古建筑、石窟寺、石刻、古遗址、古墓葬、纪念遗址或建筑等，依据其价值的高低，分为三级，即全国重点文物保护单位、省（自治区、直辖市）文物保护单位和县（市）文物保护单位。

二、对文物藏品，如陶瓷器、青铜器、铁器、玉器、漆器、石器、书画等，依其价值高低，也分为三级，即一级文物、二级文物、三级文物。

（7）来源分类法：是以文物藏品的来源为标准，对文物进行分类的方法。此法仅适用于博物馆、纪念馆或文物保管机构等文物收藏单位对文物藏品的分类。这些单位的文物藏品，都应有其来源，这是此分类法的依据。

文物收藏单位的藏品的来源，有地区、单位和个人之分，就其形式而论，主要有：①拨交：系指单位间互通有无或一个单位支援另一个单位的文物；②征集：是文物收藏单位丰富馆藏的主要渠道之一。征集方式有多种，诸如收购、自愿上缴、赠送（可适当奖励），动员交出本归国家所有而被私人收藏的文物等；③拣选：系指从废品收购站（文物被当废品收购）、银行（金、银质文物流入银行）、冶炼厂和造纸厂中拣选出来的文物；④交换：系指文物收藏单位根据国家文物法规所允许而开展馆际之间的文物交换，是调剂余缺、丰富藏品的办法之一；⑤捐赠：即文物收藏单位接受文物鉴赏家、文物收藏者等的捐赠；⑥发掘：系指经考古发掘发现、由文物收藏单位收藏的文物，是文物藏品的主要来源，且这类文物来源最可靠、最重要。

（8）存在形态分类法：是以文物能否从其存在的地方移动为标准，对文物进行分类的方法。根据这种方法，将文物划分为可移动的文物和不可移动的文物两大类。

可移动的文物是指收藏（主要是馆藏）文物和流散文物。种类多，体量小，可根据收藏、保管、陈列、研究、教学需要随意移动和变换地点是其特点。

不可移动的文物基本上都是文物史迹，如古建筑、古遗址、石窟寺、石刻、古墓葬等。种类多，体量大，不能或不宜整体移动是其特点。在这里，必须进一步指出的是：所谓不可移动，实际上并非绝对，除有的绝对不可移动外，如古建筑群、石窟寺等；有的则只是相对而言，有些文物史迹因特殊情况，必须迁移者，经批准亦可以迁移，如位于黄河三门峡水库淹没区的永乐宫迁至芮城县城北。此外，有些本属建筑群组成部分的殿宇、牌坊、石碑等，若仅残存单体者，也有为方便保护和宣传需要而迁移的。

第二节　文物保护技术研究的意义

一、文物的质变与毁损

在漫长的历史发展过程中，人类创造的大量的具有历史、艺术、科学价值的文化遗存，能够保留至今的仅是其中的极小部分，大部分都已毁灭消失。究其原因，除文物本身的材质外，主要有自然和人为两个方面。

自然因素对文物的影响主要表现为自然力对文物的破坏，包括两种不同情况：一是各种自然灾害对文物的毁灭性破坏，如地震、火山爆发、地壳运动、洪水、台风、潮汐、地下水活动、雷击等。这种灾难性的巨大破坏力，往往难以预防。二是自然破坏力，尽管它不如自然灾害那样来势凶猛，却持久地侵袭着文物。这类自然力包括：气候变化、光线辐射、空气污染、生物危害等。这种自然破坏力虽然力量轻微，其过程缓慢，但其日积月累的效果也可达到十分惊人的程度。在这些自然因素的作用下，文物总是向变形、变质乃至彻底毁灭的方向转化，也就是文物的质变和毁损，这是不以人们的意志为转移的自然规律。如金属腐蚀矿化、砖瓦酥碱粉碎、石雕风化剥离、壁画褪色起甲、织物粘连腐烂、书卷虫蛀霉变、木材干裂糟朽、牙骨龟裂翘曲、皮革脆裂脱毛、文献字迹模糊、建筑倾斜倒塌等等。

人为因素对文物的破坏是指人类的自身行为作用于文物，从而引起文物的质变与毁损。归纳起来，主要有如下三种情况：一是“建设性”破坏。由于发展经济而进行的大规模建设工程危及原来地上文物和地下文物遗存，如为了城市的现代化，随意将古建筑拆毁，用新建筑取而代之；为开发旅游事业，不适当地在名胜古迹区兴建机构、公路、桥梁、索道、饭店和人造景观，破坏了文化古迹的环境风貌，乃至毁坏了文化古迹；在建筑工程施工过程中，一些施工单位为赶工程进度，发现古墓和古遗址瞒而不报，用推土机一推了之等。二是“维修性”破坏，这是一种好心办坏事的行为。本来，在实施文物维修或修复时，一定要忠实于文物的原状和原貌，绝不允许操作者主观臆造，随意加工或加以改变，但或由于对文物缺乏正确的认识，或由于不事先征求或不听从专家的意见，执意按照自己的主观意愿，对文物进行“改造性维修”，以致在实际工作中，“维修性”破坏的事例还时有发生，其中，文物保护单位在这方面尤为突出。三是盗窃性破坏。这种破坏造成的文物损失触目惊心。据有关报道，在全国著名古墓中，未曾被盗的只是少数；地下非法文物交易活跃，文物走私也十分猖獗。盗窃性破坏又有两种情况：其一是将文物拆卸、锯凿、割裂后盗走一部分，使文物本身遭到破坏；其二是成组文物中被盗走其中的一部分，破坏了文物的完整性。

防自然力破坏，应主要依靠科学技术，它有待于文物保护科学技术研究拿出更好、更科学的保护措施，改善文物保存的环境。防人为因素破坏，主要属于文物保护管理方面的问题，它有赖于全民族的道德素养、保护文物意识的日益提高和政策、法律、规章、制度等的逐步健全并得到严格执行。

除单纯的自然因素和人为因素外，也还存在由于人为因素作用，致使自然因素发生较大变化，从而导致文物遭到破坏的情况。从宏观上讲，人类活动的频繁和对自然的过度掠取，造成自然灾害加剧、全球气候异常（如温室效应）、生态失衡等，使得文物的宏观保存环境恶化；从微观上讲，在博物馆、文物保护单位附近建工厂企业，烟囱林立，烟雾弥漫，污水废气排放，自然会腐蚀文物；城市用水量的增长，使地下水减少，地基下沉，自然会妨害文物安全；水利资源的开发，河流改道，波及地下环境的改变，自然会影响埋藏于地下的文物的保存。这方面的事例在现实生活中举不胜举。

二、文物保护技术与文物保护概念辨析

文物保护技术与文物保护之间存在非常密切的关系，以致很多文物保护理论研究人员和文物保护工作人员在完全相同的意义上使用这两个概念。其实，如果真正从其科学内涵出发，认真加以细究，二者还是存在很大差别的。

文物保护技术是研究文物制成材料变化规律和保护文物的技术方法的学科。任何文物都有其制成材料，随着时间推移，这些制成材料会发生各种各样的不可逆的物理、化学变化，其变化既有内部原因也有外部原因。内因在于文物制成材料本身，如原料的质量、性质及生产工艺等；研究内因是为了根据文物制成材料的性质，确定保护条件，修复破损文物。外因是文物保护的自然环境，即围绕文物的空间中影响文物寿命的各种自然因素，主要有温度、湿度、光辐射、污染物、萜害生物、水、火、地质环境等。在文物已形成的情况下，文物保护环境因素的控制对保护文物、延长文物寿命起着决定性的作用。

仅仅研究和掌握文物制成材料的变化规律远远不够，还必须进一步科学研究保护文物的技术方法。保护文物的技术方法的内容很多，归纳起来有两个方面：第一，改善文物保护条件，即采用一定措施来防止或减缓自然环境中各种有害因素对文物的破坏。第二，文物修复技术，即对已经损坏或存在不利于永久保存因素的文物进行处理，尽力恢复其历史面貌，延长其寿命。

文物保护是通过研究文物制成材料变化规律，运用各种科学技术方法和管理手段，对文物进行防护、保养和修缮。

文物保护技术与文物保护的最大区别在于二者的外延不同。文物保护的外延大于文物保护技术，比如，如何有效阻止人为因素对文物的损坏，不是文物保护技术所要研究的问题，却是文物保护必须加以研究并解决的问题。从某种意义上可以认为文物保护是由文物保护技术和文物保护管理两大部分所组成，文物保护技术主要

从科学技术角度研究如何保护文物，构成文物保护的骨架，是硬件部分；文物保护管理主要从管理角度探讨如何保护文物，形成文物保护的肉体和血液，是软件部分。

三、文物保护技术研究的意义

文物是一定历史时期人类文明发展的产物，表现为各种物质文化遗存。这些实物性文化遗存是人类文明信息的一种储存形式，包含着特定历史时期的政治、经济、军事、科技、工艺、美术等各种信息，对于人类今天所进行的生产活动和科学研究来说，它们都是极有价值的资料。要使这些文化遗存能长久地为人类文明的发展服务，首先必须保护好其物质形态载体，而从物质形态角度而言，文物又是由各种材料组成的。任何物质材料自身都在不停运动，同时各种外界环境因素的长期作用，会引起乃至加速物质材料自身的一系列物理、化学等变化，从而改变文物物质材料的结构和性能，甚至毁灭文物物质材料自身，亦即如前所述，文物的质变与毁损是一种不可逆转的规律。如此一来，文物资源利用期限的长久性与文吻物质材料存在期限的有限性便存在不可调和的矛盾。对这一矛盾的内在规律进行探究并加以解决，正是开展文物保护技术研究的意义所在。具体而言，可以概括为如下几个方面：

（1）只有通过文物保护技术的研究，才能弄清各种不同文物的损坏机理和运动变化规律。不同质地的文物，其构成材料不同，理化性质各异，其损坏机理和运动变化规律自然也就存在非常大的差别，如青铜器和漆木器就截然不同，只有通过具体研究，才能将之弄清。

（2）只有通过文物保护技术的研究，才能为制定和选择文物保护方法，采取文物保护手段及措施提供科学依据。不同的文物需要采取不同的保护方法，运用不同的手段和措施。对于某一具体的文物，到底采取何种方法，运用何种手段、措施最为合适、恰当，这都需要经过反复研究，特别是多次的实验论证，才能为最终方案的选择提供科学的依据。

（3）只有通过文物保护技术的研究，才能最大限度地延长文物寿命，为长久发挥文物价值服务。在现有条件下，文物保护技术的研究，可以为文物保护提供最为科学、安全、可靠的方法、手段及措施，舍此之外，没有其他更好的途径。

（4）通过文物保护技术的研究，可以更好地保护古代文化遗产，为经济建设和精神文明建设作出贡献。古代文化遗产是前人留给我们的一笔巨大财富，在经济和精神文明建设中具有重要地位，通过文物保护技术的研究，可以对其进行很好的保护，并留传给后代。

（5）文物保护技术是文物科学的重要分支学科之一，其研究可以丰富、完善文物科学的研究，为文物保护研究的繁荣做出应有的贡献。

第三节 文物保护技术的研究对象、目的和方法

一、文物保护技术的研究对象和目的

如前所述，文物保护技术是研究文物制成材料变化规律和保护文物的技术方法的学科，这一学科本质决定了它的研究对象就是文物。在这里，有两个问题值得我们特别加以注意：一是其他文物学学科也基本以文物为研究对象，其间区别何在？可以说区别在于研究的出发点、侧重点不同，运用的研究方法也不同。文物保护技术研究文物的出发点在于采取哪些方法、手段和措施才能最大限度地延长文物寿命？任何事物都有其构成的不同方面，文物也是如此，在这些不同方面中，文物保护技术要研究的是文物的物质构成、成分、运动变化规律、保存规律及保护修复等；在对文物进行研究时，文物保护技术主要是运用一整套的自然科学研究方法。二是文物的理论研究模型含义，在这里，文物是作为文物保护技术的研究模型身分出现的。可以说，它既可以是具体的实物，但又必须超越具体实物，进行理性升华。因此，它具有两个十分重要的特征：其一愚它的物质属性，即任何文物都是由物质构成的，是有形的物质形态；其二是它的人文信息属性，凡文物都含有十分重要的人文信息，这也正是文物价值的真正所在，而人文信息属性是无形的。这一研究模型概念的建立，对文物保护技术研究具有重要指导意义，如解决青铜器保护问题，首先应保护青铜器物质实体，在这一过程中，需要利用金属锈蚀理论，研究青铜器锈蚀的机理，再根据电化学、高分子化学、材料学等理论，进行除锈、防锈和表面封护处理。其次，在上述操作过程中，还须将其花纹、铭文、制作工艺、色泽和美学特点尽可能完美地保存下来，即保护文物的人文信息。

文物保护技术研究的最终目的是为了最大限度地延长文物的寿命，使文物尽可能长时间地为人类文明发展服务。而研究文物制成材料的变化规律，寻求保护文物的技术方法，都只是达到这一蕞终目的的手段。

二、文物保护技术的研究方法

首先，这里所讲的文物保护技术研究方法，并不是指文赞I保护技术研究特有的专门方法，而是文物保护技术研究中所运用的各种方法的总和。事实上，文物保

护技术和其他保护技术学科一样，很难说哪一种方法是本学科专用的方法，至少就目前的情况来看，文物保护技术还没有形成自己特有的专门的研究方法。其次，从整体上看，文物保护技术所采用的研究方法是自然科学研究方法，这是由文物保护技术的学科属性决定的，文物保护技术是一门综合性的应用技术学科。具体而言，文物保护技术的主要研究方法可概括如下：

1. 现代文物分析鉴定方法

它是现代分析方法在文物保护技术中的运用，在文物保护技术的研究中具有十分重要的地位。因为要进行文物的保护，首先就要进行文物分析，弄清其成分和结构；离开了现代文物分析鉴定方法，文物保护就无从谈起。如已知古代青铜器多为铜、锡、铅三种金属的合金，但其含量比例随年代、产地而有所不同，仅用肉眼观察是不够的。1965 年在湖北望山一号楚墓中出土了 2500 年前的越王勾践剑，引起轰动，但其具体组成成分却不得而知。文物科技工作者采用粒子激发 X 射线分析法（PIXE）进行了测试，结果显示：该剑的主要成分是 Cu，次要成分是 Sn（且含量分布不均匀），还含有少量 Pb、Fe 和 S。此结果的发现，一方面可推测我国古代冶金中早已应用了硫化技术以保持金属剑的光亮锋利，另一方面也为今后对该剑实施保护提供了科学依据。又如我国敦煌研究院文物科技二作者曾对敦煌莫高窟、敦煌西千佛洞的北凉、北魏、北周、隋、唐、五代、宋、西夏、元、清等 11 个朝代 50 多个洞窟中的红、蓝、绿、白、黄及棕黑颜料先后取样 300 个进行 X 射线物相和 X 射线荧光分析，分别得知了这些矿物颜料的结构和成分；陕西省博物馆、考古所等单位曾应用发射光谱分析和 X 射线衍射结构分析等现代测试手段对秦兵马俑彩绘颜料进行综合分析。通过这些分析研究结果，既可了解我国古代对矿物、植物的综合应用、颜料化学及其冶炼技术的发展水平，也为进一步寻求保护、临摹和修复古代壁画及彩塑的方法提供了重要的科学依据。

由于文物保护技术应用的现代分析方法很多，且处于不断发展阶段，下面主要介绍其中的一些常用的、重要的研究方法。

（1）形态分析。弄清文物的微观结构，对制定和选择文物保护方案、采取有效的文物保护措施，具有十分重要的指导意义。用于文物形态分析的仪器主要有实体显微镜、偏光显微镜、金相显微镜、扫描电子显微镜、透射租子显微镜等。

实体显微镜是文物分析鉴定和文物保护工作中最常用的分析工具之一。通常它由物镜、目镜、镜筒、载物台和一个附加的照明灯等部分构成；一些较好的显微镜还配有照相系统，可获得被观察物体的显微放大照片，放大倍数一般为 14 ~ 40 倍不等。通过实体显微镜对文物进行观察，可获得文物的微观特征和保存状态等重要信息。如观察严重酥碱的壁画颜料，很容易发现颜料粒子周围附着有大量的盐分颗粒，从而找到壁画酥碱发生的原因，为制定具体的保护和修复措施提供依据。实体显微镜可用于观察纸张、丝绸、陶瓷等各类文物，是文物鉴定的理想工具。

偏光显微镜较实体显微镜要复杂得多，其中最特别的是增加了偏光镜和其他附件。现代偏光显微镜主要由光学、照相和照明三部分组合而成，放大倍数一般为40～400倍不等。偏光显微镜是根据不同矿物晶体在偏振光透过时具有不同的光学性质来鉴定矿物。在文物研究方面主要用于古代颜料、丝绸、土遗址等各类文物的鉴定。

金相显微镜的构造与偏光显微镜相似，所不同的是前者增加了入射光附件，可通过垂直的入射光束照射到样品表面，观察样品的微观形态。金相显微镜主要用于研究古代金属的加工工艺、冶炼铸造工艺等问题。使用金相显微镜分析时，一般是用金属文物的残片制成显微样片，然后放在金相显微镜下直接观察或用 $FeCl_3$ 的乙醇溶液浸蚀后观察，并摄取照片。显微金相可以揭示金属文物的金相结构，从而判明合金制造工艺和成分。

扫描电子显微镜的问世使人们对微观世界的认识有了一个巨大的飞跃，其分辨本领从光学显微镜的0.2μm扩展到纳米级，整整提高了1000倍。它的构造是一束高能初级电子束通过磁扫描线圈，在被测物体表面作有规则的扫描运动。电子束与文物表面相互作用时，会产生背散射电子流和次级发射电子流，这两者都携带有文物表面微观结构的全部信息。这些信息可以电信号形式为探头所接收，将探头电信号放大投射于荧光屏，荧光屏上便显示出被测文物表面的微观结构的放大影像，最后将此影像拍摄成照片。扫描电镜的功能是提供被测物体的微观结构图像，主要用于金属文物的微观结构和腐蚀原因研究、古代颜料和颜料剖面的层位分布及各层的主要元素分布的研究、古陶瓷产地的研究、酥碱壁画中盐分分布情况的研究、加固前与加固后土质文物的微观结构的变化的研究等。

透射电子显微镜是一种以电子束为照明源，将穿过样品的电子（称为透射电子）经电磁透射聚焦成像的电子光学仪器。它是根据被测样品的电子衍射图来鉴定样品的。在文物分析中，主要用于文物材料分析、保护材料与文物间的反应考察等。这种方法研究文物材料，在观察文物形貌的同时，还能得到物相大小、形态、分布等重要信息；若加上X射线能谱仪等附件，还可直接得到所测物相的化学成分。

（2）波谱分析。即用各种不同性质或不同频率的波谱对物质进行分析的方法。在文物分析中常用的有X射线衍射分析、红外光谱分析、紫外吸收光谱分析、质谱分析和穆斯堡尔谱分析。

X射线是一种横向电磁波，不同的结晶物质，其X射线的衍射效应会存在区别，于是可根据这种衍射效应来测定晶体的内部结构和鉴别晶体的物相，确定被测样品的物质组成。与化学分析不同，X 射线衍射分析所能指示出的是“相”而不是元素，如某样品化学分析有 Ca^{2+}、Na^{+}、Cl^{-}、SO_4^{2-}、但不能确定为那种物质，X 射线衍射分析就可以直接指示出它们是 $CaSO_4$ 和 NaCl，还是 Na_2SO_4 和 $CaCl_2$；当然，若待测样品为单质或其混合物时，所指示出的就是元素，因为此时元素就是它们的相。在文物分析中，X 射线衍射分析主要用于鉴定颜料物质组成、古陶器成分、古代金属和分析古代丝绸等。

红外光谱系分子光谱的振动转动光谱，由分子吸收红外光而产生，波长为 0.75μm ~ 1000μm；它是定性鉴定化合物和测定分子结构最有用的方法之一，广泛应用于有机化合物的鉴定。在文物分析中，主要用于文物修复材料的分析及修复材料老化原因探讨、壁画颜料的鉴定、绘画胶结材料的分析鉴定和丝绸、漆器涂层等各类有机材料的分析鉴定等。

紫外吸收光谱同红外光谱都属分子光谱，是指分子在紫外光照射下，会吸收紫外光而产生分子能级的跃迁，所得到的吸收光谱为紫外吸收光：普。由于有机化合物大多在紫外区具有特征波长的紫外吸收光谱，因此，可通过它来定性和定量测定文物中有机化合物的种类和含量。如在进行古代丝绸的老化研究时，紫外吸收光谱可用于检查丝绸老化后其化学结构的变化情况；也可应用于有机保护材料的老化研究，经过老化实验后，通过测定有机材料的紫外吸收光谱吸收峰位置的变化程度，来比较保护材料的抗老化性能。

质谱分析是将待测物质的原子或分子转变成带电的粒子（即离子），利用稳定磁场（或交变电场）使带电粒子按照质量大小的顺序分离开来，形成有规则的质谱，然后利用检测器分别进行检测，以作定性和定量分析。质谱分析主要应用于测定古代颜料、陶器、瓷器以及青铜器中元素的同位素数值，根据分析数据判明古代文物的产地和测定古代有机物的成分，为文物保护提供依据。

穆斯堡尔谱法也是文物分析中的一种重要方法，这种方法是依据穆斯堡尔效应，所谓穆斯堡尔效应其实就是无反冲核的 γ 射线得到的共振吸收和散射现象。其方法具有精度高、用途广、测量方法简单、能量分辨率高等优点，是研究物质微观结构的二种有力手段，可广泛应用于古陶器、古瓷器、古代铜器、古化石、古画、古代艺术品和古代颜料等样品的分析研究，研究文物样品的含铁物相，古代陶瓷器的煅烧工艺及条件、年代和出处的测定，以及赝品的鉴定等。穆斯堡尔谱法的优越性在于样品的需要量少，对样品不具有破坏性（用背散射法）。当然由于其放射源的限制，只能涉及几种元素（如 Fe、Sn 等），这不可避免会带来某些片面性，在实际中最好结合其他手段相互验证，以保证得出准确的结论。

（3）元素分析。弄清文物的元素构成及各元素的含量是科学保护好文物的重要前提。常用的元素分析法有发射光谱分析、原子吸收光谱分析、X 射线荧光分析、质子荧光分析和活化分析等。

依据原子物理学理论，当同一元素的原子受到激发跃迁时，就辐射出该元素原子所固有的特征性光谱，因此，可以根据谱图中某些特定波长谱线的有无，来判断试样中某种元素是否存在；同时，当试样中该元素含量较多时，辐射的谱线强度就较大，因此，又可以根据辐射的强度对该元素进行定量测定。根据这个基本原理来进行分析的方法，称为发射光谱分析。目前，发射光谱所使用的仪器为等离子体发射光谱仪（ICP），其特点是能一次性准确快速测定多个元素，在文物保护研究中主要应用于陶器、瓷器和青铜器中元素测定。

原子吸收光谱分析是基于从光源辐射出具有待测元素特定谱线的光，通过试样蒸气时被蒸气中待测元素基态原子所吸收，由辐射特征谱线光被减弱的程度来测定试样中待测元素含量的方法。原子吸收光谱作为元素分析的工具，同样具有检测灵敏度高、测定准确等特点，可满足文物保护中文物样品元素分析的要求。

X 射线荧光分析是基于发光源发出的 X 射线作用于样品时，待测样品原子受到激发，其内层轨道的一个电子，如 K 层，被打出，K 层轨道上便出现一个空位，于是外层轨道上电子就要自动去填充内层空位，这称为退激。当不同外层电子向 K 层跃迁时就会发出不同能量的 X 射线，它们被统称为 K 线系；若向 L 层空位填充，发出的 X 射线称 L 线系。原子由激发到退激，时间极短（10^{-15} 秒），发出的光称为荧光。由于各种不同元素的原子能级不同，因此，荧光 X 射线本质上就是特征 X 射线，各元素不同线系内每条射线的能量可通过手册查出，其强度可由仪器测定，这样就可达到定性、定量分析的目的。作为一种无损检测手段，X 射线荧光可广泛地应用于文物保护中元素的定性、半定性和定量分析，如测定陶器、瓷器和青铜器样品中的多种元素的含量。有关专家曾用 X 射线荧光光谱仪和标本法 X 射线波谱定量分析了安徽省含山县大墩出土的青铜镞的主要成分，确定其各成分含量在 Cu75% ~ 78%，Sn9% ~ 16%，Pb2% ~ 6% 范围内。

质子荧光分析是基于加速器的一种重要的离子束分析手段。当加速器产生的高速粒子轰击样品时，会发射出能量确定的特征 X 射线，测定 X 射线的能谱，再根据特征 X 射线的能量峰面积，就可测定样品中含有的元素含量。质子荧光分析主要用于古书、古画、手稿、邮票、织物等文物的分析。如 1981 年，复旦大学近代物理研究所曾对秦始皇兵马俑遗址出土的秦代箭头进行分析，证实这种箭头表面存在着 2

微米厚的 Cu、Sn、Pb、Cr 等金属的氧化层，由此可以推断 2000 多年前的冶金工艺中，我国已采用了铬化技术，这是秦箭头至今仍不生锈的主要原因。

活化分析是利用核反应使待测样品中某种（或几种）同位素变成放射性核素，由测定该放射性核素的特征射线的能量（有时还需测定半衰期）和强度来确定某种或某些元素含量的分析方法。常用的活化分析法有热中子活化分析法、快中子分析法、带电粒子活化分析法等。活化分析是文物分析鉴定中一种重要而常用的测定方法，主要用于快速鉴定样品组成及测定元素（特别是微量元素）的含量，具有灵敏度高、分析需样品少的优点。

（4）色谱分析。色谱分析是一大类分离技术的统称，它区别于其他分离技术的显著特征为：有两个互不融合的相（可为气体、液体或固体），一个叫做“固定相”，而另一个被称为“移动相”，在色谱分析过程中，将被分离的样品注入移动相，移动相载着样品通过色谱装置，并使样品与固定相相互作用，由于样品中不同化合物的物理和化学性质存在着差异，与固定相的相互作用也不同，混合样品得以分离。通常，与固定相作用程度最弱的成分先通过色谱柱，而作用程度最强的成分最后流出色谱柱。色谱法可用于检查古代文物中的有机添加物、黏合剂、胶结材料、有机涂层、污染物、腐蚀产物、颜料、盐分等。

此外，热分析、色度分析以及仪器联用技术等，也都是文物保护技术研究中的常用文物分析方法。

2. 文物断代方法

弄清文物时代或年代对于有效地保护文物具有重要的参考价值。利用现代技术确定文物年代的方法，大致可分为五大类：①利用放射性核素（元素）衰变、辐射规律断代，常用的有 ^{14}C、钾一氩（K—Kr）法及铀子体平衡（U 系）法等。②利用天然辐射引起的各种效应来断代，如热释光法（TL）、电子自旋共振（ESR）法、裂变径迹（Ft）法等。③根据磁性规律断代，如古地磁法、沉积地磁法等。④依据生物规律断代，如树木年轮法。⑤物理、化学及其他方法断代 .. 如氨基酸盐外消旋法、黑曜岩水合法等。

（1）^{14}C 和加速器质谱测年法。

^{14}C 测年是基于样品中的 ^{14}C 原子衰变率计算样品的年代。各类含碳物质在生命过程中要不断地同大气交换 ^{14}C, 衰变掉的 ^{14}C 能不断得到补充，其体内的 ^{14}C 比度与大气中的 ^{14}C 比度一致，但一旦停止了交换（如生物死亡、沉积等），其 ^{14}C 就再也得不到补充，^{14}C 就会按指数规律衰减而降低。因此，只要测得空气中的 ^{14}C 比度（I_0）和标本出土时的 ^{14}C 比度（I），就可从公式 $t== \tau\ 1n\ (I_0/I)$ 求出标本死亡的年数（τ

为 ^{14}C 的衰变常数）。现代科学研究证明，平均每经过 5730 ± 40 年 ^{14}C 原子就降为原有水平的一半（以 1950 年为起点），^{14}C 测年法是目前国内外应用最广、技术最完善的绝对纪年方法，但也存在不少缺点，如样品用量大，测量时间长，越年轻的标本测量误差越大等。

加速器质谱（AMS）^{14}C 测年是 20 世纪 70 年代末开始发展起来的一种现代核分析技术，其原理是直接计测样品中 ^{14}C 原子数。因此，与 ^{14}C 法比较，其突出优点是所需样品的量少（只需几毫克，甚至几百微克的碳董即可），测量时间短，可测年限高等。不利之处是使用核物理技术和投资昂贵的设备。

（2）钾氩法。

钾氩法主要应用于通常见于火山岩、变质岩和火成岩中许多含钾物质的放射性测董方面。其理论依据是火山熔岩中的放射性 ^{40}K 会蜕变成 ^{10}Ar，而 ^{40}Ar 在火山熔岩凝固时会被高温挥发殆尽。因此，可将火山熔岩的生成时刻作为 K—Ar 记年法的时标零点，随时间推移，火山熔岩中由 ^{40}K 蜕变成的 ^{40}Ar 含量逐渐积累增多，只要测出火山岩标本中的数量，根据衰变规律和半衰期（^{40}K 为 1.25×10^9 年），便可推算出火山熔岩形成的年龄。其中，利用现代加速器质谱技术，可测出标本中的，^{40}Ar 原子数目，^{40}K 的总含量可由光谱法测定。钾氩法主要应用那些具有火山灰沉积的早期旧石器时代地层。

（3）树木年轮法。

此方法是 20 世纪初由美国天文学家道格拉斯开始研究建立起来的。其基本原理是：由于树木都是春夏生长、冬季停止，因此，在树干的横截面上就形成疏密相间的年轮，树干截面上的年轮数目代表该树的年龄，由此可以用来断代。应用树木年轮法确定样品的年代首先必须建立起本地区的主年轮序列，其方法一般以长寿命活树为基础，再与过去砍伐的同树种年龄相衔接，逐步向前推进，即可建立一个气候区的树轮纪年主系列表。

从理论上说，气候区树轮纪年主系列表建立后，即可用于文物断代，其方法是将古代木质遗物上的树轮与树轮纪年主系列表中的特征年轮相比较，然后将样品的年轮谱与主年轮序列对照，就可以定出非常准确的年代。但实际操作起来存在诸多限制因素。首先，不是所有地区的树轮都能形成理想的特征年轮谱；其次，不易找全各个时期的树木样品来建立完整的序列，只能在气候季节变化明显的地区选择适当的长寿命树种才能建立起年代序列比较长的主年轮序列，目前欧美一些国家已建立了近万年的主年轮序列。树木年轮法主要应用于两个方面，一是作为一种独立的方法确定文物绝对年代；二是校正 ^{14}C 测年结果，使 ^{14}C 年代转换到比较精确的历史纪年。

（4）古地磁法。

古地磁测年主要有两种方法：一种是利用地层沉积物磁性随地磁极性倒转而倒转的现象进行地层断代，主要用于旧石器时代古人类地层的断代。此法不是独立的绝对年代的测定方法，而是一种“比较测年方法”，作为参考标准的连续地层的地磁极倒转年代序列表要靠钾一氩法预先建立。另一种是利用古代遗物的热剩磁性进行断代，主要用于新石器时代以来的窑、炉、灶、瓦、陶瓷器的断代。其基本原理在于这些遗物的热剩磁性一旦形成就很稳定，可保留几千年不变，其方向与加热后冷却时的地磁方向一致，强度与当时地磁强度成正比；假若该地区的地磁方向和强度随年代变化的关系已经明确，那就可以通过测定样品的热剩磁性来断定其年代。其方法是利用大约 1000 公里范围内已知年代样品预先建立该地 K 古地磁随年代变化规律的标准曲线，对于要测的未知年代的文物标本，根据它的所测地磁数据在标准曲线上找到它的纵坐标位置，其对应的横坐标位置就是磁断代年龄。

（5）铀系法。

铀系元素由铀核连续地进行放射性裂变所形成的大约 12 个同位素组成。铀系法就是利用铀的各同位素和它们的子体之间放射性平衡的破扒和重建的过程进行测年，具体说，^{230}Th 和 ^{231}Po 的半衰期分别为 75200 年和 32400 年，从骨头、贝壳等标本中测出钍 / 钋的比率，即可根据放射性衰变公式推算出它的年龄。铀系法主要用于测定人类及哺乳动物的牙齿和骨骼，以及石灰岩洞穴中的石笋、石钟乳等硫酸盐沉积物。

（6）热释光测年法。

热释光法是通过测定样品中积累的辐射剂量效应来确定最后一次受热后的年代或样品形成的年代，它十分适用于对陶器、烧土或火山灰烬展、岩浆烘烤层进行测年。可测年代范围的上限可达百万年。

热释光测年的方法是：甩已知放射性强度（亦即已知剂量率）的放射源在短时间内辐照陶瓷样品，根据热释光强度与辐照剂量的线性关系，用作图的方法来推断陶瓷器的年龄。此法能应用于断代基于以下四点理由：①辐照剂量和样品的热释光强度有简单的线性关系；②热释光强度可以定量准确测定；③小剂量率长时间天然辐照的积累剂量对陶瓷器固体结晶所产生的热释光效应与大剂量率短时间人工辐照相等剂量的效应是一致的，以此求出古代陶瓷器的等效剂量；④古陶瓷自高温（超过 500℃）形成后，受恒定的天然辐射剂量率照射。热释光测年的方法误差、测试误差都比较复杂。

（7）电子自旋共振法。

电子自旋共振是指原子中电子自旋能级在外磁场中发生塞曼分裂后，在外加微波能量激发下，电子从低能级向高能级跃迁这样一种能量共振现象。电子自旋共振测定标本年龄的原理是基于对标本所受天然辐射损伤量的检测，或者说是基于测量标本中辐射损伤造成的晶格缺陷所捕获的顺磁电子数，其数与标本所遭受的天然辐射总剂量比率是常数，因此，标本内的总吸收剂量必与标本年龄成正比。

电子自旋共振法的优点在于：其一，年龄测定范围很宽，可测定从几千年到几百万年的标本的年龄其二，它是一种非破坏性的方法，而且同一标本可反复测量。其三，可测定的标本种类较广，如人类和脊椎动物的骨头或牙齿化石、海底贝壳、珊瑚、有孔虫、洞穴石笋、碳酸盐类、陶瓷器等。此外，这种方法还可利用有机物的化学变化进行测定。

（8）裂变径迹法。

矿物和玻璃物质晶体中，存在着少数铀同位素裂变时留下的细长径迹，一般是由 ^{238}U 核裂变时产生的反冲碎片引起的。裂变径迹在常温下能永久保留，长度一般为 5 ~ 20 微米。这种裂变径迹借助于氢氟酸对标本的蚀刻，就能在显微镜下清楚看到。裂变径迹法的基本原理是通过统计样品中铀的裂变径迹数来推算样品的年龄或经过最后一次高温的年龄。^{238}U 的半衰期约为 8×10^{15} 年，测出标本中 ^{238}U 的总原子数，再用显微镜按上述方法找出标本中的径迹数，即可由衰变公式算出标本的年龄。裂变径迹法主要应用于火山灰的年龄及遗址中含灰烬地层年代的测定等。

（9）氨基酸外消旋法。

氨基酸外消旋法测年的原理是：动物死亡后，体内原生的蛋白质氨基酸的左旋体结构会逐渐向右旋体结构转化，最后达到平衡，以至旋光作用消失，这一过程称为外消旋反应。外消旋反应的速度依赖于化石埋藏环境，特别是以指数函数关系依赖于环境温度。如果化石埋藏环境的温度不变，就可以根据化石中氨基酸左旋体对右旋体的比例来确定化石的年代。但由于化石所处的环境温度可能有其复杂性，难以估定，所以用此法测定年代往往误差较大，可靠性较差。然而由于测年所需样品极少，容易采集，方法简单易行，对填补放射性碳素断代和钾氩法断代中间的空白有一定的作用。

3. 实验研究方法

实验方法是文物保护技术的最基本的研究方法之一，之所以如此，主要是由如下两方面情况决定的。

（1）文物保护技术是研究文物制成材料变化规律和保护文物的技术方法的学科。欲探明各种不同文物制成材料的变化规律，当然需要通过各种各样的大量实验，如纸质文物随温、湿度变化有哪些规律性？不在实验室内，分别研究在各种不同的温、湿度下，纸质文物性能发生哪些不同的改变，要想找出其中的规律性是不可能的；又如，在大气环境下，青铜病常从某些古铜器锈皮低缝冒出并蔓延，这是腐蚀现象中的特殊类型，其原因何在？只能通过实验才能找出问题的答案。保护文物的技术方法的取得同样只能通过实验才能解决。

（2）文物保护、修复必须遵循“整旧如旧，保持原貌”和“可逆性、可再处理性”的客观规律。文物保护、修复必须“整旧如旧，保护原貌”，这是由文物的特性、文物保护的根本目标决定的。“旧”就是文物的本质、附于其上的信息和它表现出来的状貌的综合，“旧”根本上变了，文物也就不是文物了。文物修复必须具有“可逆性、可再处理性”，这是因为1）随着科学的不断发展、文物保护科技研究的深入，不断会发现修复文物的更新更好的材料；2）为更有效地长久保存文物，必然要对已经修复而效果不是最理想的那些文物，去除原用的材料，代之以新的材料，重新进行修复；3）许多已经使用而取得较好效果的材料，一旦老化，也必须被去除，重新处理。如曾使用一种水玻璃材料对陕西西安半坡遗址土层表面进行喷涂加固，暂时的效果尚好，可是后来水玻璃材料已老化，凡喷涂过的地方均结成硬壳而大片剥落，正是由于这种水玻璃材料无可逆性、无可再处理性，结果造成了该遗址的破坏。又如明定陵出土的大批丝绸，因建国初期用于加固的化学树脂老化而出现硬化，文物面临损毁的严重后果，后经过对原加固材料的去除研究，将上面已经硬化的药物去掉，并对其进行加固软化处理，才使丝绸恢复了柔韧性，这些都说明了原加固材料具有可逆性是何等重要。另外，不仅加于文物上的材料要有可逆性、可再处理性，而且在修复文物的全过程中，一切用来把文物的各个部分分离、重合等的材料和操作工艺也必须是可逆的、可再处理的。既然“整旧如旧，保护原貌”和“可逆性、可再处理性”如此重要，那怎样才能做到这些呢？惟一的办法只能是在实施真正的修复前进行大量的、反复的实验。

4. 传统文物保护技术方法

传统文物保护技术，是指世代相传的对文物保护行之有效的技艺，有些学者称之为“适用技术”或“中间技术”。尽管现代科学技术在文物保护中的应用越来越多、越来越广，但这并不意味着传统文物保护技术在文物保护技术的研究中不需要了，恰恰相反，这些传统的文物保护方法历经几千年的考验，自有它的独到之处，因此，世界各国对采用传统技艺保护文物都十分重视。如从我国的青铜器保护和修复来看，传统技术仍占据重要地位，实际修复中运用的仍然是传统的修复方法：锡焊接法、打制法和修配法。这些方法或单独使用，或酌情并用，将残破的青铜器复原，然后用胶水调颜料涂抹，再涂黄蜡一层，遂成为一个完整器。又如我国的传统修裱技艺，可以说是文物保护领域的一朵奇葩，至今仍焕发着旺盛的生命力。

应该将传统文物保护技术作为一笔丰富的历史遗产，进行继承并使之发扬光大，事实也正是如此。现在专家们正在努力探索一种更理想的“混合技术从而使现代技术与传统技术在保护文物方面能融为一体。

第四节 文物保护技术的研究内容及特点

一、研究内容

1. 文物制成材料的研究

如果将文物保护技术研究比做一棵参天大树，那么文物制成材料的研究就是这棵大树的根；如果把文物保护技术研究比喻为滔滔江水，那么文物制成材料的研究就是这滔滔江水的源。文物制作材料的研究在文物保护技术研究中占有十分重要的地位。因为文物材料的自然老化，其内在因素还是文物材料本身，外界因素只是为文物变质老化提供了一定的条件。在考古发掘中，出土的古代金器饰品保存至今仍金光灿烂，而出土的青铜器则锈迹斑斑，至于铁器，汉代以前的今天已很难见到，就是这方面生动的写照。文物制成材料研究方面的主要内容包括：①研究各种文物制成材料的成分、结构与性质；②研究文物制成材料的老化机理；③研究文物制成材料变质老化的规律性。

2. 文物保存环境的研究

以下两个方面的原因决定了文物保护环境的研究是文物保护技术研究中涉及面广、为数最多的研究项目：一是保存环境是引起文物变质港化的重要外界因素，而且因素极多，既有物理、化学、生物的因素，也有气候、

地质的因素，甚至还有人为的因素；二是文物一经形成，其自身制成材料是无法再彻底改变的，为最大限度延长文物拜命，只能从保存环境上着眼、下功夫。文物保存环境研究的主要内容包括：①影响文物保存寿命的环境因素研究，现阶段它主要包括温度、湿度、光辐射、空气污染物、有害微生物、有害昆虫、地质环境等。②文物保护技术标准与方法的研究。研究文物制成材料老化变质机理及其规律、影响文物保存寿命的环境因素的目的就是要确定保护文物的技术标准与方法。

3. 文物修复、整治技术的研究

无论怎样保护，随时间推移，文物总是向毁损的方向发展，这是一条客观规律。面对已经损坏的文物，只能采取修复、整治的方法。因此，文物修复、整治技术的研究构成文物保护技术研究的重要内容之一。不同的文物，其修复、整治技术也不相同，如青铜器的修复技术不同于壁画的，古建筑的整治技术也不同于石窟寺的。

二、文物保护技术的特点

文物保护技术是一门综合性的应用技术学科，它具有以下三个显著特点：

1. 在学术上具有综合性。通过文物保护，文物保护技术使自然科学与人文科学交叉渗透，相融共存于一体。如前所述，文物本身并非是自然物，而是人工创造的产物，具有鲜明的社会属性，蕴涵着十分丰富的社会人文信息。但是，文物的实体却是取材于自然物，无不具有自然属性，也就是说，文物具有自然和社会两重属性，这两种属性都是文物价值的重要体现，均必须很好地加以保护。

要保护好文物的自然属性，就是要保护好文物实体，这需要依据自然科学理论，运用自然科学知识和方法；而要保护好文物的社会属性，就是要保护好文物的形制、纹饰、饰物神态、工艺等，这必须要有人文科学作为指导。因此，文物保护的确是自然科学与人文科学的交叉渗透，缺一不可；文物保护技术的学术研究需要文理的大综合。

2. 在技术上具有应用性和实用性。文物保护技术不以推进某一学科或技术本身的发展为自己的功能，而是把自然科学中诸多学科的科学技术转化为文物保护科学技术，即通过保护文物本身原有的自然属性，从而保护文物本身原有的社会属性，以此为其主要功能与根本任务。换言之，文物保护技术实质上是各种自然科学技术在文物保护领域的应用，当然能苻得到实际应用，还得结合各种文物自身的不同特点、文物所处的不同具体环境等；同时，还需要考虑人力、物力、资金等因素。因此，文物保护技术在技术上具有应用性和实用性。

3. 在学术宗旨上具有保守性。文物保护技术的科研目的不在于发明创造一种新的材质或产品，而完全是为了使文物本身原有的二重属性得到完全无损的长久保存。如前所述，文物保护必须遵循“整旧如旧，保护原貌”和“可逆性、可再处理性”的客观规律，它使得文物保护技术的学术宗旨是必须慎之又慎，宁可保守些，不能冒风险，也不允许冒风险。当然，这与在文物保护技术的科学研究中，不断开发新材料，创造新方法、新工艺等是完全两个不同的问题。

第五节　文物保护技术与相关学科的关系

一、文物保护技术与化学的关系

化学是文物保护技术赖以建立的基石，是文物保护技术的最为重要的支撑学科。从宏观角度理解，化学是一门在分子和原子水平上研究物质的组成、结构与性能及其相互关系和物质与能量转换规律的科学；从微观角度理解，化学运动涉及核电=体系间的电磁相互作用以及这种作用引起的物质和能量的变化。分子的结构与组成，涉及化学元素和化学键；化学反应涉及化学键的断裂、重建以及随之产生的物态和能量变化，这些内容是研究文物制成材料损坏规律及科学保护文物技术方法的最为重要、直接的基础。

在化学中，又以无机化学、有机化学、分析化学、高分子化学、物理化学、植物纤维化学、染料化学、硅酸盐化学、金属化学等与文物保护技术关系尤为密切。

二、文物保护技术与物理学的关系

这里可以从两个不同的层次看：第一，物理学是研究自然界中物质运动的最一般规律和物质基本结构的科学。它的研究对象决定了它是所有其他自然科学的基础；从某种意义上，甚至可以说所有自然现象的最终解释都要回到物理学上来。第二，物理学的很多分支学科直接构成文物保护技术的重要基础。如原子物理学、高分子物理学、光子学、光学、电磁学、力学等，没有这些物理学内容作为支撑，进行文物保护技术的研究是无法想像的。

三、文物保护技术与生物学的关系

生物病害是影响文物寿命的重要因素之一，要想有效地控制生物因素的危害，必须以生物学知识为基础。关系密切的有微生物学、昆虫学和毒理学等。

在所有微生物中，常见的文物（主要是有机质文物）有害微生物是细菌、放线菌和霉菌中的一部分菌种，其中又以霉菌危害最大。通过微生物学的研究，了解和掌握这些有害微生物的形态结构、繁殖生长、营养代谢的相关理论知识，无疑是制定和采取有效防治措施、方法的根本基础，也对防治实践工作具有重要的指导意义。如：根据微生物学理论，微生物的繁殖生长都需要重要的外界条件，缺少这些条件，微生物就无法生长；这些条件不利，微生物就不能很好生长。概括地说，这些条件就是微生物生长的理化因子，其物理因子有温湿度、通气（给氧）、酸碱度、水分和辐射，它们对微生物生长具有决定性作用。化学因子主要指微生物的营养物质，这些物质主要有碳素化合物、氮素化合物、矿质元素、水和一些特殊的生长因素（微量有机物质）等，它们对微生物的生长速率有很大影响。

对文物造成危害的还有有害昆虫，要想做到对这些害虫的有效防治，必须对它们的形态生理、生殖发育和生活习性等有清楚的了解和认识，而这些知识的获取有赖于昆虫学的研究及其发展。如：熏蒸杀虫法是经常使用的化学杀虫法，但不同种类的害虫，由于生活习性、生理机能、接收药剂的方式、程度不同，效果也就不同；即使是同一种害虫，它处于不同发育阶段，对药剂反应的差异也很大；再者，即使是处于同一发育阶段的害虫，随时间不同，其生理状况不同，杀虫效果也会有异。此外，还存在害虫对药剂的抗药性问题。所有这些，都必须运用昆虫学的研究成果，详加研究，得出结论，然后才能制定出科学合理的防治害虫方案。

第二章　文物保护与相关学科的关系

第一节　文物信息学

一、文物信息的特点和类型

1. 文物信息的特点

文物信息的主要特点，见表 2-1。

表 2-1　文物信息的特点

特点	具体内容
依附性	文物是由分子或原子组成的物质实体，同时，文物实体又是文物信息的载体。文物信息强烈依附于文物实体，如果没有了文物的物质实体，我们无法观察或探测到文物信息。文物所承载的历史人文信息通过文物的物质实体展现，是客观存在。文物的历史人文信息包含表观、亚微观、介观和微观多个层次。对陶瓷文物来说，其三维尺度体现了时代特征和社会文化，这些信息是表观的，肉眼可见的；内部矿物颗粒属于亚微观或介观层面，存在形式和形貌反映了陶瓷文物的烧制工艺；元素组成，则属于微观层面信息，与工艺、原料来源相关
时空性	文物信息是特定的时空在客观事物上的反映，从本质上看信息是对人类历史发展进程中相关事物特征、现象、本质及规律的描述，文物信息是对古代社会和自然环境变迁的现象、本质及规律的反映，这是文物信息可以用来重构古代社会场景的主要依据。文物信息通过各种载体进行传播和表征，如文物信息所描述的内容能够通过如符号、声音、文字、图形、图像和人的记忆（传说、口述史）等形式实现表征和传播
动态性	文物信息具有动态性。从哲学的角度来说，信息是事物运动的存在或表达形式，是一切物质的普遍属性，包括了一切物质运动的表征。文物实体从产生到消失的过程不是静止的，是在不断变化的，文物信息也处于动态变化之中。文物信息的动态特征表明文物信息始终处于不断积累（时间和环境的印记）、转化（本体材料转化）的过程中，人类对文物信息的认知也在不断地变化，并且逐步深化

续表

特点	具体内容
低强度	在文物分析过程中，仪器出峰强度与文物样品所含成分（或特定基团）的浓度有关，文物分析中出峰强度普遍较弱。产生上述现象首先是因为文物的珍贵性，取样会对文物实体造成一定的损伤，取样量越大，对文物实体的损伤也越大，因此，文物取样量应控制在微量范围。对极微量或痕量的样品进行分析检测时，仪器的出峰强度往往较弱。其次是文物样品中污染物含量较高，对检测结果有很强的干扰性。例如，古代丝织品上常含有血迹，血迹成分与蚕丝的成分相似，同属蛋白质，且含有相同的官能团，在红外光谱中谱峰出现的位置基本相同，对古代丝织品进行红外光谱分析所得结果中干扰因素很多。再次，某些文物样品中的待检测成分（元素或特定基团）浓度较低、出峰较弱，如常用于鉴定陶瓷文物产地的微量元素，其在陶瓷文物中含量极低，出峰信号强度相对于其他成分而言很弱。鉴于上述情况，在仪器分析检测之前，往往需要对文物样品进行分离、富集，以除去杂质，尽可能提高样品浓度

2. 文物信息的属性

（1）客观属性

前已述及，文物信息是对文物实体质点运动状态结果的描述，人们通过对结果进行解读获取文物信息。文物实体质点运动状态是一定时空的产物，是客观存在的，不以人的意志为转移。文物信息的本质是文物实体客观存在的各类现象，现象本身不会表述，人类在研究时对这些现象进行解释，就实现了文物实体存在的现象向文物信息的转变。不论人类对文物实体存在现象的解释准确与否，正确的答案必然存在，只看我们能否追寻到。

另一方面，由于时间和空间不会消失，所以文物实体质点运动状态产生的信息也不会消亡，很多情况下我们得不到文物过去的信息，那是因为我们无法进入文物过去所处的时空。信息不像物质和能量，物质是不灭的，能量也是不灭的，其形式可以转化，如人类可以把电能变成热能，但变成热能后，电能就没有了。而信息的不灭性与物质不灭、能量不灭非同一种含义，文物信息的不灭是基于文物实体质点运动状态不灭基础之上的。以这一思想进行解读，“雁过留声”蕴含的是大雁经过此地的情况和人类知晓大雁经过此地的信息永久留在了大雁飞过的空间里，破镜难圆”中构成镜子的原子、分子依旧存在，没有消失，作为镜子的状态现在虽已无法“看”到，但镜子的状态和从镜子状态解读中获得的文物信息永恒存在。例如，古籍《考工记》原版已不复存在，但很多后代的古籍引用了《考工记》里的内容，后人对引用的内容进行编辑，使其基本得以复原，文物信息的不灭性是考古学家得以存在和发展的科学基础。

文物实体质点运动状态和文物信息依赖于特定时间和空间而存在，如果能回到文物实体消失之前的时空，则一定能看到原有的文物实体。人类获得的文物信息可以经记忆、记录等多种方式被转录，转录是特定时空中的文物实体质点运动状态和文物信息再现的一种方式。民间典故、历史人物故事、神话传说，都是历史信息的记录方式。

（2）主观属性

文物信息是人对文物实体质点运动状态的结果（现象）的解读，是经过人脑加工过的，是人的主观意志的反映。这里有两点需要厘清。前已述及，文物信息的来源是文物实体质点运动状态，是客观存在。但文物实体质点运动状态——这一客观现实经过人类大脑的识读、解释，最终被翻译成人类的语言，即成为文物信息。识读或翻译的准确度则依赖于翻译者的知识背景和经验积累程度，所以文物信息中一定包含人的主观意志。某些情况下，文物信息还有可能随着人的主观意志而改变，即被人为地篡改。此时文物信息就会失去它的价值，甚至不能称为“文物信息”了。

由于文物信息具有主观属性，因此文物信息也具有主观局限性。文物信息是主观层面的，如当汉代青铜器物向青铜文物转化的过程中就包含了人类意识的作用。器物永远是一个器物，是客观存在，当人类认为某一器物具有文物价值时，就会将之与一般的器物区别开来，称其为文物。词语“文物”或“antique”只是客观现实的代表符号，反映的是客观存在的现实。文物是人们思维活动所形成的一个概念，是一种观念形态，它的内容是客观的，来源于文物的客观存在，它的形式又是主观的，是人们对文物实体客观存在的主观反映，是人们感知和思维活动的结果。也就是说信息具有加工的痕迹，人们获得的任何信息要么是人的大脑思维获得的结果，要么是通过仪器设备分析得出的数据，然后经人脑分析形成最终结果。实际上文物信息的加工来自于两方面：一是机器加工，如仪器分析得出的数据，所给出的图谱、图表、图片和数据等，都是仪器通过运算、软件处理得到，这可被视为文物信息的机器加工。虽然是机器加工，但人类通过仪器的设计、制造间接对信息进行了人为加工。二是人类通过观察、分析仪器给出的数据，对文物信息的深度加工，即结合人类掌握的知识，对文物信息进行全方位解读。所以，信息始终留有人脑加工的痕迹。由于受技术和知识水平限制，文物信息的加工有可能正确，也有可能产生错误，因此在对文物信息进行解读时必须存真去伪。黑格尔说过，“像某些动物，它们听见了音乐中一切的音调，但这些音调的一致性与谐和性，却没有通过它们的头脑”，动物只有对外界刺激产生反应的本能，而没有信息加工的能力。此处借用黑格尔的比喻，以说明文物信息的主观性。

（3）价值属性

文物价值通过文物信息表达，不论是文物的历史价值、科学价值以及艺术价值，都是经由对文物实体材料、制作工艺和造型等方面的信息采集挖掘得到的。一般情况下，文物信息只有被人们利用时才能体现出其价值，而有些文物信息的价值则可能尚未被人们发现。

文物的历史价值、科学价值和艺术价值是文物“与生俱来”所特有的价值属性，尽管时空不断改变，文物的这三大价值也不会消失，但是文物的经济价值则会随着人类社会经济发展程度、人的文化素养水平时刻发生变化。经济价值不是文物“与生俱来”的属性，战争年代珍贵文物被贱卖，甚至无人问津这一事实，就说明文物的经济价值是人赋予文物的，不是文物的自身属性。

3. 文物信息的类型

（1）形态分类

文物信息既可以是感触到的文物实体，也可以是抽象存在的文物属性与文化内涵。因此，根据不同的分类模式，文物信息的类型也可以分成多种。根据信息的外在形态可将信息分为显信息和隐信息。显信息是指可被观察、测量、辨别的考古学实物，显信息可分为文物的本体信息和文物的环境信息两个方面，文物所蕴含的以及肉眼可以直接观察到的显信息包括文物实体的形状、花纹、铭文、结构、组合形式等。隐信息是肉眼无法识别，需要借助复杂的仪器设备或通过化学、生物学的处理才能得到，与文物实体演变过程和规律有关的信息，它们是文物信息价值研究和寻找的真实对象，如文物实体材料的组成、配比、腐蚀、污染情况等。现代科技手段可以帮助人们透过表面形态观察文物的内部信息，例如，通过科技手段分析陶瓷器、金属器中的常量、微量、痕量成分，可以判定其产地、制作工艺以及古人生活的某些情况。文物的隐信息实质上是文物的衍生信息，即对隐信息多层级的解读。

为了从显信息中揭露出隐信息，往往要对大量显信息进行反复处理。处理文物信息的时候，文物的数量特征和属性特征是最小信息单位。如果把属于某个文物的多个特征集合在一起，就构成了关于该文物的信息记录。由于任何一个文物都是独一无二的，所以，每个文物的属性信息记录中，都存在一个以上足以让其与其他文物属性互相区别的“主属性”或称“识别属性”。主属性在文物信息处理中是一个极为重要的概念。

（2）来源分类

以文物信息的来源划分，文物信息可分为文物的本体信息、文物的环境信息、文物的衍生信息。文物的本体信息是采用观察、分析等手段，从文物实体以及文物实体排列组合方式获得的制作材料、工艺、功能、文化、病害、保护、修复等方面的信息。文物的环境信息是采用观察、分析等手段，从文物实体所处的环境和从文物实体上获得的与文物所处环境有关的信息。文物的衍生信息是由文物的实体信息和文物的环境信息经信息加工所获得的信息。例如，通过对青铜器锈蚀产物的分析，可以得到埋藏环境和古代青铜材料腐蚀机理的信息。

（3）属性分类

该分类包括材料信息、产地信息、年代信息、工艺信息、功能信息、环境信息、病害信息等。

材料信息主要是涉及文物实体材料的信息，包括原材料的信息、辅助材料的信息、老化产物的信息、污染材料的信息、保护修复材料的信息等。原材料和辅助材料的相关信息一般在文物实体产生之前就已存在，如铸造青铜器的矿料，青铜器制作完成后，此信息一般不会增加。而老化产物和污染材料信息会随时间推移而增多，在保护修复后此类信息可能会增速减缓。保护材料信息主要是指人为对文物实体施加的清洗、加固、封护等技术措施所留下的与保护修复材料相关的信息。材料信息的获取部分可通过肉眼进行观察，但主要依靠现代仪器分析手段，例如通过扫描电镜及能谱分析、红外光谱分析、各种显微镜的显微观察、X 射线荧光光谱分析等方法，对材质进行宏观和微观层面的检测分析、研究。

产地信息主要是指文物实体材料来源和制造地点的相关信息，包括产地特征物质信息、产地文化特征、产地使用特征等。产地特征物质既包括宏观上在该地域文物实体上出现的物质材料，又包括微观上各种特征元素及含量等信息。例如，不同时代、不同窑口的瓷器胎釉的特征元素含量是不同的，可以通过统计学的方法利用这些产地特征物质进行产地示踪。产地文化特征是指文物所折射出的区域文化的共性特点，通过对本地域大量文物进行分析，能够塑造出该地域人文和科技的面貌。例如，许多唐代金银器具有异域风情的造型和装饰，反映出了唐代海纳百川、兼容并包的文化盛景以及中西文化之间的频繁交流。产地使用特征是对文物具体用途和用法的区域性总结。例如，文物中的考古残存物能够提供丰富的使用信息，出土的青铜器中盛有美酒即显示其作为酒器的用途。对于产地信息的分析研究在科技考古领域已有广泛应用，采用的分析方法主要有中子活化分析、电感耦合等离子体发射光谱、铅同位素比值法等。

年代信息向来是考古学重视的研究领域。文物年代信息包括年代特征、地质年代特征、材料年代特征等方面。一件文物的年代信息不仅涉及它产生的地质年代、所使用材料的年代，还包括其埋藏的地层年代的信息，并且通过考古类型学的方法可以得到其年代特征。现代考古测年方法很多是依据特定物质变化速度来推算年代信息的。例如，^{14}C 测年是用 ^{14}C 的衰变规律来计算文物的相对年代，而氨基酸外消旋测年法，是用文物实体组成材料中原生的 L 型氨基酸能部分自动转化为 D 型氨基酸的规律来进行测年的。目前年代信息的确定方法除了上述两种，还有树木年轮法、热释光法、黑曜岩水合法等。

工艺信息包含的内容众多。加工工艺信息包括原材料的清洗技术（如洗矿技术）、初加工技术等。制作工艺信息包括成型技术、材料配比、部件结合方式、技法和风格、制作时间或季节、制作工具等。文物实体生产流程的任何一环都与工艺信息息息相关。正是这些传统工艺信息的留存，为现代复原古代文物及工艺提供了良好的技术支持。工艺信息的获取，可以借助现代仪器方法对文物样品进行分析检测，对文物实体外观进行美学研究，同时还应参照古文献的记载以及对传统工艺传承地及传承人进行实地调察。

功能信息主要是与文物的使用功能有关的信息。例如，出土的许多青铜器具有酒器实用功能，爵、觚、觯、角等均为酒器的器型。由使用功能在文物实体的痕迹遗留衍生发散，可得到的功能信息还包括残存（留）物的信息、微痕信息、人机关系（机械类文物）的信息以及与其他器物的组合关系信息等。许多文物的功能信息难以从文物实体表观判断，需要通过对相关残存（留）物、微痕进行分析或者进行实验考证而获得。而残存（留）物多以附着的混合物形式或肉眼不可见的显微形态存在，这类信息的获得需要采用较为复杂的理化分析手段。

环境信息是指文物实体与环境因素之间相互作用。环境信息主要包括微生物、有害气体、紫外线、土壤等对文物实体材料腐蚀降解的影响，尤其在埋藏环境下，环境对文物实体的保存状态会产生重要作用，环境的影响会在文物实体上留下痕迹，因此在提取文物信息时不可忽视埋藏环境信息。例如，墓葬气体的有效提取、土壤环境的测量、地下水环境样品的采集和分析等，这部分信息易被忽略，往往会给后续保护研究工作的开展带来困难。

病害信息是文物保护学关注的热点，主要包括病害的类型、病害的程度、病害的内因和外因等，材质不同的文物其病害的分类也不同。例如，纸张的病害种类有水渍、污渍、褶皱、折痕、变形、残缺、炭化、变色等。病害程度的判断需要对文物病害状况进行科学评估，而分析病害的内外因则需对病害产生和发展进行深层次剖析。病害的程度有时难以被合理量化，而其内外因作用机理的获取也需要大量的基础研究工作作为支撑。

一般说来，文物实体从诞生那一刻就具有了材料信息、年代信息、产地信息、工艺信息；在使用过程中加入了功能信息和环境信息，还可能存在病害信息；在埋藏环节与外界环境相互作用，又产生了环境信息和病害信息以及老化材料信息；经过典藏，最终呈现在我们面前的文物由于经历了岁月的侵蚀而成为了病害信息、环境信息、老化材料信息，以及保护材料信息等众多信息的集合体，如图 2–1 所示。

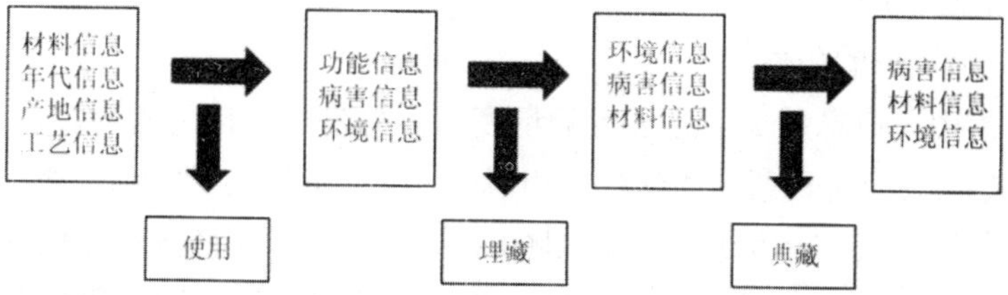

图 2–1　文物信息增加过程

二、文物信息的系统及价值

1. 文物信息系统

（1）文物信息的产生与变化

严格来说，在文物实体还没有产生之前，文物的信息便开始了积累。一件文物历经岁月的沧桑遗留到现在一般经历了加工、制作、使用、埋藏、典藏等过程。不同阶段的文物，信息的特点也是不同的。

在加工之前首先要寻找原材料，原材料包括原始的文物主体材料和各种辅助材料，如青铜器的原材料不仅包括主体的矿料，还有范铸法需要的陶范泥料等。原料的米集也媪含着许多人类的穷动，青铜器冶炼所需要的铜矿石的开采，就反映了古人的采矿技术水平，这部分信息都属于文物制作原料的信息。原料采集完成后，古人就开始对原材料进行加工以及对文物个体进行制作，原材料的加工可能涉及多种技术，如毛纺织原料的初加工包括净毛和弹毛等环节。对文物个体的制作既包括使文物成型的过程，又包括其局部的精修与装饰，甚至可能还有二次加工的过程。金银器的成型方法主要为锤揲和浇铸，而其器物表面的工艺处理和装饰技法又包括錾刻、抛光、镂空、焊接、镶嵌等，这些加工工艺和制作工艺共同组成了文物的工艺信息。制作完成后，文物投入使用，长时间的使用磨损会在文物实体上留下痕迹，包括使用的频率和使用人的习惯等信息，以及使用期间的破损修补信息，这部分信息是文物的使用修复信息。除了传世品，大多数文物实体都会进入埋藏环境。在漫长的埋藏过程中，文物实体与环境互相作用，文物实体材料会发生老化，会发生微生物腐蚀。由于腐蚀降解作用，有时文物实体的整体性都难以保证，这些都是埋藏阶段的文物信息。考古发掘后，埋藏环境被打破，文物重见天日，进入典藏阶段。这期间，由于环境平衡的破坏，可能有新的病害出现或者病害加重的情况产生，也可能增加了对文物实体进行保护与修复产生的修复历史痕迹，还有可能为文物附加了典藏的相关信息（如登录编号、展览等）。经过这几个阶段后，呈现在我们眼前的文物是蕴含着庞大信息资源库。

（2）文物信息的积累

在信息学中，信息量是信息多少的量度，信息量的变化是熵增过程，是过程量，是与信息传播行为有关的量。其存在是相对的，信息量越大，即负熵越大，熵值越小。而我们需要了解的是文物信息绝对数量的变化规律，即信息数量。如图 2–2 所示，文物信息数量随时间变化而变化，通过该曲线，可以了解不同阶段的文物信息变化特点。该曲线整体呈上升趋势，说明随着时间的推移，文物的信息数量是不断增加的。在漫长的岁月中，文物实体可能不断残损，能辨识的一些原料和工艺的信息数量也在不断减少，但这不影响信息总量的增加（信息是不灭的，文物信息只会增加不会减少，见本章文物信息客观属性部分），只是现有的手段或者方法限制了我们的探索工作，遗憾的是有些信息也许永远无法被辨识。

曲线的斜率反映的是各阶段文物信息数量的平均变化速率，不同阶段的曲线斜率不同，说明各阶段信息数量增加的速率有所不同。通常情况下，t_0 ~ t_1 段产生的是原料信息，整个时间段较短，信息的增长速率较快；t_1 ~ t_2 段产生是的工艺信息，整个时间段也较短，信息的增长速率快；t_2 ~ t_3 段产生的是使用信息，整个时间段较长，信息的增长速率一般；t_3 ~ t_4 段是埋藏信息产生，整个时间段很长，信息的增长速率缓慢；t_4 ~ t_5 段是典藏信息产生，整个时间段长，信息的增长速率慢。文物在（时刻的存在时间可以表示为 $T=t-t_1$。信息增长速率缓慢，说明文物实体状态比较稳定。

通常情况下，文物都会经历这五个阶段，但也会有一些例外。例如，陪葬品可能不经过使用直接进入埋藏阶段，传世品可能不经过埋藏阶段直接步入典藏阶段。

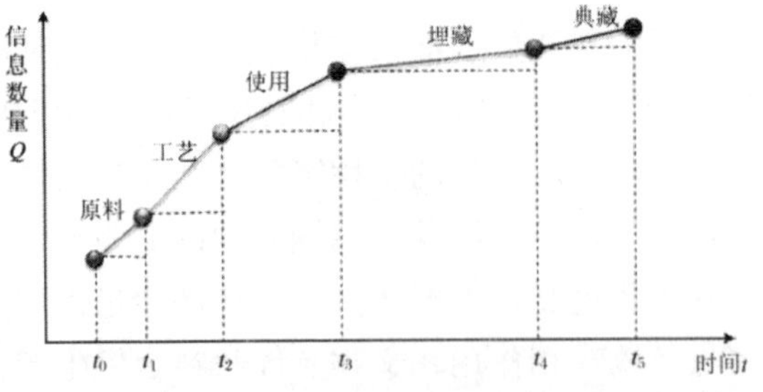

图 2–2　信息数量随时间变化曲线示意图

文物的信息数量曲线描述了文物从产生到消失的整个过程，文物实体反映出的材料、产地、年代、工艺、功能、环境、病害等信息参数形成了一个文物信息参数体系。

（3）文物信息系统的要素

一般意义上的信息系统包括三个要素：信源、载体、信宿。文物信息系统中的信源是古代社会的人类，文物是信息系统的载体，信宿是现今的人类。文物与人的关系，是客观与主观的关系，文物是客观存在，它需要我们人类去认知、提取它的信息、挖掘它的价值。

每件文物都包含年代、产地、材料、工艺等信息，这些信息组成了文物的“身份证”的全貌，是保护研究的核心内容，也是鉴定文物的重要依据。上述信息并不是孤立的组分，它们之间相互依存、相互作用，如产地和材料信息的相互依存，材料和工艺信息的相互作用等。同时它们共同构成一个统一的整体，形成一个信息系统，将同遗址或同区域的不同种类文物的信息汇集起来，建立更高层次的文物信息系统，并且人们获取、传递、接受、加工、储存、利用信息的过程也是文物信息系统的一部分。通常情况下，信息系统有五种特性，分别是整体性、关联性、动态性、有序性、目的性，这五种特性同样也适用于文物的信息系统。

现代信息学认为信息交流的结构由信息、信源、信道、信宿、噪音五个要素构成，这五要素亦适用于文物信息学。在文物信息系统中，信源是古代社会的人类，传递给我们的信息均由文物实体承载、提供。信源具有众多性和相关性，对一件文物从不同角度、依据不同目的进行观察，可以发现不同的信源，有时获得了一件文物的信息，会对了解另一件文物有所帮助。这需要我们注意信源之间的交叉性，以争取最大程度地获取信息。信道是信息传播的媒介，对于文物信息而言，主要是指各种理化分析手段。每一种分析手段所能获取的信息量往往是有限的，所以一个文物信息系统应当具有多种信道。文物信息的信宿就是我们每一个研究者，不同的研究者对信息所作的解读是有差异的，即对于某些问题的结论可能存在不同意见。噪音在文物信息系统中同样存在，主要包括文物样品的干扰信息，由于文物样品具有复杂性与多样性，受到环境因素的干扰后，常常导致信道中传递的信息减少，复杂程度增大。

文物信息系统的信源、信道、信宿、噪音密切相连，每一项对我们所获取的信息量的大小都会产生影响。这就要求我们从信源角度，在考古发掘现场和实验室及时做好文物的保护工作，最大程度保存文物持有的信息。从信道角度，应采用多种理化分析手段，相互交叉佐证，传递尽可能多的信息容量。从信宿角度，应注重提高研究者的业务水平和人文素养。从噪音角度，应侧重研究如何合理防止和利用噪音信息，这对于文物信息的准确认知非常重要。

（4）文物信息链

信息链是以信息为中心环节描述信息运动的一种逻辑构造。文物的信息链是以文物信息为中心环节的，信息链由事实→数据→信息→知识→智能五个链环构成。我们凭借感官或机器能从文物实体获得的最原始的映像便是事实，事实是文物信息链的起点。数据是我们通过各种手段，包括仪器检测、模拟实验等得到的定性或定量结果，即从文物实体获得的能够记录的一组符号。数据是事实呈现的一种形式，数据只是一些符号、数字或图像（图谱），经过分析解读后才能展现有价值的内容，这部分就是我们需要的文物信息。文物信息既有物理意义，也有认知意义。它既有客观文物状态的反映，又有人类主观认知的成分。作为信息链中心环节的文物信息，表面上看似乎是杂乱的、无序的，但在时间坐标上一定是有序的，也存在一定逻辑关系，因此需要对此进行总结归纳并使之系统化。加工后的文物信息变成了知识，这是对信息的升华。智能是对知识准确清晰的运用，是经过信息链各个环节最终形成的“完美的境界”。

信息链在单个文物信息系统和多个文物信息系统之间进行信息的有效传递，文物信息蕴含在文物实体运动状态之中。文物实体存在无限多的运动状态，其中绝大部分是无法知晓的。但有几种文物的运动状态对文物保护研究十分重要，一是文物实体的始态，承载的是文物最原始的信息，与文物的三大价值关系最为密切；二是文物实体出土时的状态，它与文物在埋藏环境中的腐蚀、降解过程有关，通过研究文物实体出土时的状态，可以为文物考古发掘现场保护提供支撑；三是文物实体馆藏过程的状态，其研究结果可以为文物预防性保护、保护修复实践提供科学依据。文物实体的状态随时间推移而不断变化,每一次的变化都会导致信息链开端的“事实”发生改变，而我们通过理化手段，得到符号化的“状态”信息，对难以辨识或者量化的文物实体状态信息进行转换。符号化的数据语言经过处理、编译，成为我们可读的文物实体状态的转述，即一条条关于文物的信息，而这些信息经过文物保护学语言的总结归纳后就成为了文物保护的学科知识。这些知识逐步积累、发散，文物信息系统量的积累最终带来质变，通过搜寻不同文物信息之间的联系和差别，使原有的知识得到延伸和运用，形成智能化的文物信息系统，为文物保护实施过程中的文物价值认知、保护技术和保护材料的筛选提供重要依据。

2. 文物信息的价值

若想了解文物信息的价值，就需要对文物信息进行加工处理，这要求研究者具备一定的经验、知识和智力背景（即观察、分析、推理能力）。资深研究者对文物信息的理解和认识往往高于普通人。

文物信息包罗万象，是文物保护、考古、科学技术史等多个学科关注的焦点，这与文物信息的价值密不可分。文物一般具有历史价值、艺术价值或科学价值，文物信息以文物实体为载体，因此文物的历史、艺术、科学价值均要通过文物信息来体现，如青铜器的历史信息要通过铭文信息来反映。文物是不可再生的，我们只能最大限度地延缓其劣化进程，但是文物信息具有延续性和继承性，纵使文物实体消亡，文物信息也可在某种程度上还原该文物实体的原貌，文物信息的延续比文物实体的延续容易实现。人们对文物价值的认识并不是一次性的，是一个与时俱进的过程，而对文物价值认识的提高主要来源于对新的文物信息的获取和认知。

文物的工艺技术和功能信息，是文物科学和艺术价值的主要反映。文物的年代、产地信息是文物历史价值的体现。文物的环境信息是人类与环境之间关系的体现，也能够为文物实体的保护修复提供依据。对以上文物信息进行扩展、补充，便得到了文物的人文信息，文物的人文信息是文物历史、科学、艺术价值的集中体现。文物实体的材料信息，是在文物实体产生的时间段内人类社会认识自然、改造自然能力的体现，亦是对文物进行科学保护，使其本体得以延续的重要参考依据。文物实体的材料信息蕴含着文物的科学价值，同时也能为现代材料科学的发展带来启示。文物实体的病害信息是文物实体保存状态的重要评价内容，文物实体的材料、病害信息与文物实体的寿命息息相关，是保存文物实体物质属性的重要参考依据。

同时，对于文物信息的价值的理解，不能局限于某一件文物，或者某一类文物，而应将其纳入整个考古学的领域进行思考。通过文物信息体现人类认识自然、改造自然的状况，寻找不同区域、不同时代的共性与差异，探索人与自然的演变规律。我们很难从几件孤立的文物的信息中获得启示，但是同一区域内的不同文物的信息量积累起来，可以得到该区域文化的相关认知，对几个区域文化的信息进行对比整理，又可挖掘文明发展、演变的方方面面，最终汇入到人类文明的浩瀚海洋之中。这也是文物信息的增值过程。系统化的文物信息可带领我们领略人类文明的面貌，并清晰展现整个系统内部的相互联系、相互作用。文物信息能够连通区域交流的通道，将孤立的系统网状化，并通过信息链，最后形成信息网，获得信息规模化收益。

三、文物信息的提取

文物信息是一个系统性的概念，包括了文物实体的信息、环境信息和相关拓展信息。从另一个方面来说，文物信息本身既包括显信息，也包括隐信息。因此，文物信息的提取不仅要关注文物实体的信息，也要从文物的环境、本体材料老化以及拓展的信息等方面人手进行提取，尽量获取更多的隐信息，做到信息获取最大化。文物信息提取的一个最基本的原则就是最大信息获取原则，即力求获取最全面的文物相关信息，这些信息不仅应包含文物实体信息等显信息，还应包含环境信息、历史信息、社会信息等相关隐信息。文物信息的提取过程，实际上是对文物实体的三维尺寸、本体材质、制作工艺、功能、病害、埋藏环境等信息的提取，所采用的技术一般包括肉眼直接观察、显微镜观察、成像技术、文物实体成分理化性质检测和工艺分析等手段，以及相关历史背景调查等方法。

每件文物都包含其年代、产地、工艺等信息，是一个信息集合体，各信息之间并不是孤立的，它们之间相互依存、相互作用、相互制约，同时它们又构成一个统一的整体，形成一个完整的文物信息体系。文物的信息反映的是文物实体的状态、文物实体材料的特性和文物实体所处的环境特征，各种文物信息的提取方法选择应依据文物实体的材料属性、文物实体所处状态，以及文物实体的环境不同而有所区别，各种文物信息体系及提取方法如图 2–3 所示。

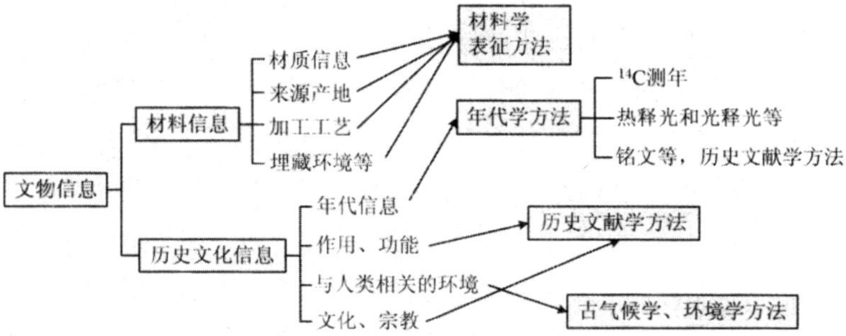

图 2–3　文物信息体系及提取方法

四、文物信息的应用——文物科技鉴定

文物信息是文物价值的根本所在，对文物信息进行研究是挖掘文物价值的过程。文物信息对考古学、科学技术史、历史学的研究具有无法估量的学术价值。近年来，文物的科技鉴定日益成为研究的热点，以往的文物鉴定主要靠鉴定专家的"眼力"，即通常所说的"眼学"，鉴定的准确度与专家自身的经验关系密切，因而，鉴定结果的主观局限性较大。以通过科技手段采集的文物信息为基础，对文物的年代、文化类型、产地、使用功能等方面进行判断，则是文物的科技鉴定。

通过对文物信息进行提取，可以对文物进行相关鉴定，通常以鉴定真伪和年代为基础。例如，古代丝织品的鉴定方法基本依赖于织物的组织结构等信息鉴定，采集的是丝织品织法、花纹和文字、组织结构设计，织造技术达到的水平，采用的装饰艺术，纹样的思想内涵等信息。这些信息具有很强的时代特征，通过对这些信息开展分析，可以对纺织品的年代进行相应的鉴定。我国的古陶瓷制造技术在新石器时代就达到了相当成熟的工艺水平，随着时代的发展，数千年前我国就已出现原始瓷和各种瓷器的制作工艺，胎体和釉料的使用与选择不仅反映出产地信息，也反映出工艺发展的技术水平，具有较强的时代和地域特征。因此，对古陶瓷的文物信息进行提取，可以对陶瓷的原料产地、年代以及真伪进行鉴定。

第二节　文物材料学

一、文物材料学的定义

1. 文物材料学的内涵

文物材料学是研究文物实体的制备工艺在复杂因素超长期作用下的文物实体材料组成、结构和性能，以及与文物价值、文物实体材料脆弱之间关系的学科。

文物材料学研究对象是文物实体即古代材料，研究目的是通过对文物实体材料的组成、结构和性能、制备工艺的研究，挖掘文物的科学价值，为文物实体的保护提供科学依据，最大限度延长文物的寿命。

现代材料学研究材料的组织结构、性质、生产流程和使用效能，以及它们之间的相互关系，是集物理学、化学、冶金学等于一体的科学。材料是用来制造机器、构件、器物等的物质，是人类赖以生存和发展的物质基础。不是所有的物质都可以被称为材料，如燃料、食物和药品、化工原料等。材料的分类方法有很多种，根据物理化学属性可以分为金属材料、无机非金属材料、有机高分子材料和复合材料等；根据用途分又可分为电子材料、建筑材料等；实际应用中又分为结构材料和功能材料等。

文物材料学的主要研究内容之一，就是区分文物实体材料与现代材料，即寻找古代材料与现代材料的差异，并在此基础上研发适宜的保护材料和实施工艺。

文物材料学与现代材料学存在明显区别，现代材料学研究材料的生产工艺是为了生产更好、更新的材料，文物材料学研究文物实体的制备工艺是为了尽可能采用原材料、原工艺保护修复文物。现代材料学研究材料的结构和性能，是为了得到性能更加优异的材料，文物材料学研究材料的结构和性能是为了找出文物实体材料的缺陷，防止缺陷进一步发展危，及文物安全。

虽然文物材料学与现代材料学有许多不同点，但从文物实体的物质属性可知，文物实体是由各种材料构成的，因此研究文物实体材料的材质、性能、加工工艺、结构和性能时，需要运用现代材料科学理论和多种技术手段，因而对文物实体材料的研究离不开现代材料学的支撑。

2. 文物材料的特点和分类

文物保护学所研究的古代材料是由人类生产加工的材料在复杂因素超长期作用下，已发生腐蚀降解，文物实体质点产生了改变或位移，性质发生了极大变化，造型和成分均具有重要历史信息的残存混合物（复合物）。其特点为：一是大部分文物材料已十分脆弱，以至于在现代材料学范畴已属于无研究价值或没有必要研究的废弃物；二是经历的过程时间超长、变化复杂，很多变化过程人类已无法知晓（如埋藏过程的变化）；三是其造型和主要成分含有与人类社会活动相关的重要历史人文信息。

文物是人类在社会活动中遗留下来的具有历史、艺术、科学价值的遗物和遗迹。文物是指具体的物质遗存，包括与古代人类社会生产、生活、祭祀、宗教等活动相关的多个方面的物质实体，可以说包罗万象。它的基本特征是：第一，必须是由人类创造的，或者是与人类活动有关的；第二，必须是已经成为历史的，不可能再被重新创造的。从这些特征可知，文物是具体的物质遗存，具有物质属性，从其物质属性来看，文物是由物质组成的，是经过选材、加工制作、使用、废弃、埋藏、发掘出土、保护和修复等过程之后发生变化的材料。综上所述，文物实体材料是构成与古代人类社会的生产、生活等各种活动相关的遗迹和遗物的各种材料。文物实体材料不仅仅有物质上的定义，还是蕴含了文物实体的制作加工、使用、废弃、埋藏、发掘出土、后续保存和保护修复等各种信息的材料。

从材质上看，文物的种类特别复杂，包括石器、玉器、陶器、骨器（含角器、牙器）、木器、竹器、铜器（含红铜器、青铜器、黄铜器、白铜器）、铁器（含钢制品）、金银器、铅器、锌器、锡器、瓷器、漆器、玻璃器、珐琅器、纺织品（包括罗类织物、绫绮类织物、帛类织物等）、纸质类文物等。由于文物是与古代人类各种活动相关的遗迹或遗物，因此，几乎能用来制作器物的所有材料都属于文物材料的范畴，这包含了金属（主要是青铜、铁、金、银等）、竹、木、陶、瓷、石、玉、玻璃、纺织品（包括丝、棉、麻、毛等）、骨角牙、纸、珐琅等，几乎涵盖了古代技术能制作、提取和应用的所有物质。文物实体材料的多样性，使得文物材料学的研究内容十分复杂、广泛。从另一方面来讲，很多文物并不是由单一材质组成的，是多种材料通过镶嵌、黏接等作用结合而成的物体，例如，鎏金青铜器、铁刃铜钺、镶嵌绿松石的青铜器，由纸张、丝织品、木杆构成的书画类文物等。

一件文物实体在其选材、加工、使用、废弃、埋藏，到发掘出土、保护和修复的整个过程中，涉及的材料不仅有各种文物实体在制作生产时所用的原材料，如青铜器的矿石.、纺织原料等文物本体材料，还包括文物实体制作和存续过程中参与进来的多种其他材料，如制作文物实体加工时的添加剂、辅助材料等。文物存续过程中参与进来的其他材料主要包括腐蚀产物、保护修复材料、污染材料等，如青铜器的锈蚀物；对出土或者传世的文物实体进行加固或者修复中所使用的材料；纺织品文物染色材料，主要是天然植物染料。天然植物染料主要包括两大类：一是直接染色的染料，二是媒染染料。所谓媒染染料，即在实行染色之前，先将织物放人媒染剂中进行媒染，然后再进行染色的染料。无媒染剂时媒染染料所染织物的颜色并不明显或为单色，经过媒染剂的媒染后可使颜色呈现多种颜色或增加色彩鲜艳度。媒染剂常为无机盐，主要有 $FeSO_4$、$KAl(SO4)_3\cdot 12H_2O$、$CuSO_4$ 和 $SnCl_2$ 等。直接染料不需要媒染，可直接对纺织品进行染。传统的植物染料中茜草是典型的媒染染料，栀子、红花是典型的直接染料。许多染料通过单染、复染、套染等工艺、配方，可以染出华丽、鲜艳的数百种色谱。

综上所述，文物实体材料多种多样，其构成关系如下式所示：

$M_{文物实体材料}=M_{文物本体材料}+M_{污染物}+M_{腐蚀降解材料}+M_{水}+M_{伴生材料}$

由文物理论模型（下式）可知：

$$M_{文物实体材料}=f(j,\ t)=\sum_{i=1}^{n} f_{i}(x,y,z,t)\cdot\varphi_i(j)$$

$$\varphi_i(j)=\begin{cases}1,\ \mathrm{i}=j\\0,\ i\neq j\end{cases}$$

式中，i=1 为文物本体材料，i=2 为污染物，i=3 为文物实体腐蚀降解材料，i=4 为水，i=5 为伴生材料。

上述方程式中，$M_{文物本体材料}$是文物实体处于始态时的材料，即器物制作完成那一刻的材料，主要指文物本体的主体材料和结构材料。文物本体都是由多种材料组成的，因此本体材料可能是两种或者数种，如书画文物的本体材料包括了纸张、绫等丝织品，以及木杆、糨糊（胶黏剂）等。$M_{污染物}$是指附着于文物实体表面的非文物本体组成材料或非文物本体组成材料转化产物，包括沉积于文物实体表面或者通过吸附等作用进入文物实体孔隙内部的污染物质，与文物实体结合是物理吸附作用，结合牢固时有时能成为文物实体的一部分。$M_{腐蚀降解材料}$是指那些由于文物实体的腐蚀或者降解作用形成的一些产物，如青铜器的镑蚀产物等。$M_{水}$是指文物实体材料中的吸附水、自由水等。$M_{伴生材料}$是指与文物实体在制作、使用、埋藏或者保存等过程中，由特定伴生关系伴随产生的一系列伴生物质，如青铜器冶铸过程中的伴生矿物、玉器的包浆等。上述表达式中的各种材料并不是对所有文物实体来说都存在，可能某一件文物实体只包含其中的几种。因此，对于任意一件文物而言，都需要做针对性研究，充分认识其材料的结构、组成，这对文物的价值挖掘和保护具有十分重要的意义。

3. 文物材料的特征

由于文物实体材料的复杂性和多样性，文物实体材料具有与现代材料不同的性质，其中最重要的特征就是，文物实体材料并非单一组分，杂质含量较高。囿于古代科学技术的发展水平，各种材料的提纯和精炼不可能达到很高的工艺水平，为使材料的性能更加优异，有些材料中被有意掺入了其他成分。

另一方面，由于文物实体从选材、加工制作、使用、埋藏到发掘出土、保护修复的过程经历了很长时间，并且受材料本身性质和相应环境的影响，在这些过程中，文物实体材料发生了不同程度降解或者老化。尤其是在埋藏的过程中，土壤、水侵蚀的作用，使污染物大量进入文物实体材料内部，文物实体材料发生了重大变化，与最初的材料在微观形貌、结构，以及性能方面都有所不同，这是文物实体材料不同于现代材料的又一重要特征。这一特征突出地表现在文物实体材料外观的改变和性能的降低，甚至有些文物实体在埋藏千年的过程中消亡，只留下了些许痕迹。文物保护必须研究文物实体材料的微观形貌、微观和宏观结构的变化、理化性能的变化以及结构与性能的关系，为文物实体病害机理分析和保护材料、技术的研发提供科学支撑。

综上所述，文物实体材料的主要特征可总结为以下几点：

（1）文物实体材料一般为组成成分复杂的多种材料混合体或混合物。首先，文物实体作为一种实用器或者工具等，其组成常含多种成分，其中包括文物实体的本体材料、辅助材料等。例如，书画类文物其主体材料是画心、纸或者绢，镶边的材料包括绫、纸，以及相应的辅助材料，如糨糊、木杆、丝带、象牙别子等。其次，由于古代加工制作工艺的限制，材料的提纯和精炼工艺技术水平不高，所选用的材料不可能有很高的纯度，多为混合物。另外，还有一部分材料是人为加入的添加剂，目的是改善材料的性能。

（2）文物实体材料的脆弱性。由于老化、腐蚀、降解等原因，文物实体材料的各种性能和理化性质等，与其最初的状态相比都发生了一定程度的变化，如表面形貌的改变，文物实体材料出现的开裂、裂纹、崩解、风化、粉化、酥碱、变色等病害现象，文物实体材料强度、硬度、抗拉性能等力学性能下降，文物实体发生形状改变，结构失稳，这些都是文物实体材料脆弱性的表现。因此，文物实体的脆弱性包括材料结构和性能两个方面。以现代材料学的视野观察文物实体材料，大部分的文物实体材料都已超出材料的疲劳极限，已不能在现代社会生产、生活中使用，属于废弃物，如汉代出土的丝绸不可能再用于制作服饰，供人们穿戴。但从文物的角度来看，文物实体材料具有重要的历史、科学价值，是不可再生的珍贵资源。

（3）文物实体材料的时代特征。文物实体材料的各种性质能够反映当时的工艺技术水平，具有时代特征和工艺特点，时代特征可以通过研究文物实体材料的信息获得。通过对文物实体制作、使用、废弃、埋藏、保护修复过程中付料组成、结构和性能变化等的分析，研究文物材料学与文物信息学的关系，采集文物实体的工艺信息和时代信息，发掘文物价值。例如，对古代文物上残留茶多酚儿茶素进行分析有助于对古代茶具和制茶工具的鉴定，对青铜器金相结构中纯铜晶粒的研究亦能够判断青铜器的真假。

二、文物实体材料的组成与结构

1. 文物实体材料的组成

大多数情况下，文物实体材料是由多种材料构成的复合体，前已述及其构成关系，见下式：

$$M_{\text{文物实体材料}}=M_{\text{文物本体材料}}+M_{\text{污染物}}+M_{\text{腐蚀降解材料}}+M_{\text{水}}+M_{\text{伴生材料}}$$

材料组成的复杂性是文物实体材料与现代材料的根本区别，因此在对文物实体材料进行研究时，不能仅仅依靠材料学的研究方法，还要从文物实体材料本身所蕴藏的各种信息方面进行研究，注意挖掘文物实体材料中的历史人文信息和科学价值。

实际上，上式所示的文物实体材料的结构划分的主要依据是文物信息学，这五种不同结构材料主要反映了文物实体在整个产生、变化、保存过程，即整个寿命存续中的各种信息，包括历史信息，也就是时间长度：使用时间、埋藏时间与保存时间等；文物实体制造加工信息，包括文物的本体材料、原材料等；污染物和腐蚀降解信息主要是文物实体的使用、废弃、埋藏和保存过程中的环境信息，包括环境中的主要污染物、埋藏和保存环境中的酸碱性等因素作用下的腐蚀和降解机制等；水的信息反映了环境的信息，包括埋藏环境、保存环境等；伴生物质则反映了与文物实体的原材料和加工工艺相关的物质信息，以及文物实体在埋藏和保存环境过程中发生腐蚀降解时由特定伴生关系伴随产生的物质等。因此在对文物实体进行材料学方面研究时，必须将这几部分明确区分开来，只有将这几部分组成材料研究透彻，才能准确地获得文物所蕴含的信息。对这些信息进行综合分析，是制定文物保护修复技术方案、确立保护目标的重要依据，才能在此基础上对文物实体进行全面而准确的保护和修复，同时可以避免保护修复给文物带来二次损伤。

当然，上述分类既不是化学的也不是材料学的分类方法，而是依据这些材料所含的文物信息进行的分类，是建立在文物信息学基础上的、对文物实体材料进行的分类。对于其中每一种材料结构、性能的分析检测和认知，依旧要依靠材料学的手段和理论，从宏观结构到亚微观结构、微观结构，依次进行分析和研究。在分析检测和研究的过程中，仍旧要基于材料学和化学、仪器分析等学科的理论和相关方法。

2. 文物实体材料的结构

从本质上说，文物实体材料是由分子或原子组成的物质实体材料，材料的性质、性能与其结构、构造有着密切的关系。因此，研究文物实体材料的基本点就是研究文物实体材料的组成和结构，以及其与性能之间的关系。材料的结构大体上可以划分为宏观结构、亚微观结构和微观结构三个维度。

宏观结构是指用肉眼或放大镜能够分辨的粗大组织，一般尺寸约为毫米级大小，以及更大尺寸的构造情况。因此，这个层次的结构也被称为宏观构造。

亚微观（或介观）结构也称细观结构，一般是指用光学显微镜所能观察到的材料结构。光学显微镜的放大倍数可达一千倍，分辨率可达几千分之一毫米，可分析材料的结构组织，如天然岩石的矿物组织；分析金属材料晶粒的粗细及其金相组织，如钢材中的铁素体、珠光体、渗碳体等组织；观察木材的木纤维、导管、髓线、树脂道等显微组织；分析陶瓷器和土遗址中矿物；文物实体材料中的孔隙等。材料内部各种组织的性质各不相同，这些组织的特征、数量、分布，界面之间的结合情况都会对文物实体材料的整体性质产生重要影响。因此，研究分析材料的亚微观结构有着非常重要的意义。

材料的微观结构。这里所指的结构是指物质的原子、分子层面的微观结构。一般要借助于电子显微镜、X 射线衍射仪、红外光谱仪、拉曼光谱仪等具有高分辨率的仪器设备进行观察、分析，其分析精度是以“埃”（$\mathring{A}, 1\mathring{A}=10^{-10}m$）为单位表示的。材料的微观结构与文物实体材料的许多物理性质，如强度、硬度、弹塑性、导热性等都有密切关系。

此外，材料的结构还可以分为晶体、玻璃体和胶体等。

3. 文物实体材料组成与结构的变化形式

文物实体材料结构在时间和环境因素的共同作用下，从微观结构到宏观结构都会发生一定程度的变化。一方面，材料本身的性质发生改变，从热力学角度来说，熵增原理的微观解释就是分子的热运动使得物质中分子从有序逐渐趋于无序的状态，一切自然过程总是沿着分子热运动无序性增大的方向进行，分子热运动的结果是材料性能变化。另一方面，受文物实体材料所处环境的影响，包括埋藏环境、保存环境等，材料受到相应的水、光、热、微生物等因素的作用，发生了一系列不同程度和不同方向的老化、降解反应，使得材料本体结构产生了不可逆的变化，从宏观结构、亚微观结构到微观结构都发生了改变，进而使得材料的外观、理化性能等方面发生了变化，如颜色变化、脆弱、糟朽等。

这一系列的变化包括宏观结构、亚微观结构和微观结构的转变：宏观结构的变化：变形、断裂、裂纹、残缺、锈蚀、黏粘等；亚微观结构的变化：聚集结构的变化，晶体缺陷；微观结构的变化：分子构象的改变、分子链断裂、化学键断裂。

文物实体材料组成与结构变化的表现形式：文物实体材料在经历了漫长时间的埋藏，与环境、水等因素作用之后，其从微观结构的化学组成、聚集态结构等到宏观的形状、结构等方面都发生了变化。从变化的尺度划分分为宏观、亚微观和微观结构的变化。但是从文物实体材料的物质属性等方面来说，文物实体材料变化主要表现在以下几方面：文物实体的结构和形状、文物实体的孔隙结构、文物实体的化学组成等，以及由于文物实体材料的上述变化引起的强度等力学性能的改变，如图2-4和图2-5所示。

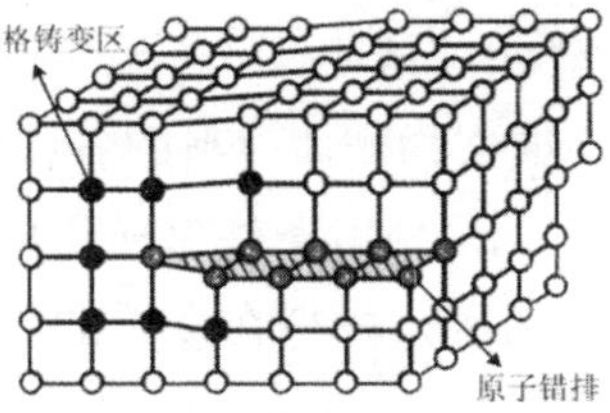

图 2-4　晶体缺陷、线缺陷、螺型位错

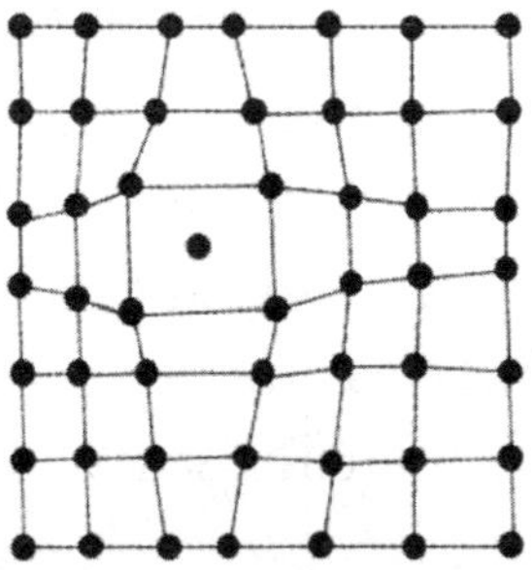

图 2-5　晶体点缺陷、空位

（1）文物实体的结构和形状的改变

文物作为一种具有一定形状的物质实体，其存在的前提条件就是形状和结构的稳定性。除了化学组成成分的稳定性之外，形状和结构稳定的前提条件还包括了文物实体结构力学上的稳定、文物实体材料本身的力学稳定等。从本质上来说，这一部分对应的就是文物实体材料的力学稳定性，例如，在埋藏或者存续过程中，由于重力作用、相互挤压、地震等作用引起的文物实体的力学失稳以及摩擦挤压变形等，以及温度、湿度变化引起的热胀冷缩、湿胀干缩等造成的应力集中，并由应力集中引起的文物实体材料变形、破裂、断裂等病害。文物实体材料力学性能稳定性是文物保护研究重点方向之一。

（2）文物实体材料的孔隙结构变化

文物实体材料是经历了数百上千年的古代材料，存在着各种尺寸、形状的孔隙，这些孔隙既包括材料的原生孔隙，也包括在加工、制作等工艺过程产生的次生孔隙。文物实体材料在从其选材、制作加工成形，到使用、废弃、进入埋藏等过程中，其孔隙结构也会发生相应的变化。在这些变化过程中，孔隙的数量、分布、结构、形状、尺寸等参数也会发生变化，孔隙结构的变化会引起文物实体材料的吸附性能、力学性能、化学组成稳定性的变化，因此，文物实体孔隙结构的变化也是文物实体材料发生变化的主要形式之一。

（3）文物实体材料的化学组成改变

在环境因素的作用下，组成文物实体材料的各种材质，其化学成分会发生变化，通常称之为老化。一般情况下，无论环境条件怎样变化，各种材料都会出现老化反应，文物实体材料也不例外。而文物实体材料在漫长的历史过程中，其埋藏、保存等环境中的温度、湿度、光照、臭氧、污染气体等因素，都会影响文物实体材料的老化，使文物实体材料发生不同程度和不同类型的腐蚀作用或者降解反应，文物实体材料会逐步转变为腐蚀、降解的产物。某些情况下，污染物也能与文物实体材料发生化学反应，使文物实体材料组成发生改变，如铁锈污染物常会促进有机质文物的炭化，铁锈污染部分出现黑斑，质地脆弱。伴生物也会随着不同的环境条件而发生一定的转化，如金属矿物中的伴生元素被氧化等，这种变化也造成了文物实体材料化学组成成分的改变。从材料学角度来说，文物实体材料的化学组成成分变化会引起文物实体的表观形貌、力学性能、结构等方面的改变。因此，文物实体材料的化学组成成分的改变也是文物实体材料结构变化的主要形式。

三、文物实体材料中的伴生物

1. 伴生物的定义

文物材料不仅包含物质层面的，还包含了与文物实体加工制作、使用、废弃、埋藏、保存等过程相关的各种信息，其中 $M_{文物本体材料}$、$M_{污染物}$、$M_{腐蚀产解}$、$M_{水}$主要反映的是文物实体的信息、污染物的信息，以及在环境中发生腐蚀降解的信息，包括水的各种作用等，也反映了埋藏、保存等环境信息。一般情况下，伴生物质研究多应用于矿物的伴生矿种和微生物菌落的伴生种群等，文物实体材料中的伴生物质 $M_{伴生材料}$是一个宽泛的概念，既包括文物本体在制作、加工时由于技术的局限性引入的必需（用于改善材料性能）和非必需（技术上无法去除）物质，也包括文物实体在埋藏、保存过程中，因特定伴生关系产生的伴随物质和污染物的介入而引发的腐蚀、降解过程中产生的共存物。这些物质本身可能对文物实体没有危害，而是在文物实体产生、存续中伴随产生和存在的物质，大多数伴生物具有特征性或标识意义，通过对伴生物的研究能够得到文物实体的产地或特殊工艺的信息。鎏金青铜器、鎏金层是青铜器的主体材料，但不是结构材料。青铜器既是青铜器的主体材料，又是结构材料，残存的少量汞既不是主体材料，也不是结构材料，属于伴生材料。

2. 伴生物的种类

伴生物是指那些在文物实体中占比较少、有特定伴生关系、本身并不影响文物实体材料结构和性能的物质，其产生是由于加工、制作、埋藏和保存等过程中引入的。由此可知，伴生物不属于文物实体材料和结构材料的范畴。根据其进入文物实体材料的不同阶段，伴生物可以分为以下几大类。

（1）文物实体材料的原生伴生物

这种伴生物是文物实体材料的原生材料所含有的伴生物，这些原生伴生物大多对文物实体基本无害或危害程度较低，有的反而有益。例如，多种矿物的伴生矿种、陶瓷器制作的原材料黏土矿物中的非黏土矿物等；青铜器冶炼过程中，砷铜共生矿的存在导致青铜器中砷的含量很高，例如，青铜时代的甘肃东灰山遗址出土铜器的含砷量为 2.62% ~ 5.47%，其主要原因就是硫砷铜矿、砷黝铜矿和其他一些含砷铜矿的砷、铜共生矿的存在，由于古代炼铜技术的局限性无法去除砷元素，所以由砷铜矿制作的青铜器一定含有砷，且并非人为添加物。

自然界中伴生现象十分普遍，例如，真菌伴生，两种真菌共同生存在同一基物上，其中一种对另外一种的生长发育有促进作用；同位素伴生，自然界中同一种元素同时存在几种同位素，但所占比例不同。再例如，碳元素中 ^{12}C、^{13}C 相对丰度分别为 98.89%、1.11%；^{14}C 只有极微量且具放射性，半衰期为 5730 年。

（2）加工制作过程中产生的伴生物

文物实体在加工和制作过程中，由于提纯、提炼工艺的限制，使文物实体材料中存在很多非必要成分，这些成分并不影响文物实体的成形和加工，这一部分材料也是伴生物中重要的一类。古人用植物染料进行染色，在染色过程中，由于提纯技术较差，用植物染料染色后的主要上色染料是多种成分的混合物，而不是所需染色成分的单一上染。

染料的显色主要依靠显色成分，而古代文物的染料经过长时间老化降解，主要显色成分会发生流失，往往难以被检测到。因此，仅通过检测主要显色成分的存在与否判断染料种类想法常常无法实现。染料中除了主要显色成分，还有一些不起显色作用的伴生物，有些伴生物是该染料中独有的，具有“指纹”特征。例如，在辽宁省法库叶茂台辽墓出土丝织品的染料鉴定工作中，虽然未发现苏木染料的主要色素成分——氧化巴西木素的踪迹，但是研究人员通过质谱指纹分析法获得了苏木中其他上染成分的信息，根据这些成分的信息成功确认了该样品的染料为苏木。

（3）埋藏过程中产生的伴生物

在文物实体的埋藏过程中，由于环境等条件的影响，导致文物实体材料在腐蚀、降解过程中，引入了与环境相关的伴生物。这种存在于文物实体埋藏环境或者保存环境中的伴生物质，有的参与了腐蚀、降解反应，有的没有参与。污染物的沉积，如出土玉器上沁色物质，以及其他类文物上的包浆等，则引入的是不参与化学反应的物质。

（4）腐蚀降解过程中产生的伴生物

伴生物还包括那些由于腐蚀或降解反应产生的附属产物，这些附属产物对文物实体不会产生损害，是伴随腐蚀或者降解反应而产生的物质。例如，青铜器腐蚀产生的无害锈，就是一种矿物，本身对文物实体无害，当青铜器矿化度增大时，却可能成为文物实体的结构材料，改变文物实体的形状，从而转化为文物实体的结构材料。这种伴生物质的转化现象普遍存在于多种材质文物中。由于腐蚀或者降解作用，使得文物实体的本体材料减少，同时，由于这种伴生物质的本身比较稳定，与文物实体的本体材料不发生后续反应，从而随着文物实体的腐蚀或者降解作用的持续进行，逐步成为文物实体材料的一部分，最后直至文物实体的本体材料成分消失，全部转化为这种伴生物质，也就是伴生物质的转化和替代，使得其成为构成文物实体形状的主要结构成分，此时已不属于伴生物的范畴，而属于腐蚀降解材料。

四、文物实体材料的热力学特征

1. 文物实体材料的亚稳态

在热力学中，亚稳定性是指在一定的温度和压力下，物质的某个相尽管在热力学上不如另一个相稳定，但在某种特定的条件下这个相也可以稳定存在。这种稳定性称亚稳定性，该状态称亚稳态。文物实体材料中存在多个物质的相，当环境条件稳定或变化幅度很小时，相中的质点运动基本处于稳定状态。但这种稳定只是相对的，只是针对于某一时刻，由质点运动引起的文物实体状态的改变程度很小而已。但通过时间的延长，这些微小改变逐渐积累，最终文物实体的状态还是发生了巨大变化。实际上，这些每一个时间点文物实体的状态都是不稳定的，都有向稳定态转化的趋势。某些时间点的状态相对比较稳定，这就是亚稳态。

一般而言，材料的稳定状态是指其体系自由能最低时的平衡状态，通常相图中所显示的即是稳定的平衡状态。但由于种种原因，材料会以高于平衡态时自由能的状态存在，处于一种非平衡的亚稳态。同一化学成分的材料其亚稳态时的性能与平衡态时不同，而且亚稳态可因形成条件的不同而呈多种形式，它们所表现的性能迥异，在很多情况下，亚稳态材料的某些性能会优于其处于平衡态时的性能，甚至出现特殊的性能。因此，对材料亚稳态的研究不仅有理论上的意义，更具有重要的实用价值。材料在平衡条件下只以一种状态存在，而非平衡的亚稳态则可能存在多种形式，大致有以下几种类型：①细晶组织，当组织细小时，界面增多、自由能升高，故为亚稳状态，如超细的纳米晶组织，其晶界体积可占材料总体积的 50% 以上。②高密度晶体缺陷的存在。晶体缺陷会使原子偏离平衡位置，晶体结构排列的规则性下降，故体系自由能增高。另外，当有序合金有序度下降甚至呈无序状态时，自由能也会升高。③形成过饱和固溶体，即溶质原子在固溶体中的浓度超过平衡浓度，甚至在平衡状态原本互不溶解的组元发生了相互溶解所形成的固溶体。④发生非平衡转变生成具有与原先结构不同的亚稳新相，如钢及合金中的马氏体、贝氏体以及合金中的准晶态相等。⑤由晶态转变为非晶态，由结构有序变为结构无序，自由能增高。

高分子中，在 binodal 和 spinodal 线之间可能存在过热的液相或过冷的气相，它们是亚稳定的。

根据统计热力学理论，原子或分子会首先（有较大的概率）选择 gibbs 能垒较低的路径跃迁，而不考虑克服能垒后的热力学稳定性。换句话说，这些原子或分子是“瞎子”，他们不可能“看”到 G 能垒后面的热力学结局，假若大多数原子或分子处于局部极小值区域，则形成宏观的亚稳态。在相转变过程中，尽管亚稳态在热力学上不是最稳定的，但物质状态在转变过程中都会经历一系列的中间状态，其中有许多是相对比较稳定的亚稳态。由于动力学途径很快的缘故（较低的G能垒），而导致亚稳定态首先达到并稳定存在［6］。文物实体状态在变化过程中也会经过一系列中间状态，如下式所示：

$$S_0 \rightarrow S_1 \rightarrow S_2 \rightarrow \cdots \rightarrow S_n \rightarrow S$$

式中，S_0 表示文物实体起始时的状态；S_1，S_2，…，S_n 表示文物实体由起始状态向最稳定状态转变的过程中许许多多个中间状态，其中有相当一部分是比较稳定的，也有极不稳定的状态;S 表示文物实体热力学上最稳定的状态，如青铜器完全矿化时的状态。

因此，文物实体在存续过程中经历的一系列中间状态中，若相对比较稳定状态即亚稳态时间长，则文物实体保存状态好，反之则差。

在物质科学研究中，亚稳态是经常会遇到的物态，有一些亚稳态的弛豫时间（表示系统由不稳定态趋于某稳定态所需要的时间）可以非常长，如玻璃、金刚石这样的物质的亚稳态存在时间几乎可以看成是无穷大。另外一种常见的亚稳态是物质气液两相共存点附近的过冷和过热相，对于纯净的均匀物质来说，通过平稳的加热或放热，很容易使其处于过热液体或过冷气体的状态。与这些体系和状态有关的统计热力学基础知识（亚稳态、共存曲线以及失稳界线等）能帮助研究人员了解物质在临界点附近表现出的丰富而有趣的性质，理解有关的实验现象，这也有助于掌握进入研究前沿所需的基本知识。

突变理论研究的是从一种稳定组态跃迁到另一种稳定组态的现象和规律。它指出自然界或人类社会中任何一种运动状态，都有稳定态和非稳定态之分。稳定是相对的，不稳定是绝对的。在微小的偶然扰动因素的作用下，仍然能够保持原来状态的是稳定态，而一旦受到微扰就迅速离开原来状态的则是非稳定态，稳定态与非稳定态相互交错。非线性系统从某一个稳定态（平衡态）到另一个稳定态的转化，是以突变形式发生的。突变理论作为研究系统序演化的有力数学工具，能较好地解说和预测自然界和社会上的突发现象，在数学、物理学、化学、生物学、工程技术、社会科学等方面有着广阔的应用前景。

1971年，马王堆古墓出土了一只盛水的漆鼎，鼎内液体上飘浮着薄薄的藕片，当漆鼎被触动时，液体中的藕片全不见了，显然刚刚打开墓葬那一刻，藕片的状态是处于亚稳定的，一旦外界给予微小扰动，该状态即刻发生突变，藕片变成了水。

在考古发掘现场，研究人员可以发现许多文物实体出土时都处于亚稳态，如纺织品上的染料、兵马俑上的颜料等，出土时迅速变色的现象说明它们是处于亚稳态的，外界给予的扰动因素可能是光照、氧化、微生物作用，温度、湿度变化等。

就马王堆古墓出土的藕片而言，文物脆弱理论中的文物实体质点模型可知，藕片实体质点之间稳定的结合力已经不存在，取而代之的是某种很弱的作用力，维持文物实体的形状不变，一旦有扰动发生，立刻出现结构崩塌现象。

文物实体在复杂因素的超长期作用下，质点受力状态发生改变，污染物、水分子、腐蚀降解产物等对文物实体质点产生影响，导致质点间作用力减弱、质点（排列）结构松散，宏观表现为材料性能脆弱，因此更容易发生状态的改变，转变为较为稳定的状态。由此可见，对文物实体亚稳态展开研究能够对文物实体的稳定性做出科学的评价，以便于指导文物保护和修复工作，所以文物实体亚稳态的研究意义重大。

2. 文物实体材料的界面

对于自然界物体而言，物理上的界面不只是指一个几何分界面，而是指一个薄层，这种分界的表面（界面）具有和它两边基体不同的特殊性质。因为物体界面原子和内部原子受到的作用力不同，它们的能量状态也就不一样，这是一切界面现象存在的基础。界面层的摩尔分子自由能比内部自由能大，这种过剩的自由能被称为界面自由能，简称界面能。单位界面面积上的界面能叫做比界面能，即增加单位界面面积所需的功。

相与相之间的交界面，即两相间的接触表面，包括固－固、液－液、固－气、固－液和液－气多种类型。在两相间进行传质时，一般假定界面本身并不产生阻力，而且在界面上两相是处于相平衡关系的。流体沿静止的固体壁流动并无传质作用时，流－固直接接触面也称界面。

任何材料都有与外界接触的表面或与其他材料区分的界面，材料的表界面在材料科学中占有重要的地位。材料的表面与其内部本体，无论在结构上还是在化学组成上都有明显的差别，这是因为材料内部原子受到周围原子的相互作用是相同的，而处在材料表面的原子所受到的力场却是不平衡的，因此产生了表面能。对于不同组分构成的复合材料，组分与组分之间可形成界面，某一组分也可能富集在材料的表面。即使是单组分的材料，由于内部存在缺陷（如位错等）或者晶态的不同形成晶界，也可能在内部产生界面。材料表界面性能对材料整体性能具有决定性的影响，材料的腐蚀、老化、硬化、破坏、涂膜、粘结、复合等，无不与材料的表界面性能密切有关。因此在文物保护领域，针对材料的表界面展开研究具有重要的现实意义。

文物实体是复合材料，也是多孔性材料，文物实体存在众多的微界面。例如，在高倍放大的情况下观察木质文物，看到的是多孔性物质，存在的界面也很小。复合材料的界面虽然很小，但它也是有尺寸的，约几个纳米到几个微米，是一个区域、一个带或一层，它的厚度呈不均匀分布。大量事实证明，复合材料的界面实质上是纳米级以上厚度的界面层或称界面相。

文物实体表面的成分可能包含多种物质，如污染物、腐蚀产物等，所以同一件文物实体上通常存在多种界面，而且分布不均匀。文物实体由于长期被腐蚀，产生了许多孔隙和裂隙，孔隙和裂隙的内表面也存在界面。文物实体由于经历的时间长，与其他物质接触、相互作用的时间必然也长，从界面理论的角度观察，两相材料分子相互渗透的深度也大，从而形成的文物实体界面比现代材料界面厚度大。文物实体的界面具有复合材料的特征，因此，文物实体界面具有以下几种效应（见表2–2）。

表 2–2　文物实体界面具有的效应

项目	内容
阻断效应	如果文物实体与其他材料形成的界面结合适当，此时形成的界面有阻止文物实体裂纹扩展、中断材料破坏、减缓应力集中的作用，此点对保护材料的研究十分重要。但在文物实体保护过程中，如果保护材料对文物实体表面润湿不良，就会在界面产生空隙，易使应力集中而使文物实体发生开裂
传递效应	界面能传递力，外力能够通过界面传递给文物实体，文物实体内部应力也能通过界面传递给与文物实体形成界面的材料。所以，界面起着力传递的桥梁作用
散射和吸收效应	光波、声波、热弹性波、冲击波等在界面会产生散射和吸收，如文物实体界面透光性、隔热性、隔音性、耐机械冲击及耐热冲击性发生的变化等
不连续效应	在界面上产生物理性能的不连续性，以及由于界面摩擦产生的某些现象，如抗电性、电感应性、磁性、耐热性、尺寸稳定性等
诱导效应	一种物质的表面结构使另一种与之接触的物质的结构由于界面诱导作用而发生改变，由此产生一些现象，如强的弹性、低的膨胀性、耐冲击性和耐热性等。例如，对文物实体施加保护材料后，保护材料受文物实体表面结构的影响，其性能会发生部分改变
界面黏粘	文物实体与接触材料会发生黏粘，可能是与文物本体相同的材料，如纺织品文物和纸质文物黏粘，也可能是与文物本体材料不同的物质，这是由界面的黏粘作用导致的。界面黏粘作用的强度直接影响着文物实体的力学性能以及其他物理、化学性能，如耐热性、耐蚀性、耐磨性等

第三节　文物病害学

一、文物病害的分类

1. 文物实体病害的属性分类

从病原的属性来看，文物实体病害主要分为生物性病害、化学性病害、物理性病害等。

（1）物理性病害

物理性病害包括那些由于受到外力影响发生的变形、扭曲、开裂，受温度、湿度变化影响引发的文物实体收缩、膨胀、变形、开裂，这些病害主要是受环境影响产生的，包括埋藏环境、馆藏环境、保存环境等。主要的影响因素包括温度、湿度、光照、振动、荷载等。一般情况下，物理性的病害是指不直接改变或者影响文物实体材料的化学性质，而是通过物理性效应影响文物实体材料的形状或者物理性质，对文物实体造成了一定程度损伤的病害现象，如热胀冷缩、湿胀干缩、机械性损伤（包括摩擦、挤压）等对文物实体的破坏作用。本质原因是在力的作用下，文物实体质点受力平衡被打破所致。

（2）化学性病害

化学性病害是指由于环境或者其他共存物的影响，引入了污染物，使得文物实体材料发生了化学反应，包括腐蚀、降解、氧化、酸性水解和碱性水解等。工业革命后，由于矿物燃料的大量使用，大气和降雨中的酸性物增多，进而影响了各种地面文物实体的保存环境，加速了文物实体的酸老化，如石质文物实体受酸雨的影响引起的溶蚀、粉化等病害。文物实体本身由于长期埋藏于地下，受到地下水、土壤等埋藏环境的影响，发生的一系列降解和老化，从本质上说，这都属于化学性的病害。一般情况下，化学性病害是文物实体组成材料中的一种或多种发生了化学反应，生成了新的物质，从而使文物实体的结构和性能发生改变，对文物实体造成一定程度损伤的病害现象，本质原因是文物实体质点发生了改变。

（3）生物性病害

生物性病害主要是指由生物体包括动物、植物和微生物，侵害、侵蚀引起的文物实体损伤。这些病害的主要影响因素是生物，如白蚁和蛀虫的蛀蚀，动物啃咬等产生的孔洞，昆虫的粪便污染，微生物霉菌和细菌的腐蚀作用引起的文物实体材料的形貌和结构改变。其主要特征是有生物体的参与，侵害源是生物体，侵害对象为文物实体。微生物霉菌和细菌的腐蚀作用机理是生物性病害中最为复杂的，是有生物活性物质参与的生物化学过程，如生物酶对有机质文物的分解作用、硫细菌对金属文物的腐蚀作用等。

实际上，由于文物实体材质具有复杂性和差异性，加上所处环境，特别是埋藏环境、保存环境的复杂多样性，文物实体材料发生老化，产生病害的原因极其复杂。通常文物实体的病害往往不是单一因素影响的结果，或者说，同一种病害产生的原因不是单一和简单的，往往是两种甚至几种因素共同作用导致的结果。因此，在研究文物实体病害的类型时，需要仔细辨别，将文物实体的病害分门别类，才能在此基础上对文物实体的病害进行分析和检测，制定出相应的保护和修复的方案。

2. 文物实体病害的材料结构分类

从材料学角度来看，文物实体材料种类繁多，具有多样性，因此文物病害种类也是复杂多样的。以文物材料学和文物信息学视角来看，文物具有信息属性，文物实体病害也蕴藏了一定的制作工艺、环境、污染等信息。根据文物实体材料分类，文物实体材料有五个组成部分，即文物实体材料子结构，子结构存在变化和转化的关系，也就是说文物实体材料具有“可变性”的特征。这五个子结构为本体结构材料、污染物、腐蚀降解产物、水和伴生物。因此从这个角度来看，对文物实体材料的病害进行分类，可以从其子结构入手，包括本体结构材料病害、污染物病害、腐蚀降解产物病害、水病害和伴生物病害等。

文物实体组成的每一种材料的质点都在不停地运动，质点运动的结果使材料状态发生改变，最终出现材料老化、性质和性能的变化，产生病害。如图 2–6 所示，文物材料主要面临五大病害：本体结构材料病害、污染物病害、腐蚀或降解产物病害、伴生物病害和水病害。

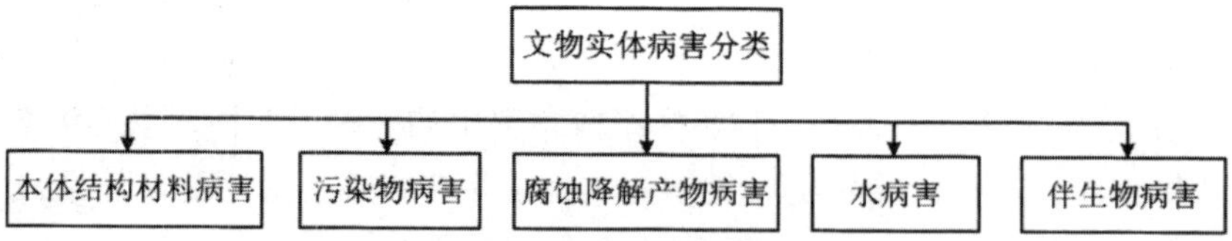

图 2–6　文物实体材料的五大病害

（1）本体结构材料病害

本体结构材料病害是指由于环境因素的作用和文物结构本体材料性质变化，所导致的文物实体物理和化学性能改变，使文物实体出现脆弱、断裂、形变等病害现象。

本体结构病害包括由生物和化学的反应引起的文物本体结构材料的腐蚀或者降解；在物理因素，如热胀冷缩、湿胀干缩、挤压等内外力作用下，所导致的文物实体变形、开裂，以及文物实体材料力学性能的下降等；某些情况下，构成文物实体形状的结构材料会发生变化，如完全锈蚀青铜器形状支撑材料，由原来的金属铜转变成铜的矿化产物，这些矿化产物构成了青铜器结构主体，成为了文物实体材料的结构材料。例如，铜镜在埋藏时往往被用丝绸包裹后放入墓葬中，出土时会发现包裹铜镜的丝绸已完全矿化，虽然丝绸文物实体组织结构还能看见，但此时蚕丝纤维已被腐蚀殆尽，其形状之所以得以保留是因为蚕丝纤维蛋白已全部被青铜的腐蚀产物替代了。古代车马坑出土的古代车辆，已完全腐蚀的木质部分被黏土取代，黏土成为了车辆木构件的结构主体，保留了木构件的形状。

（2）污染物病害

污染物病害是指由非文物本体组成材料及非文物本体材料转化产物附着或渗透进文物实体后，引起的对文物实体具有破坏作用的病害现象，如纸质文物上霉斑、锈迹等。重力沉降的固体物颗粒、吸附、黏附作用下的污染物、腐蚀降解作用中产生的对文物实体材料有危害的各种产物等，如石质文物的表面沉积物、古籍书画文物的水渍、油渍、蛀虫排泄物等。

（3）腐蚀降解产物病害

腐蚀降解产物病害是指由于环境因素的作用，文物本体材料腐蚀降解产物进一步发生的腐蚀降解病害现象，即文物本体材料腐蚀降解产物的深度腐蚀或降解。文物实体在埋藏、保存环境中的腐蚀、降解产物，由于自身物理性质变化或者参与到后续的生物、化学反应中，产生对文物实体材料或者结构有一定程度影响的各种病害等，如纸质文物和纺织品文物纤维的深度降解，青铜器的无害锈转化为有害锈等。

（4）伴生物病害

伴生物病害是指由环境因素作用引起的，文物本体材料中伴生物所发生的腐蚀降解病害现象，包括由文物实体材料中的伴生物存在引发的腐蚀、降解作用，或者由于伴生物的存在导致的其物理性质发生变化。例如，热效应下的体积膨胀等引发的应力集中或者变形等病害现象，以及青铜器中冶炼时铜矿石伴生矿中的砷元素等对青铜器文物造成的破坏，就属于伴生物病害。

（5）水病害

水病害是指由于水的溶解、溶胀、运移、水解、水合等作用，所引发的文物实体材料腐蚀降解、开裂、形变等的病害现象，如壁画和砖石质文物的酥碱、书画类文物的水渍、土遗址吸水崩塌等。在文物实体材料中存在各种形式水，如游离水、吸附水和结合水等。由于水的存在使文物实体出现病害。例如，由水的相变引起的体积膨胀，从而产生的体积变化和应力变形；水的溶解和运移作用引发文物实体材料溶蚀、酥碱；水作为介质参与的各种化学或者生物的腐蚀、降解反应，发生的水解、微生物腐蚀、锈蚀等病害现象。

由于文物实体结构的复杂性，以及它的各种子结构材料的相互转化和相互作用，其病害的产生和材料种类是相互联系的甚至是重复作用。例如，腐蚀降解产物病害与本体材料病害关系密切，水可以引发多种病害，也可成为污染物。因此，文物病害的定义是一个变化的和相对的概念，有“病”未必有“害”，有“害”则一定要除害。这就要求我们在对文物实体病害进行分析研究时，首先应该对文物实体的材料学有清晰的认识，从文物实体材料的子结构入手，厘清病害的类型和机理。同时，由于文物实体在其产生、埋藏、保存的过程中，始终处于一个变化的状态，因此，对其五个子结构进行研究时，要从变化和转化的角度去分析，只有对文物实体结构变化和转化有深刻的认识，才能对文物实体的病害有明确的认知，才能明晰“病”与“害”关系。从其变化和转化的角度入手，对文物实体的病害进行分类和研究，并从转化和变化的方面思考病害防治的技术路线，将文物实体的病害消除，或使有害转化为无害，使病害失去活性，使之不会对文物实体造成损害。

不管是文物的本体材料还是污染物、腐蚀降解产物等都是材料，其本质还是物质的。在一定的条件下，其物理性质、化学性质都会发生变化，都有可能出现相应的病害。因此，无论是文物实体材料的哪一个子结构，“生病”是必然的，如物理性能的变化而产生的病害，如应力集中引起的变形，或者化学变化产生的病害，如污染类病害的产生和变化等。而文物保护就是针对这些病害，开出药方给文物治病。

二、应力型病害

1. 文物实体应力的产生

物体由于外因（受力、温湿度变化等）而产生变形时，会在物体内各部分之间产生相互作用的内力，以抵抗这种外因的作用，并力图使物体从变形后的位置回复到变形前的位置。文物实体截面某一点单位面积上的内力称为应力，与截面垂直的应力称为正应力或法向应力。

在没有外力存在时，材料内部由于加工成型不当、温度变化、溶剂作用等原因也会产生应力即内应力。内应力是在结构上无外力作用时保留于物体内部的应力，没有外力存在时，弹性物体内所保存的应力叫做内应力。它的特点是在物体内形成一个平衡的力系，即遵守静力学条件。按性质和范围大小可分为宏观应力、微观应力和超微观应力；按引起原因可分为热应力和组织应力；按存在时间可分为瞬时应力和残余应力；按作用方向可分为纵向应力和横向应力。

2. 应力的危害

文物作为一种物质实体，在其制作加工、使用、废弃、埋藏、发掘出土、保护修复、保存的过程中，都受到一定的外力作用，在外力作用下，文物实体内部为抵御外力作用所产生的内力就是文物实体的应力。一般情况下，外力消失后，由于材料本身的性质，应力不可能马上消除，这种应力的存在对文物实体而言会产生一定的病害，包括开裂、翘曲及变形、三维尺寸变化等（见表 2–3）。

表 2–3 应力危害的类型

类型	内容
翘曲及变形	有残留应力存在时，文物实体材料在室温下，残留应力释放需要较长时间，高温时内残留应力释放所需时间较短。如果文物实体局部存在位置强度差，即各部位强度分布不均匀，那么在应力残留位置产生翘曲或者变形现象。在修复文物时，会经常使用新的材料，新的材料力学强度好于文物实体材料，修补部位与文物实体之间存在强度差，容易产生应力
开裂	因为应力的存在，外力作用会诱使应力释放而在应力残留位置出现开裂。对于青铜器来讲，开裂主要集中在浇口处或过度填充处。没有烧透的瓷器内部往往存在较大应力（变温应力），瓷器是硬度很大的材料，长期积累的应力很难得到释放，当应力达到一定程度时，瓷器会产生炸裂现象，形成较长的裂缝。古代陶瓷器有时出现的炸裂情况，就是应力突然释放造成的
尺寸变化	由于应力的存在，在文物实体放置后或处理的过程中，如果环境达到一定的温度，文物实体就会因应力释放而发生变化，除翘曲、开裂和变形之外，其三维尺寸也可能发生改变。木质文物由于热胀冷缩和湿胀干缩发生的变形及三维尺寸变化，本质上就是应力作用的结果

3. 消除应力的方法

理论上消除应力可以采用三种方法：一是对物体进行热处理（只适用于金属器物二是放到自然条件下进行消除（即自然时效消除内应力）；三是通过人工敲打振动等方式进行消除。消除应力可采用如下具体方法：

（1）自然时效消除残余应力

自然时效是通过把物体暴露于室外，经过几个月至几年的时间，使其尺寸精度达到稳定的一种方法。大量的试验研究和生产实践证明，自然时效对稳定物体尺寸精度具有良好效果。

（2）热时效法

最传统也是目前最普及的方法就是热时效法，而把物体放进热时效炉中进行热处理，慢慢消除应力。

（3）利用亚共振来消除应力

这种方法使用起来比较繁琐，要针对不同形状的物体编制不同的时效工艺，操作相当复杂，需要操作者确定处理参数。令人遗憾的是这种方法只能消除器物上约23% 的应力，无法达到完全消除应力的目的。

（4）振动时效去除应力

振动时效技术，旨在通过专用的振动时效设备，使被处理的物体产生共振，并通过这种共振的方式将一定的振动能量传递到物体各部位，给物体施加附加动应力。当附加动应力与残余应力相叠加后，达到或超过材料的屈服极限时，物体就会产生微观或宏观塑性变形，从而降低和均化物体内部的残余应力，物体内部发生微观塑性变形能够使歪曲的晶格逐渐恢复平衡状态，位错重新滑移并钉扎，最终使残余应力得到消除和均化，从而保证物体三维尺寸的稳定性。

对于文物保护、修复工作而言，采用的保护、修复材料与文物实体材料之间，由于材料强度的差异，使得应力必然存在。避免产生应力的方法有很多种，如保护修复工作完成后，在一定环境条件下对文物实体进行应力释放，或在修复前对补配材料进行预老化处理，使修复材料与文物实体材料性能相近，避免因材料强度差异产生应力。绢画修补时所使用的新絹，在修补前须经高能射线进行老化处理，就是为了防止由于新旧绡的强度不同产生应力，对文物实体造成新的伤害。保护修复对文物实体施加多层材料时，不能抢时间，每施加一层材料后都应将文物实体放置一段时间，通过自然时效消除由保护修复材料对文物实体产生的残余应力，以免应力对文物实体造成损伤。

4. 文物实体的应力病害类型

一般材料都是弹塑性体，在一定的范围内材料的变形为弹性变形，在材料的弹性范围内，外力消失后材料能完全恢复原来形状，这就是弹性变形。当外力超过其弹性范围时，外力消失后材料不能恢复原来形状，这部分变形叫做塑性变形。大部分文物实体材料都属于弹塑性材料，也就是说同时具有弹性变形和塑性变形的特点。对于文物实体材料来说，易导致病害产生的应力一般包括重力、外力影响下的内应力、材料加工后的热应力、有水参与的湿胀干缩产生的应力、环境中温度的变化产生的热胀冷缩应力等。

重力导致的病害一般出现在石质文物上，特别是岩画、石窟、石刻等大型的不可移动文物。由于本身的结构力学问题，加上自然灾害，如暴雨、地震等的影响，文物实体的重心失稳导致文物实体发生松动、滑移、崩塌等。古建筑是由多种材料构成的，包括石材、砖、木材等，各种材料通过不同的构造组合成建筑物，不同的构造通过相应的力学结构结合，使得建筑物稳定，因此古建筑的结构力学是保证古建筑在结构和力学上稳定的重要因素。中国古代建筑的木构架在结构上基本是采用简支梁和轴心受压柱的形式，局部使用了悬臂出挑构件和斜向支撑，各节点采用榫卯结合，这种构造方式使构架在承受水平外力（地震力、风力等）时有一定的适应能力。这些结构中，不同材料的力学性能、应力集中情况都会影响到古建筑的结构稳定性，如梁的应力集中、榫卯结构的应力分布不均等，因此梁和榫卯结构是古建筑中最易损坏的部位。

文物实体材料在埋藏和保存过程中会受到外力的影响，如埋藏中的器物相互间挤压、墓葬垮塌造成的挤压和地震等振动中造成的跌落挤压等。当这种外力消除后，材料内部的内应力仍旧存在，如果这种内应力不予消除，在应力集中的位置就有可能出现开裂、断裂等病害。很多文物实体都是热加工的产物，包括青铜器、陶器、瓷器等，在制作加工过程中自身就会产生一定的热应力。当温度发生改变时，物体由于外在约束和内部各部分之间的相互约束，使其不能完全自由胀缩而产生应力，此种应力又称变温应力。

文物实体在加工、使用、废弃、埋藏和保存过程中，都离不开环境，包括各种埋藏环境、使用环境、保存环境等。环境包含了空气、污染物、水、微生物、温度、光照等各种因素，这些环境因素的波动都可能使文物实体产生应力。文物实体材料本身的热胀冷缩和水引起的湿胀干缩体积变化，都是文物实体重要的应力来源。

文物实体材料在温度发生变化时，体积会随之出现变化，热胀冷缩现象就是温度变化的结果。水参与也会导致体积变化，例如，水分进入材料孔隙中，当温度降低到冰点以下时，水凝结为冰，发生相变，体积膨胀，对文物实体材料本体产生挤压、膨胀，从而产生应力。随着温度的变化，水不断融化、凝固，如此循环往复，文物实体体积反复收缩和膨胀，如果应力得不到释放，就会造成应力累积。纸张、棉麻、丝织品等高分子材料，由于环境温度、湿度的变化，其发生的膨胀、收缩也会产生一定的内应力。同时，由于其材质的不均一性或者结构的影响，会在某些位置，如尖端、缺陷处出现应力集中现象，从而对文物实体材料的结构产生危害，如文物实体出现断裂、折痕等病害。

三、累积损伤

1. 累积损伤效应概念

累积损伤与文物实体质点运动有密切的关系。在外界环境因素的作用下，质点运动状态会发生轻微改变，而每一次的轻微改变并不会造成文物实体材料性能或文物信息的明显变化，但长时间、多频次的重复，则会使文物实体材料性能或文物信息发生质的变化，对文物实体造成明显损伤，这种损伤叫做累积损伤。累积损伤的本质是质点运动，累积损伤具有三个特点：一是高频次，二是单次损伤轻微，三是长时间积累。质点的改变和质点位移，从量的角度看，单次造成的文物实体质点的改变或位移是极其微小的，即使把时间长度扩大到几十上百年，也看不出有明显变化，如铜质材料在不同环境中的腐蚀速率（见表 2–4）。但对文物而言，其所经历的时间跨度可能是几百上千年，尽管单个变化极其微小，但最终的状态就是一个从量变到质变的累积结果。

表 2–4　铜在不同条件下的腐蚀速率

腐蚀条件		腐蚀速率 g（cm^2·a）	腐蚀铜原子数 个 /（cm^2·a）	完全腐蚀所需时间（a）
土壤中	格尔木站	1.1884×10^{-2}	1.12×10^{20}	76
	大港	1.01×10^{-2}	9.51×10^{19}	88
大气中	城市	1.7×10^{-4}	1.60×10^{18}	5260
	乡村	1.0×10^{-4}	9.41×10^{17}	8944

若将质量为 10.68g、尺寸为 2cm × 3cm × 0.2cm 的铜片置于大气中，可知该铜片所含的铜原子质点数为 1.01×10^{23} 个。根据铜片在城市大气中的腐蚀速率，要把这样的铜片所含的铜原子质点全部改变，则需要 5260 年。数据表明，铜在大气环境中的腐蚀速率是比较慢的，但即使是这样比较慢的腐蚀速率，由于累积损伤的影响，铜器的寿命也只有 5260 年。

文物实体累积损伤效应是一种因素与另一种或多种因素对文物实体连续作用、叠加后，导致的文物实体变化所产生的效应。这种效应力度较弱，但时间上具有长期性、持续性。分析累积效应应从它的概念、因果关系模型入手，模型由三部分构成，即累积影响源、累积影响途径（过程）和累积影响类型。

文物实体通常经历了非常长的时间段，短至百年，长达数千年，甚至上万年，长时间的积累形成了文物实体的累积损伤效应。经过如此长时间的累积之后，任何一种微小因素作用造成的危害都无法被忽视。一般情况下，环境条件不稳定极易造成文物实体的损伤或损毁。我国西北半干旱地区，由于地下水位波动较大，埋藏环境湿度、微生物生长、盐分含量情况也在不断变化，累积损伤比较严重，此种环境对有机质文物的保存非常不利。所以，西北半干旱地区鲜有保存状态较好的有机质文物出土。而我国南方地区的地下埋藏文物大多数处于饱水环境，环境比较稳定，累积损伤相对较小，出土的有机质文物的保存状态通常比西北半干旱地区好。新疆等干旱地区，埋藏环境干燥，环境条件更加稳定，累积损伤对有机质文物实体造成的破坏相对更小。因而，新疆出土的有机质文物，如木器、丝织品的保存状态通常很好，部分丝织品文物出土时颜色仍十分鲜艳，如同新的一样。

当环境温度高低交替变化时，此时文物实体处在热循环过程中，受到材料热传导特性等因素的影响，结构各部分之间、相同材料的不同表层与心部之间必然存在温差，致使文物实体的膨胀、收缩量有所差异，加之刚性构架中各部分之间的互相制约，于是在不同的温度区间内文物实体中便会形成热应力。

损伤识别一直是研究人员广泛关注的问题，受疲劳、腐蚀、老化等因素的影响，损伤累积必然存在，从而使这些文物实体的保存面临重大隐患。因此，能对损伤累积进行监测和识别，及时地发现损伤，对可能出现的灾害进行提前预警，这是评估文物实体安全性的必然要求。

材料学领域的累积损伤研究方法主要包含应力分析中的有限元建模、失效判定准则及损伤过程中材料性能退化三大部分。文物作为物质实体，累积损伤效应研究可以借鉴材料学领域相关研究成果，从累积损伤的角度对文物进行健康评估。

2. 累积损伤模型

文物材料在复杂环境因素的协同作用下（如挤压、温度、湿度等）必然受到多种不同程度的损伤，影响文物材料损伤的因素具有随机性。这些影响因素相当于在对文物实体施加荷载，当荷载是循环往复应力时（如温度忽高忽低、湿度忽大忽小），引起的文物实体材料力学性能劣化过程称为疲劳损伤。文物实体材料在埋藏和保存的环境中受到挤压属于外加荷载，通常是持续性力的作用。环境中温度的变化，对材料本体产生的变温应力，即热应力会产生一定程度的影响，尤其是不可移动的文物实体处于室外环境，温度差异较大时，其受热应力的影响也较大，当温度的变动循环往复时，其累积的损伤就会显现出来。在金属材料学或者建筑材料学中，疲劳累积损伤理论已经是材料失效、损伤等研究领域的重要基础理论。

现有的疲劳累积损伤理论主要分为以下几种：①线性疲劳累积损伤理论；②双线性疲劳累积损伤理论；③非线性疲劳累积损伤理论；④基于热力学势的疲劳累积

损伤理论；⑤概率疲劳累积损伤理论［7］。与文物实体材料疲劳累积损伤研究相同，这些理论也可以拿来作为文物保护工作的参考，只是须将外部反复施加的载荷作为次要影响因素，主要的影响因素可能是温度、湿度等的变化所引起的疲劳累积损伤。

3. 累积损伤特征

文物实体由于累积损伤的作用，产生多种损伤特征，大多数文物实体出现的损伤均与力学行为有关，具有力学特征。例如，文物实体材料的脆弱、粉化、缺失和大量的微裂隙等。部分文物实体的腐蚀、溶蚀也是一种累积损伤，如石刻文物表面花纹或文字漫漶不清，甚至消失，可以看成是许多次腐蚀或溶蚀累积的结果。古建筑的坍塌，也可以被视为变形累积的结果。

多数情况下，研究的重点会放在由力的作用产生的累积损伤方面，这是因为由力的作用产生的累积损伤现象十分普遍，需要解决的问题多，难度也大。

四、水参与的文物病害

1. 水的相变

自然界中的许多物质通常都是以气、液、固三种物态存在的，为了描述物质的不同聚集态，而用“相”来表示物质的固、液、气三种形态的“相貌”。物质的上述三种状态是可以互相转化的。广义上来说，所谓相，指的是物质系统中具有相同物理性质的均匀物质部分，它和其他部分之间可以用一定的分界面隔离开来。物态的转化与温度和气压相关，也就是“相变”是温度和气压的函数。物质在相变的过程中伴随着热量的吸收或者释放，相关的物理性质也会发生变化，如密度、体积等。譬如猪油夏天呈液态，冬天为固态，加热到较高温度时，会变成气态。

在文物实体的埋藏环境和保存环境中，水是常见的一种环境因素，几乎是不可避免的。水的作用会受到温度和气压的影响，水在低温下凝结成冰，体积膨胀，当温度上升后，冰又融化成水，体积收缩。在这一过程中，水的体积发生了变化，对于那些进入文物实体微观孔隙的水而言，反复的凝固和融化，体积在反复的膨胀－收缩过程中，对文物实体产生一定的压力，进而使文物实体的微观结构发生变形、开裂等病害。因此，在对文物实体病害进行研究时，水的相变、环境中水的影响不容忽视。水的相平衡如图 2–7 所示。

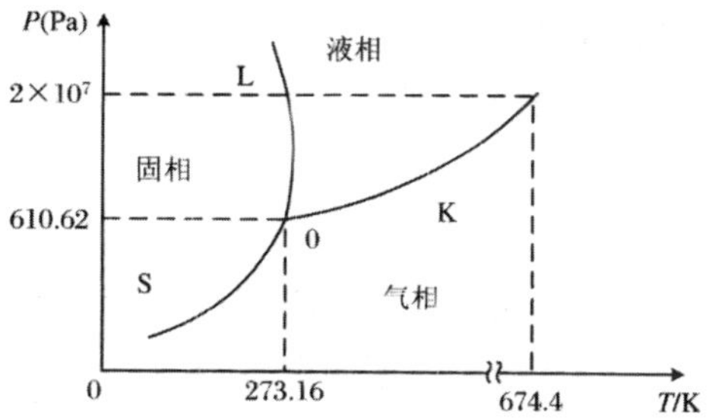

图 2–7 水的相平衡图

如图 2–7 所示，S 曲线、L 曲线与纵坐标轴线所组成的区域，是水的固相区，区域中的每一点水的状态均为固态。L 曲线与 K 曲线所组成的区域，是水的液相区，区域中的每一点水的状态均为液态。S 曲线、K 曲线与横坐标轴线组成的区域，是水的气相区，区域中的每一点水的状态均为气态。S 曲线是水的升华曲线，在曲线上的每个点，固态的水分子转变为气态的水分子，与气态的水分子转变为固态的水分子数量相同，两者处于动态平衡。改变温度和压强可以使固态的水直接转化为水蒸气，这个过程是固态水的升华，当然，改变温度和压强也可以使气态的水凝结为固态水，即水蒸气的凝华。L 曲线是水的凝固曲线，在曲线上的每个点，固态的水分子转变为液态的水分子，与液态的水分子转变为固态的水分子数量相同，两者处于动态平衡。改变温度和压强可以使固态的水转化为液态水，即冰的融化。也可以使液态的水凝结为固态水，这个过程是液态水的凝固，即结冰。K 曲线是水的气化曲线，在曲线上的每个点，液态的水分子转变为气态的水分子，与气态的水分子转变为液态的水分子数量相同，两者处于动态平衡。改变温度和压强可以使液态的水转化为气态水，这个过程是液态水的气化，也可以使气态的水凝结为液态水，即水蒸气的液化。

相图是热力学平衡态的产物。图 2–7 表示了纯水的 P–V–T 之间的关系（P 是压强，K 是体积，T 是开尔文温度），纵坐标的压强不是蒸气压、总压强，而是水的压强，如果是气态则为蒸气压，如果是固态或者液态则为热压。

如图 2–7 所示，O 点是水的三相点，此时的水处于固、液、气三相共存的状态。这个状态在相图上对应的是三相交合的唯一一个点，这个点有对应的确定压强和温度，压强约为 610.62Pa，温度为 273.16K。

当水、冰和水蒸气三相共存于一个稳定的平衡时，压力和温度任意小的变化都会改变其状态。当压力升高熔点随之降低而非随之升高直到临界点，在压力高于三相点的压力时，状态随温度改变。以固、液、气体的变化为例，在压力低于三相点的压力时，例如，外层空间中的压力接近于零，液体水不能存在，冰跳过液体阶段，直接升华为蒸汽。如图 2–7 所示，三条线表示两相的化学势相等，即达到了相平衡。

2. 水的表面张力、毛细现象

文物实体材料的物质属性决定了文物实体材质的性质离不开固体材料的基本范畴，包括文物实体作为一种固体而出现的润湿现象、毛细管效应等。润湿现象也就是文物实体材料表面水的沾湿、浸湿、不润湿等现象，而文物实体材质对水的润湿作用是由文物实体材料本身的性质决定的，也受温度、气压的影响。从本质上说，润湿作用、毛细现象等效应产生的主要原因是水表面张力的作用。

润湿是指固体表面上的一种流体被另一流体取代，或固体表面上的气体被液体所取代的过程，特别是指用水或水溶液取代物体表面上气体的过程。习惯上将液体在固体表面上的接触角 $\theta=90°$ 时定义为润湿与否的标准，$\theta>90°$ 为不润湿，$\theta<90°$ 则为润湿，接触角 0 越小，润湿性能越好

图 2–8 中（a）（c）为水的液面与固体表面接触的情况，（b）（d）为水滴与固体表面接触的情况。（a）和（c）表示的是容器中水的液面形状。

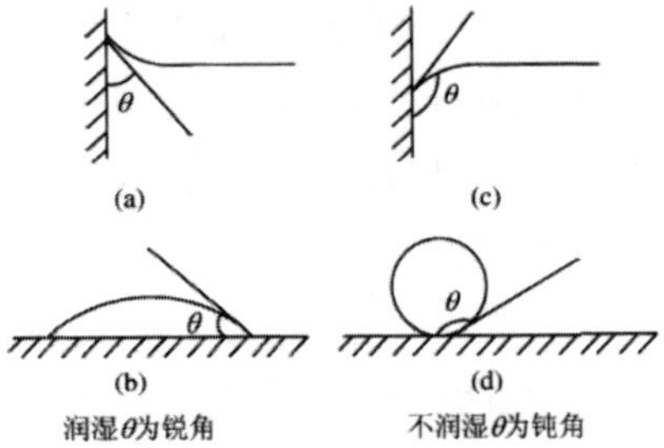

图 2–8　水在物体表面的润湿

分子之间存在引力，液体内部每一个分子都受到周围分子的引力作用，处于平衡状态。但边界处的分子只受到内部分子的引力，呈收缩趋势，存在一种张力。这种张力称为表面张力，荷叶上的水滴、浮在水面上的硬币就是液体表面张力作用的结果。

处于液体体相内的任一分子受到其周围分子的作用力是相等的，作用力可以相互抵消，故在液体内部分子的移动无需做功。处于液体表面上的分子受到液体内部分子的作用力远大于另一侧气体（或蒸气）分子的作用力，因而液体表面分子有自动向液体内部迁移的趋势，这种趋势的表现之一是液体表面自动缩小，表现之二为欲扩大表面需外界做功（见图 2–9）。

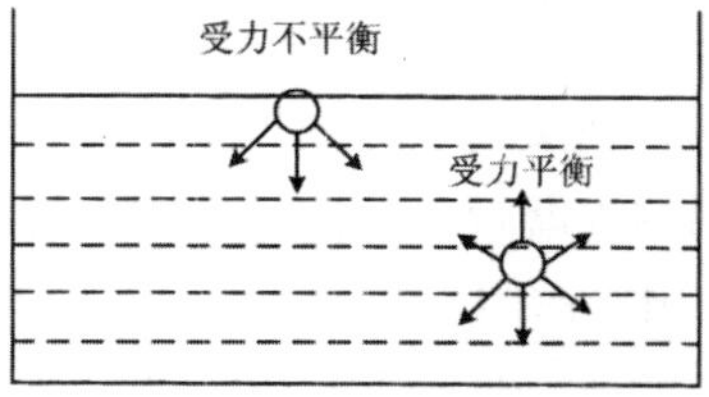

图 2-9 水分子受力

表面张力的力学定义是作用于液体表面上任何部分单位长度直线上的收缩力，力的方向与该直线垂直并与液面相切，单位为 $mN \cdot m^{-1}$。水的表面张力如图 2-10 所示。

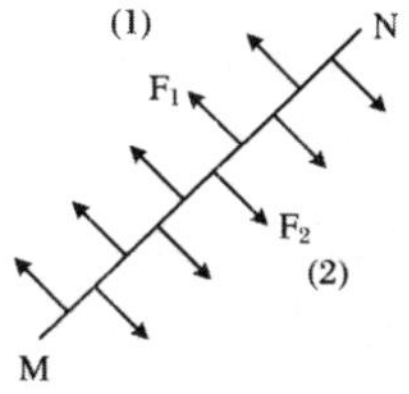

图 2-10 水的表面张力

决定和影响液体表面张力的主要因素是温度和压强。液体的表面张力（或表面自由能）是将液体分子从体相拉到表面上所做功的大小，与液体分子间相互作用力的性质和大小有关。液体分子间相互作用强，不易脱离体相，表面张力就大。温度升高，分子间引力减弱，分子运动强度增加，故表面张力多随温度升高而减小。同时，温度升高液体的饱和蒸气压增大，气相中分子密度增加，即气相分子对液体表面分子的引力增大，导致液体表面张力减小。当温度达到临界温度 t（此温度下无论怎样增大压强，水蒸气都不会液化成水）时，液相与气相界线消失，表面张力降为零。当压力增大时，表面张力减小，低压下影响不明显，高压下可能引起比较明显的变化。

文物实体材料种类繁多，除去一些金属材质的文物，多数文物实体材质都具有多孔性结构。从微观结构上看，文物实体材料既包含大孔材料，也包括了含有介孔和微孔的材料。这些多孔材料在埋藏环境和保存环境中，与水发生接触或者相互作用时，在文物实体性质的影响下，会发生润湿作用。水分进入到文物实体材料的孔隙结构中，由于孔隙结构的存在，受毛细作用的影响，水分在孔隙结构中不断迁移。同时水中的一些可溶盐随着水分进入孔隙中，进而发生一系列结晶、溶解的现象，从而影响文物实体材料的结构和性能。毛细作用是水分进入文物实体材料孔隙的原因，为后续的一些物理的（体积膨胀、相变）、化学的（水解、水合作用）作用的发挥提供了可能性。

3. 溶解和运移作用

水作为一种天然的溶剂，在文物实体的埋藏环境和保存环境中都起着溶解各种可溶性盐的作用。这里提到的水既包括埋藏环境中的地下水、土壤中的吸附水等，也包括大气降水和由于水的相变作用水汽凝结成的液态水。

由于文物实体所处环境的复杂性，在埋藏环境和保存环境中，通常有多种污染物进入到文物实体内部。一方面，由于文物实体材质的性质，某些物质可以在温度和气压等条件适宜的情况下，溶解于水中，例如，石质文物中的石灰岩类，主要是碳酸盐岩石，其某些成分可溶解于含有 CO_2 的水中，并随着水的流动运移至其他部位进行沉积，形成病害。大气降水中常含有 SO_2、NOx 等酸性气体，随着这些酸性气体的溶解，水分呈一定的酸性，增加了水的溶解能力，对文物实体材质的溶解度增加，使得文物实体发生溶蚀。另一方面，随着水的流动，这些水溶液沿文物实体的孔隙进行运移，或者在此过程中随着水分蒸发，盐分结晶析出，使得体积膨胀，也会对文物实体材质的结构和性能产生一定的影响。

对于砖石类文物而言，碱、盐等成分物质由于水的作用，沿砖石的毛细孔游离到砖石文物表面，使砖石类文物实体的表面积累了较多的 $Ca(OH)_2$。当水分蒸发后，碱、盐等成分物质就存积在砖石文物表面，形成白色晶体颗粒，出现泛碱现象。所以，碱、盐等成分物质是渗入砖石毛细孔产生泛碱的直接物质来源。

“酥碱”是一个传统的文物实体病害术语，广泛应用于文物领域的古建筑、壁画以及土遗址等专业领域。它描述的是一种常见的文物实体病害，突出的现象就是构成文物实体组成结构的物质变得疏松崩解，常伴有表面白霜状盐类结晶，如城墙砖的酥解剥落崩坍、壁画地仗的酥解粉化、土遗址夯土结构酥解等。其病理是由于毛细水和潮湿气体的作用，可溶性盐在文物实体结构物质内部随之迁移，同时可溶性盐随湿度大小的变化也从液相到固相不断地循环变换，最终导致文物实体结构物质内部疏松崩解，严重的会引起文物实体组成部分的剥落、崩塌。

酥碱，文物保护国家标准《古代壁画病害与图示》中给出的定义是：“酥碱，由于可溶盐作用导致壁画地仗层产生的疏松状态。”日本称之为“塩類風化”，中国话俗称“酥碱”“白霜”，其解释为“在水分参与下，洞窟围岩及地仗层中的矿物盐分在洞壁产生表集作用，改变了壁画及地仗层的结构，使地仗层膨胀、酥松、粉化、脱落”；英语为 efflorescence，这里的意思是盐霜、粉化，“由于蒸发作用与毛细作用带出盐分沉积物”。

4. 水合作用、水解作用

水作为一种活性物质，常与很多化合物发生水合作用或水解作用。水合作用在无机化学中是指物质溶解在水里时，与水发生的化学反应，一般指溶质分子（或离子）和水分子发生的作用，形成水合分子（或水合离子）的过程。通常情况下，水合作用使得物质的体积膨胀，压力增大，产生一定的病害。水解作用是指水与另一化合物反应，该化合物分解为两部分，水中的氢离子和该化合物其中的一部分相结合，而氢氧根离子和另一部分相结合，因而得到两种或两种以上新化合物的反应过程。在文物埋藏和保存的过程中，水的影响几乎无处不在，在条件适宜的情况下，某些文物实体材质会发生水解或水合作用，对文物实体的结构产生损害。

5. 水分对微生物作用的影响

生物性病害是文物实体最常见的病害之一，特别是有机质文物，普遍存在生物性病害。其中对文物实体损害最大的就是微生物的腐蚀和降解作用，微生物对文物实体的腐蚀和降解作用，实际上是微生物利用某些生物酶对文物实体材料进行的溶解、酶解、细胞吞噬等过程。生物体系的基本成分包括蛋白质、碳水化合物、脂质、核酸、维生素、矿物质和水。水是生物体系六大营养要素之一，是维持人类正常生命活动必需的基本物质，对微生物而言，其意义也很重大。

水是微生物新陈代谢不可缺少的物质，是微生物自身生存需要依赖的物质基础，水可以维持微生物自身生存环境的平衡，水是微生物与微生物之间进行物质交换必不可少的媒介。

6. 水分子的填充作用

对于某些文物实体而言，在千百年的埋藏过程中，其组成材料发生了腐蚀、降解或溶蚀，其结构发生了改变，但是由于其埋藏环境中水分子的填充，水分子进入已经降解的文物实体结构内，起到了定型的作用，使文物实体的宏观外形未发生明显的变化。但是在其脱水后，由于失去了水分子的填充作用，文物实体的结构将会出现变形、塌陷，对文物实体的保存和展陈不利，甚至危及文物实体的存续。这些文物实体主要包括那些埋藏于地下水位以下的墓葬、水下出土的饱水木器、漆器等。

木质类文物在地下几百上千年的埋藏过程中，由于各种因素尤其是菌类的作用，出现了分解现象，构成木材基本成分的细胞受到部分损伤，细胞的结构变得非常脆弱，有的甚至不能支撑自身的重量。这种状况下，充填细胞的水分挥发后，细胞必然产生收缩，这种收缩程度大于新木材的收缩程度。因为与新木材相比，木质文物的结构已经受到了自然因素的破坏而发生了改变。另外，潮湿及饱水木材在自然状态下的脱水干燥过程中，由于水分的失去，导致一些空间被空气占据，新的固－气界面产生，这些界面被内部水分子占据，又产生了高表面张力。当一个微孔失去外部水分后，其内部的水分必然形成弯月面［见图 2–8（a）］，对孔壁施加向中心收缩的拉力，如果组成孔壁的木材细胞不能抵抗这种拉力，它就会被迫收缩，结果呈现的是木材整体结构的收缩。如果木材在宏观上的收缩不均衡，外部发生收缩而内部没有收缩，将产生开裂现象。

7. 脱水作用

某些文物实体材料，其组成成分是水合物，在一定的环境条件下，会发生脱水作用，即水合物的脱水。脱水使得材料的性质发生了一定的变化，通常使得文物实体材料的表观形貌和理化性质都会发生改变。例如，生石膏（$CaSO_4 \cdot H_2O$）、硬石膏（$CaSO_4$）和熟石膏（$2CaSO_4 \cdot H_2O$）的相互转化，生石膏和硬石膏脱水转变成熟石膏，熟石膏的性能与生石膏和硬石膏有很多差异。通常情况下，脱水会导致文物实体材料性能发生各种变化，使文物实体出现干缩、开裂等病害。若要去除脱水病害，需要将文物实体材料保存在一定的湿度环境中，使文物实体回湿，保持水合物稳定，不致脱水。

五、污染类病害的形成

1. 污染类病害的定义

前已述及，文物实体发生的病害从其产生的原因或者机理来看，一般可分为物理性病害、化学性病害和生物性病害等。而从病害的外观表现形式则可以分为应力型病害，如结构失稳、变形、断裂、破损等；污染类病害，既可能是化学性病害，也可能为物理性病害或生物性病害，如降尘、污渍、水渍类污染类病害是常见的物理性病害，由污染物作用导致文物实体发生的腐蚀、锈蚀、降解等化学反应的病害，则属于化学性病害。而由微生物代谢产生的霉斑属于生物性病害。文物的污染类病害就指那些由于引入了外界的污染物，使得文物实体材质发生了形貌、结构和性能上改变的病害现象。

文物实体上污染物的来源既包括相应环境中水、可溶盐、灰尘、气体污染物（如 SO_2，NO_x 等），也包括某些生物（如鸟类、昆虫粪便）和微生物种群（微生物的降解作用）等。病害产生的原因既有可能是简单的灰尘沉降，即没有发生化学反应的病害，也有可能是由于污染物的引入，引发文物实体与污染物的化学反应，使得文物实体材质发生氧化、降解、酶解等反应而产生的病害。从污染物的存在形态对污染类病害进行分类，可将污染类病害分为固体污染物病害、气体污染物病害和液体污染物病害三类。

2. 污染类病害的产生机理

由于污染物的种类或者物态的不同，污染物与文物实体作用机制也不相同。对于不同材质的文物实体而言，其作用机理各异。也就是说，尽管污染物的存在可能会对文物实体产生一定程度的损害，但是不同种类的文物实体材质的理化性质不同，其抗污染和抗腐蚀的能力是有区别的，因此污染物的作用机理和危害程度也不一样。从污染物在不同状态（固态、气态、液态）时的作用机理的角度看，污染物病害的产生机理主要有以下几种（见表 2–5）。

表 2–5 污染物病害的产生机理类型

类型	内容
表面黏附和静电作用	灰尘颗粒和微生物孢子受固体表面力的影响，包括诱导力、色散力、范德华力等分子间作用力，污染物分子受文物实体表面吸引，发生物质颗粒的黏附和沉积。灰尘颗粒在空气中容易带电荷，因此也可以通过静电作用沉积到物体的表面，被文物实体黏附
重力沉降	主要指空气中颗粒物的沉降，空气中灰尘等颗粒物通过扩散作用运动到文物实体材料表面，在重力作用下进行沉积
毛细作用	毛细作用主要是由水的表面张力和文物实体材料性质决定的。污染物溶于水后，通过毛细作用，水携带大量的可溶性盐类、污染物和微生物等，进入文物实体之后对文物实体会产生相应的病害
吸附作用	是指各种气体、蒸气以及溶液里的溶质被吸着在固体或液体物质表面上的作用。当文物实体材质是多孔性物质时，空气或者液体中的物质就易被吸附到文物实体的孔隙中
化学和微生物腐蚀等	污染物通过水的溶解、运移等或者上述的吸附、毛细作用等方式进入到文物实体的孔隙或者表面时，一旦环境条件适宜，如湿度、温度适当等，会使得文物实体材料与污染物，或者在污染物的参与下，文物实体材料与水发生腐蚀降解化学反应，损害文物实体。当微生物在文物实体的表面生长时，由于生物酶的存在，文物实体材料会发生酶解作用，使文物实体材质结构和性能发生变化，出现病害现象

第三章　影响文物保存的环境因素

第一节　温度、湿度和光线

一、温度、湿度

1. 温度、湿度对文物的影响

任何材料的文物都有自己的适宜温、湿度范围，一旦超过这个范围，文物材料就要发生病变，如：大多数古籍、字画、档案等纸类文物，当纸张的含水量维持在7% 左右时，纸张的强度最好，而要使纸张含水量维持在 7% 左右，就必须要求周围环境的湿度在 50% ~ 65%；若湿度经常处于 50% 以下，纤维素就容易损坏，产生干裂、翘曲等现象。表 3–1 列出了不同质地文物的适宜温、湿度范围，可以作为参考。

表 3–1　各类不同材质文物温、湿度标准

质地	藏品种类	适宜温度 /℃	适宜相对湿度 /%
纤维质类	书法、绘画、碑帖、手稿、纸张	14 ~ 18	50 ~ 65
	织绣、服饰、皮革	16 ~ 20	55 ~ 65
金属类	金、银、铜、铁、锡、铅、镍	18 ~ 24	40 ~ 50
陶瓷类	陶、壁画、瓦当、瓷	18 ~ 24	50 ~ 60
竹木类	竹、木、漆	16 ~ 20	50 ~ 60
牙、骨、角	墨、牙、骨、角	12 ~ 18	58 ~ 62

（1）不适宜温度对文物的影响

1）温度作用于文物的机理

温度主要通过以下两条途径影响文物制成材料，使其耐久性降低、寿命缩短。

①促使文物制成材料分子相转变

构成物质的分子（原子）无时无刻不处在振动之中，其振动频率与环境温度密切相关，温度升高，分子振动频率加快，振幅加大；当温度升高到一定程度时，分子可能会发生裂解，导致物质结构变化，其性能也相应发生变化。

②改变化学反应活化能

活化能是指活化状态分子与反应物状态分子各自平均能量的差值，是一个依赖于温度的量。随着温度的升高，活化分子数增加，导致有效碰撞次数增多，反应速度加快，其间的关系可以定量表达为：

$$K = A10^{-\frac{E_a}{2.303RT}} = Ae^{-\frac{E_a}{RT}}$$

上式中，K 为速度常数，En 为反应活化能，A 为特征常数，R 为 8.314J/mol · k，T 为热力学温度。一般可将 Ea 看成常数，这样，K 值随着温度的升高而升高是显而易见的。

2）温度作用于文物的表现

温度对文物的影响主要表现在两个方面：一是温度因素直接产生的破坏作用，主要是对于由不同材质构成的复合文物，由于不同材料热胀冷缩时的体积变化不同（可见表 3–2），变化速度也各异，导致文物的开裂。二是由于温度变化引起其他因素的改变而对文物产生的间接破坏作用，如据研究温度每升高 10℃，化学反应速度增加 1 ~ 3 倍；温度的急剧升高，引起文物的过分干燥或高温造成文物的损坏等。又如常见的锡为白锡，其化学性质比较稳定，常温下与空气不发生化学反应，但若环境温度低于 13.2℃，白锡将转化成粉末状的灰锡，而且随着温度的降低，转变速度显著加快。对纤维质文物，高温将加速纤维素水解反应，加速蒸发，使纤维变脆而易于折断。

表 3–2 某些材料的线性热膨胀系数（$\times 10^{-5}$/℃）

材料	线性热膨胀系数
陶	0.45
木（沿纤维方向）	0.49 ~ 5.4
木（纤维断面方向）	3.4 ~ 5.4
玻璃	0.5 ~ 1.0
砂石	0.7 ~ 1.2
石灰石	0.9
大理石	1.2
环氧树脂	6 ~ 7

（2）不适宜湿度对文物的影响

1）湿度作用于文物的机理

①直接途径：在一定的温度下。环境湿度增高，文物制成材料含水量增大，表现为吸湿；环境湿度降低，文物制成材料含水量减少，表现为解吸。这样，湿度的变化直接引起文物制成材料结构的变化并导致其性质发生变化。

②间接途径：水是各种有害化学反应的媒介，随环境湿度的增高，文物制成材料含水量增加，有害化学反应随之增加；同时，空气中的有害气体对文物制成材料破坏作用增强；有害微生物得到适宜的繁殖、生长条件，破坏力也增强。

2）湿度作用于文物的表现

①湿度与化学反应

A. 湿度与“青铜病”。青铜器潜伏的“粉状锈”其保存的临界相对湿度为 42% ~ 46%, 相对湿度若超过 55%，CuCl 迅速与空气中的水发生如下反应：

$$CuCl+H_2O \rightarrow Cu20+HC1$$

随相对湿度增高，反应速度加快。不同相对湿度的实验结果显示氯化亚铜（CuCl）在 95%、78%、58% 的环境中分别经 2、4、24 小时反应生成碱式氯化铜［$CnCl_2 \cdot 3Cu(OH)_2$］：

$$4CuCl+4H_20+0_2 \rightarrow CuCl_2 \cdot 3Cu(OH)_2+2HC1$$

而在相对湿度 35% 环境中，氯化物是非常稳定的。

B. 湿度与铁及其他金属。铁器文物在干燥的环境中是稳定的，但潮湿将使其锈蚀。如多数黄铁矿的化石在 55%RH 是安全的，其理想的相对湿度上限是 50%。但湿度高时，会发生如下反应：

$$FeS+H_2O \rightarrow FeS0_4+H_2SO_4$$

铅在空气环境相对湿度较高，二氧化碳浓度较大时，可以发生反应生成碱式碳酸铅［$Pb(HC0_3)_2$］，而这种物质通常不稳定，在空气中可进一步被腐蚀。

银在高湿环境下可以被缓慢氧化，70%RH 以上会加速失去光泽。

C. 湿度与“玻璃病”。古代玻璃器中的 K^+、Na^+ 有微量的可溶性，在水分作用下溶出，形成 KOH、NaOH，又很快与空气中的 $C0_2$ 形成 K_2CO_3、Na_2CO_3, 它们均极易吸潮，吸潮后玻璃上出现小水滴，在此过程中，首先形成细小裂纹，最终玻璃将变成不透明、乳白色，成鳞片状向下脱落。故对此类玻璃器的推荐相对湿度不超过 40%。

D. 湿度与纸张老化。湿度对纸张耐折度、老化的影响见图 3–1、表 3–3。

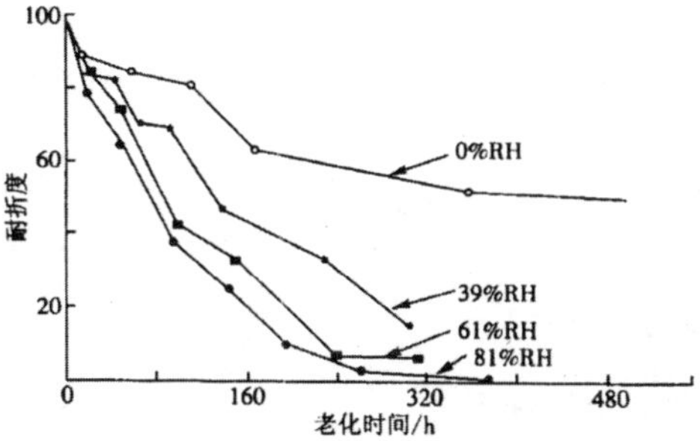

图 3-1 温度对耐折度的影响（重磅纸 80℃）

从图 3-1 可以看出，在 81%RH 条件下，纸张耐折度急剧下降，重磅纸在经 17 天老化后，耐折度接近于零。

表 3-3 不同温、湿度环境中纸张的保存年限

平均温度 /℃	相对湿度 /%			
	70	50	30	0
35	0.14	0.19	0.30	0.68
25	0.74	1.00	1.56	3.57
15	2.74	5.81	9.05	20.70

表 2—4 是以 25℃、50%RH 为标准，推算出不同温、湿度环境中纸张可保存的年限（表中的单位 1.00 为 1 世纪）。由表可见，随温、湿度升高，其保存年限缩短。

E. 湿度与褪色、变色。丝织品上的植物染料在 20% ~ 40%RH 是最稳定的，60%RH 及以上，一般均可见有明显褪色。

古代石窟壁画颜料绝大多数为无机矿物颜料，其红色颜料中大量使用了密佗僧（PbO）、铅丹（Pb_3O_4）、朱砂（HgS），它们都存在程度不同的变色现象，而高湿条件是引起这类颜料变色的必要条件之一。

图 3-2 和 3-3 分别是铅黄和铅丹两种颜料在不同湿度环境下的色差值变化。可以看到，在低湿时，两种颜料的色差值很小，尤其是铅丹 E=0，而高湿（RH ≥ 60%）时色差值明显增大。从图 3-3 中还可以看出，即使无光照，只要在高湿环境下，也会发生变色反应。凡铅颜料其变色后的最终产物都是黑色二氧化铅。

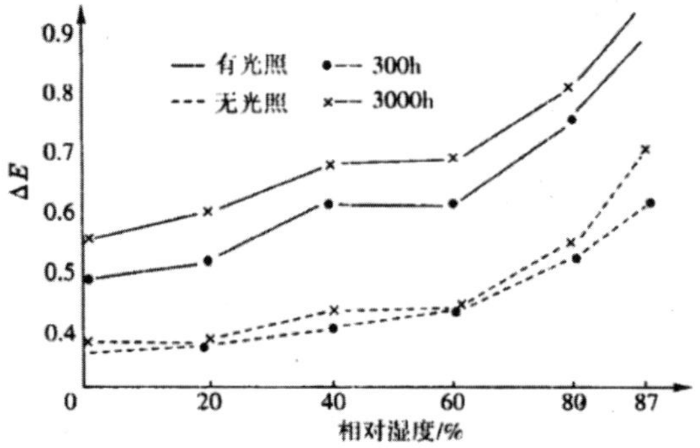

图 3-2　铅在光照和无光照下不同湿度的色差变化图

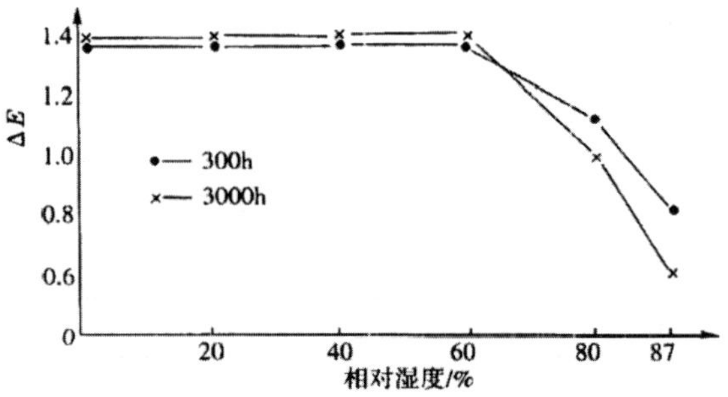

图 3-3　铅丹在不同湿度照射不同时间颜料色差值变化图

F. 湿度与石质文物损坏。环境湿度控制着石质文物表面水分的来源，它不仅是其他因素破坏石质文物的媒介，同时水本身也能造成严重的直接破坏，渗入岩石内部的水分，能与泥质胶结构发生水化作用。

G. 湿度与丝织品。在 20% ~ 70%RH 条件下，生丝具有一定值（约 11%）的含水量；但至 80%RH 时，均衡被破坏；而当 90%RH^ 时，其含水量高至 27%。生丝强度在 20%RH 左右时为最大，随湿度增加强度逐渐减少。

②湿度产生物理形变对文物的损害

湿度变化会引发物理变化，造成文物材料扭曲变形、开裂错位、断裂分离等。其原因主要在于吸湿材料高湿时膨胀、低湿时收缩的反复机械作用。如：竹木器属吸水性材料，一般含有 12% ~ 15% 的水分，由于干燥使其低于这一数值时，就会翘曲、开裂。对于石窟壁画，只要未达饱和状态 . 不论相对湿度高低，就会产生酥碱病害，且湿度越低，病变程度越严重，原因在于壁画中的可溶性盐分随外界湿度变化总是处在溶解—结晶—再溶解—再结晶的不断反复的过程中，造成侵蚀壁画，导致壁画最终酥松脱落。岩石表面的水对岩石会形成外多内少的渗透分布，引起岩石体积膨胀所产生的内应力由外向内明显下降，使得石质文物价值最高的表层成为受水分侵入影响最大的部位。

与温度相比，湿度对材质体积胀缩的影响远远大于温度变化影响。如：象牙，温度相差30℃，其体积变化小于0.2%；而RH波动10%，其体积就变化0.3%～0.4%；纸张也是如此，典型的绘图纸在RH变化10%时，其横向变化为0.30%，纵向为0.05%；而木材对RH的波动受影响最为显著，RH上升10%（50%～60%）其切线方向的变化为0.45%～0.9%（因树种不同而存在差异）。

③湿度造成文物的生物腐蚀

湿度是微生物、昆虫生长繁殖的必要条件，较高的湿度条件（70%以上）最适宜它们的繁衍。虫蛀、霉变对文物材质造成的腐蚀作用是文物保存中经常遇到的十分严重的问题，特别是我国南方地区。如：中国古代石窟寺壁画的制作，一般是在无机矿物颜料中加入一定量的胶结材料，它们均会有丰富的蛋白质，在高湿环境下，这些蛋白质是微生物的良好营养基体，而微生物在其代谢过程中产生的草酸等有机酸又能与颜料中的石青、石绿等含铜或石膏等含钙物质发生反应而生成草酸铜或草酸钙，加速胶结材料的老化，导致颜料层强度降低，最终脱落。

从总体上看，湿度对文物材料的影响比温度的影响要大。

2. 温度、湿度的控制

（1）研究温度、湿度变化的规律

这里主要是指文物库房内外温、湿度变化的规律，只有将这种规律研究清楚了，才能为制定调控库房温、湿度的方案提供科学依据。目前，在这方面已经取得了一些初步研究成果。如库外温度日变化一般规律是：凌晨日出前温度最低，日出后温度逐渐升高，至13～15时（夏季14～15时，冬季13～14时）达到最高值，再缓慢降低，直到次日日出前温度又降至最低值；9时前后气温上升较快，19时前后气温下降较快。年变化一般规律是我国内陆大部分地区1月最冷，7月最热；沿海地区则一般分别在2月和8月。而库外相对湿度日变化规律与气温变化相反；年变化规律则有两种不同类型：一种是内陆干燥而全年绝对湿度变化不大的地区，冬季高而夏季低。另一种是冬季低、夏季高，我国大部分地区属后者。库内温、湿度变化规律与库外变化基本一致，但时间通常较库外为迟，幅度为小。总体看来，这方面的研究与实际需要还有较大差距，急需加强。

（2）制定文物库房温度、湿度标准

标准的制定非常重要，它对实际工作具有直接的指导意义，并具有约束力。但要制定标准，必须要首先研究清楚不同质地的文物随温、湿度变化损坏的规律性，确定其最适宜温、湿度范围，目前这方面的科学研究还是相当初步的；同时，问题的复杂性、艰巨性还在于标准的制定必须要考虑现实中的各方面条件限制，如财力、物力、地区差异等，使其具有实际可行性。因此，文物库房温、湿度标准的制定是科学性与可行性相统一的结果。

（3）文物库房建筑的建设

文物库房建筑对温、湿度的调控至关重要，它是中长期起作用的基本因素，应通过科学选址、合理设计达到控制温、湿度的目标，做到防热、防潮，保持库内温、湿度的稳定。

（4）具体措施的采取

日常工作中，主要还是通过采取各种不同的具体措施来达到调控温、湿度的目的，常用主要措施有密闭、通风、增温、降温、加湿、减湿等，这些措施需根据不同的具体情况需要，运用适当的手段分别有选择地进行。

二、光线

1. 光化学反应致害文物的一般特点

（1）光化学反应是激发态分子的反应

物质的分子或原子在其各种运动状态中，能量处于最低的状态称为基态，基态是最稳定状态。分子吸收光能后，分子或原子中的核电子将获得能量而跃迁到能量较高的轨道上运动，此时能量高于基态，称为激发态。激发态很不稳定，会通过各种理化过程返回基态。

在光化学反应中，往往是一个被激发分子和同一个品种或不同品种的没被激发分子之间的反应，这是光化学反应有别于其他类型化学反应的一个显著特点。

（2）材料对光的吸收具有选择性

文物材料受光辐射发生光化学反应的前提是必须有一个对光的吸收过程。而材料对光的吸收，是以光子为单位进行的，其选择性决定于材料分子终态与初态之间的能量差，只有当某种波长或频率的光子的能量正好等于两能级之差时，光才能被材料吸收。

$$\Delta E = E_2 - E_1 = h\nu = \frac{hc}{\lambda}$$

式中，E_2、E_1 分别为材料分子在终态（高能态）与初态（低能态）的能量。

由于各种有机材料的分子结构不同，其能量差也不同，因而对光的吸收便产生了选择性。如：聚酯材料对 300 ~ 330nm 的紫外线最敏感，而聚氯乙烯对 320nm 的光最敏感。

（3）光的波长愈短，其光化学效应愈大

由 $E = h\nu = \dfrac{hc}{\lambda}$ 可知，光波波长越短，其光能越大，材料分子键越易断裂，光化学效应也就越显著。表 3–4 列出了高分子化合物中几种常见的元素 C、H、O、N 等化学键的强度，它们大都在近紫外区及可见光的紫、蓝光波能量范围之内，当这些化合物吸收了光辐射中与其化学键键能相对应的那些波长的辐射能后，积累到一定程度就有可能造成化学键的断裂。

表 3–4　某些化学键的强度

断裂的键	键离解能		相应能置的波长 /nm	断裂的键	键离解能		应能量的波长 /nm
	Kcal/mol	KJ/mol			Kcal/mol	KJ/mol	
O–H	110.6	463.4	259	C=C	146	610.3	200
C–H	98.8	414.0	290	C=O	179	748.2	170
N–H	93.4	391.3	306	C=N	147	614.5	200
C–C（脂肪族）	83.1	348.2	342	C–N	69.5	291.2	410
C–C（芳香族）	124	519.6	230	C–N	84.0	352.0	340
O–O（过氧化物）	64	268.2	446				

（4）光化学反应具有后效性

光裂解反应使材料裂解成自由基、分解成小分子等，一旦生成自由基，即使不再受光辐射作用，光化学反应仍能够继续下去：如材料基态分子与自由基的反应、自由基与空气中的氧或液态氧的反应，这就是光化学反应的后效性。

（5）部分光化学反应具有光敏性

吸收光的物质叫光敏剂。敏化剂分子将激发态时的超额能量在碰撞中全部转移给周围的另一分子而发生的化学反应称为敏化作用。高分子材料在制作过程中不可避免地要残留某些重金属离子或混入一定的杂质，它们均是光敏剂。如在纸质文物的制造过程或保管过程中，存留的铁、锰等重金属元素和施胶剂、木素、游离氯、染料等物质都是重要的光敏剂。由于光敏剂的作用，能使文物材料对光的敏感范围向长波方向扩展，并进而引发光化学反应。

2. 光的防控

（1）合理确定库房照度标准

照度是指物体表面得到的光通量与被照射表面的面积之比，单位为勒克司（lx）。

$$E=\frac{\varphi}{S}$$

式中 Φ 是光能量（单位为流明），S 是被照射表面的面积（m^2）。

照度标准是指一定环境所要求的最低照度，其标准制定既要能满足实际工作需要，有益于库房工作人员的视力健康，又要能最大限度地减少光对文物材料的危害。

（2）限制光的照度值

可以通过合理设计窗户的位置和结构达到目的，如东西方向不宜开窗，南北向窗户要小而窄；也可以通过设置遮阳措施达到目的，如加设窗帘或百叶窗、使用毛玻璃、花纹玻璃或双层玻璃等。

（3）滤紫外线

紫外线由于其波长短，能量大，对文物材料危害大，一定要设法过滤。方法可以使用窗帘、百叶窗，在窗帘上涂刷紫外线吸收剂，库内光源使用白炽灯等。

（4）避光保存

文物在保管期间除提供利用、展览等用外，应尽量做到避光保存，特别是贵重、受光影响大的文物应放置于柜、箱、盒、袋等中保存。

此外，文物在利用过程中也应减少光的辐射强度与作用时间；文物被淋湿或受潮时，不能放在烈日下曝晒，应置于阴凉通风处晾干，珍贵文物避免或减少拍照次数，容易褪色的文物不宜长期在柜中陈放等。

第二节　空气污染物

一、空气污染和空气污染物

1. 空气污染

大气一般具有自净能力，当空气中不定组成成分的量低于大气容许的本底值时，空气仍为洁净空气，只有当有害物质积累的数量超过了大气自净能力容许的本底值时，才会形成污染空气。

国际标准化组织（ISO）对空气污染的定义是：空气污染通常系指由于人类活动

和自然过程引起某种物质进入大气中，呈现出足够的浓度，达到足够的时间，并因此而危害了人体健康、舒适感或环境。

2. 空气污染物及其来源

空气污染物按其是否直接由污染源排出，存在一次污染物（如 SO_2、H_2S 等）和二次污染物（如 SO_3、H_2SO_4 等）之分。按其成分和形成，空气污染物一般可分为有害气体、气溶胶物质、灰尘和光化学烟雾等。

空气污染物的来源主要有两大类：一是自然污染源，如火山爆发、材料矢火、地震等。二是人工污染源，主要有工业污染源、农业污染源、生活污染源等。表 3–5 列出了各主要工业向大气排放的主要污染物。

表 3–5 各主要工业向大气排放的主要污染物

工业	企业	污染物
冶金	钢铁厂	烟尘、SO_2、CO、氧化铁、粉尘、锰尘等
	炼焦厂	烟尘、SO_2、CO、H_2S、酚、苯、烃类等
	有色金属冶炼厂	烟尘、SO_2、汞、氟等
化工	石油化工厂	SO_2、H2S、氰化物、氮氧化物、氯化物、烃类等
	硫酸厂	SO_2、CO、NH_3、硫酸气溶胶、氮氧化合物等
	氮肥厂	烟尘、CO、NH_3、氮氧化合物、硫酸气溶胶等
	化纤厂	烟尘、H_2S、NH_3、CO_2、甲醉、丙酮、二氧化氮、甲烷
	农药厂	甲烷、砷、汞、氯等
轻工	造纸厂	烟尘、硫醇、H_2S 等
	玻璃厂	烟尘、氟化物等

二、灰尘对文物的危害

（1）造成与文物材料间的机械磨损。由于灰尘颗粒不规则，表面带有棱角，沉降在文物上，会造成尘粒与文物材料间的磨擦，而导致文物损坏，如使纸质文物纸张起毛并影响字迹的清晰度，造成石窟壁画颜料的褪色。

（2）增加酸、碱对文物的影响。一方面有一些灰尘本身具有酸碱性；另一方面由于灰尘粒径小，比表面积大、吸附能力强，可将空气中的酸、碱有害物质吸附在其表面。当这些灰尘降落在文物材料表面时，就会发生腐蚀和降解作用。

（3）向文物传播霉菌孢子。由于霉菌孢子与灰尘皆体小量轻，孢子往往附在灰尘上随空气流动而四处飘落，因此，灰尘常常成为真菌传播的媒介。此外，由于灰尘对水蒸气的凝聚能力，也为真菌生长创造了条件，使其成为真菌繁殖的滋生地。总之，微生物对文物的侵蚀往往通过灰尘来完成。

（4）灰尘黏附在文物表面造成污染损害。由于灰尘的黏附性，它与文物表面往往黏结比较牢固，形成污垢，损伤文物，如造成纸质文物字迹模糊不清。特别是有些灰尘黏附于文物表面后，至今仍无较完善的清除方法，如烟熏壁画，以致大量精美的壁画无法完全清晰展现。

三、空气污染物的防治

（1）对空气进行监测

了解空气污染的状况及变化规律、空气污染物种类构成及变动是制定科学防治对策和采取有效防治措施的前提和基础，十分重要。对空气的监测涉及到空气样品的采集及空气污染物的测定，必须在科学理论指导下，运用科学的方法、程序进行。

（2）进行空气净化和过滤

对空气的净化主要是除去空气中的有害气体，为此可以采取让有害气体通过具有碱性的材料，使用喷水器、活性碳过滤器等。

对空气的过滤主要是除去空气中的颗粒污染物，为此主要是使用各种不同的过滤器，如滤纸过滤器、纤维层过滤器、发泡材料过滤器及静电自净器等。

（3）减少文物库房与室外空气的自由流通

减少文物库房与室外空气的自由流通也就是提高库房和文物存放的密闭程度。提高库房的封闭性主要是注意门、窗的结构与设计，如采用旋转门、门窗缝隙用硅橡胶条、聚氨酯、海绵橡胶等填料填塞密闭，将单层窗改为双层窗等。提高文物有效的封密性可以采用相对密闭或多层密闭的方法，如用柜、箱、盒等。

此外，还有其他一些措施，如做好库房内的清洁卫生工作、地面及墙面的防尘处理、建立健全的管理规章制度等。

第三节　地质环境因素

一、土壤的特征

土壤是地壳的表层部分，经长期风化作用，较为松软，它构成地下文物的外界环境。由于土壤的组成和性质均十分复杂多变，土壤的腐蚀性也相差很大，但作为腐蚀介质，土壤一般具有以下主要特点：

（1）多相性

土壤由土粒、水和空气组成，具有复杂的多相结构。土粒中包含有多种无机矿物及有机物质；不同土壤的粒径大小各不相同，不同土壤的粘连性也存在较大差异。

（2）多孔性

由于土壤通常是由几种不同土粒按一定比例组合而成，在不同的土粒之间就形成了大量毛细管微孔或孔隙，孔隙中又充满了空气和水。其中，水的存在形态多种多样，既可直接渗浸孔隙或在孔壁上形成水膜，也可以形成水化物或以胶体水状态存在。

水分的存在使土壤成为离子导体，因而实质上土壤是一种腐蚀性电解质。又由于水的胶体形成作用，土壤不是分散孤立的颗粒，而是各种无机物、有机物的胶凝物质颗粒的聚集体，但其间又存在多种孔隙。

（3）不均匀性

土壤的结构和性质具有极大的不均匀性。在小的范围上，构成土壤的土粒、空气、水分的含量以及它们之间结构的紧密程度存在差异；在大的范围上，由于各种地质运动以及土壤成分本身的流动，不同性质的土壤会存在交替更换。其不均匀性表现在多个方面，如土壤的密度大小、粘性大小、酸碱性大小等等。

（4）相对固定性

从以上所述可以看出，土壤至少存在固相、液相、气相三相结构，一般情况下，其固体部分可以认为是固定不动的，但液相或气相部分会有限地运动，如土壤孔穴中空气的对流或定向流动以及地下水的移动等。当然，在特殊情况下，如地震、火山爆发等，固体部分也会发生较大变化。因此，土壤具有相对固定性。

二、土壤的腐蚀机理

水溶液腐蚀、大气腐蚀和土壤腐蚀都对文物具有腐蚀作用。它们之间的一个很重要的区别在于氧的传递机制不同：在水溶液中是通过溶液本体输送，在大气腐蚀时是通过电解液薄膜，而在土壤腐蚀时则是通过土壤的微孔输送，其输送速度主要取决于土壤的结构和湿度，在不同的土壤中，氧的渗透速率变化幅度可达 3 ~ 5 个数量级。下面以金属文物在土壤中的腐蚀为例阐述土壤腐蚀的机理。

土壤对金属文物的腐蚀属电化学腐蚀。电池的阳极反应是金属的溶解，即：

$$M—ne \rightarrow M^{n+}$$

电池的阴极反应相对较为复杂，在一般情况下是氧在阴极的去极化，即：

$O_2+2H_2O+4e \rightarrow 4(OH^-)$

但在酸性土壤中，发生的是氢的去极化，即

$2H^++2e \rightarrow H+H \rightarrow H_2$

需要指出的是，在土壤腐蚀情况下，除了形成上述与金属组织不均性有关的腐蚀微电池以外，还有可能形成由于土壤结构不均匀性引起的腐蚀宏电池。如埋藏于地下的大型金属文物，由于体积庞大，其构件的不同部分就有可能埋藏深度不同、所处黏土与砂土结构不同、氧的渗透率不同等，由此会形成氧浓差电池和盐分浓差电池等宏观电池，这时主要发生的是局部腐蚀，使某些阳极产生较深的孔蚀。归纳起来，土壤对金属文物的腐蚀所构成的电化学电池主要有以下几类：

（1）长距离宏电池腐蚀

对于埋藏于地下的大件金属文物来说，其表面就可能发生此类腐蚀，它是由于金属文物的不同部分所处土壤的组成、结构不同而形成的电池腐蚀。如果由上述原因造成的是浓差电池，则埋在密实、潮湿土壤中的金属部分就倾向于作为阳极而受到腐蚀；如果造成的是盐分浓差电池，则处于高含盐量土壤中的金属部分倾向于作为阳极而受到腐蚀。

（2）埋没深度不同及边缘效应所引起的腐蚀电池即使金属体埋在均匀的土壤中，由于埋没深度不同．也能形成氧浓差电池。此时，离地面较深的金属体由于处于氧浓度较小一端而成为阳极区受到腐蚀。实际情况也的确如此，在地下埋藏的金属物体上，可以看到离地面较深的部位其局部腐蚀更严重。

（3）因土壤的局部不均匀形成的腐浊电池

在土壤中石块等杂物下面的金属，如果夹杂物的透气性比土壤本体游，该区域就成为腐蚀电池的阳极，而土壤本沐区域接触的金属就成为阴极。

三、影响土壤腐蚀的主要因素

（1）含水量的影响

图 3–4 为土壤含水量与金属腐蚀的关系曲线，由图可以看出，当含水量很低时，土壤对金属的腐蚀性不大，随着含水量的增加，土壤中盐分溶解量也增加，对金属的腐蚀性也增加，直到可溶性盐全部溶解时，腐蚀速度达到最大。但当水分达到饱和时，会使土壤胶粒膨胀，堵塞孔隙，使氧的渗入受阻，从而降低了腐蚀速度。因此，含水量的多少对土壤腐蚀有很大影响。

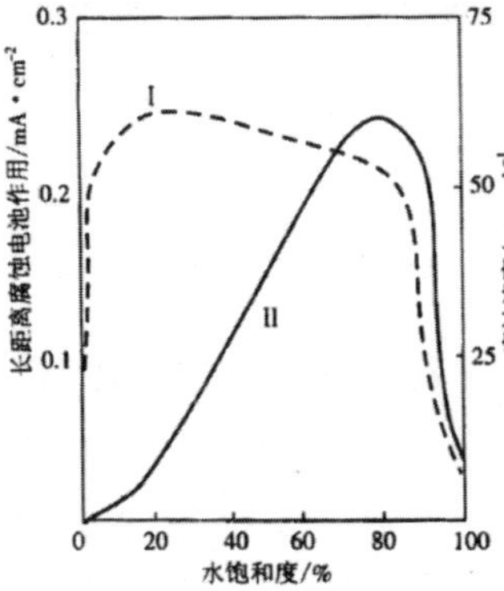

图 3-4 土壤（含 0.1mol/NaCl）含水量和腐蚀速度（Ⅰ）及长距离电池（Ⅱ）作用的关系

（2）盐分的影响

通常土壤中含有约（8 ~ 1500）$\times 10^{-6}$ 的硫酸盐、硝酸盐等无机盐，大多是可溶性的，其中 SO_4^{2-}、NO_3^-、Cl^- 等阴离子对腐蚀有较大影响，尤其是 Cl^- 和 SO_4^{2-}。随含盐量的增大，溶液的导电性增高，腐蚀也增大。

（3）含氧量的影响

由于借助土壤颗粒的渗透作用，或者由于雨水中的溶解氧随雨水一起渗入地下，故土壤中总是存在着氧，它对土壤腐蚀影响很大，这是因为除少数强酸性土壤外，金属的腐蚀都是阴极的氢去极化过程，而氧则为阴极去极化剂。

（4）土壤酸碱度的影响

由于 H^+ 与 OH^- 含量的不同，造成了土壤的酸碱度的不同，使土壤存在酸性土（PH=3 ~ 6）、中性土（PH=6 ~ 7.5）、碱性土（PH=7.5 ~ 9.5）之分。土壤酸性越大，腐蚀性越强，这是由于酸性越大，H^+ 就越多，越容易发生 H^+ 的阴极去极化作用，从而加速阴极反应，也就加剧了腐蚀。

（5）孔隙度的影响

较大的孔隙度有利于氧渗透和水分的保存，因此会促进腐蚀的发生。但与此同时，它也有利于生成具有保护能力的腐蚀产物层，阻碍金属的阳极溶解，使腐蚀速度减慢。

（6）土壤导电性的影响

土壤的导电性与土壤的孔隙度，含水量及含盐量等许多因素有关。一般认为导电性越好，土壤的腐蚀能力越强，但也并不是所有情况都符合这一点。

（7）温度

随着温度的升高，氧的渗透扩散速度加快、电解液的导电性也会提高，从而加速腐蚀。同时，当温度为 25 ~ 30℃时，最适宜细菌的生长，也会加速腐蚀。

影响土壤腐蚀的因素是多方面的，上述仅仅只是其中的几个主要因素；同时，土壤腐蚀又是各种因素综合作用的结果，具有错综复杂性。

第四节　有害微生物和有害昆虫

一、有害微生物

1. 微生物对纤维质文物（棉、麻、纸、木）的危害

微生物之所以能危害文物材料，主要是它们能以文物材料为培养基，分解或液化其他物质材料。纤维质文物材料多含有纤维素、淀粉、明胶等，微生物能够分泌出分解这些文物材料的酶，使其霉烂。其损害可归纳为以下几个方面：①造成材料结构破坏。微生物代谢过程中产生的各种酶，将纤维素、淀粉、木质素等有机大分子化合物降解为葡萄糖、二糖、芳香族小分子，导致纤维素柔软无力，机械强度大大下降，淀粉胶性失效等。这种物质分子结构的破坏是不可逆的。②形成霉斑。微生物的菌落和孢子大多有色，一般来说颜色较深；有些细菌和霉菌还分泌多种色素。③增加文物材料酸度。微生物细胞呼吸的代谢产物甲酸、乙酸、乳酸、琥珀酸等有机酸长期积累在纤维质文物上，作为催化剂加速纤维素的水解反应。纸张被霉菌作用后，酸度数月内即可增加 1 ~ 2 倍。④增加湿度。有些霉菌和细菌在代谢过程中会从空气中吸收一定的水分，使文物材料的含水量提高，有时还会出现水滴。这些水滴往往与材料中的胶类物质作用使文物粘连成浆状。

2. 有害微生物的防治

（1）对有害微生物的预防

1）减少污染菌接触文物

主要是要保持文物库房内外空气的清洁程度，具体手段和措施有：①绿化文物保护区周围环境。有些植物能分泌大量的抗生素，如橙、柠檬、圆柏、黑核桃、法国梧桐等树木都有较强的杀菌作用。②使用空气净化过滤器。由于空气中微生物的大小一般为岭 4μm ~ 28μm，平均 12μm，因此过滤器孔径越小越好；过滤器材料可用棉花、石棉、玻璃纤维等。③保持库内清洁卫生。一般来说，库内空气中的微生物比库外多，低层空气中的微生物比高层多，因而库内地面、四墙、天花板都孳生了许多菌类，必须经常扫除库内灰尘，特别要求保持墙和地面的光洁度，有条件

的还应在墙面涂上防霉涂料。④保持工作人员的清洁卫生。人的皮肤、毛发、衣服都与外界相接触，能将大量污染菌带入库内，如人体的表皮上一般每平方厘米就有102 ~ 105 个微生物，鞋子上的微生物更多。

2）严格控制库内温度、湿度

库内温、湿度是微生物生长的重要的环境因子，因而严格控制温、湿度是预防的关键。

表 3-6 给出了微生物生长发育适宜的温度范围。细菌有中温型和高温型两种。霉菌多为中温型的，所以，一般在 20℃以下，大部分有害微生物生长速度降低；10℃以下，发育更加迟缓，甚至处于休眠状态。因此采用低温保存文物的方法，有利于防止微生物侵蚀作用。但也必须指出，一般程度的低温只能抑菌而不能灭菌，有些低温型微生物，如灰曲霉的最低生长温度 -8℃，青霉、镰刀菌、芽枝菌、荧光假单孢菌可在 -4 ~ -5℃下生存。同时，如前所述，适宜温度与相对湿度之间也存在密切关系。

表 3-6　各种微生物的适宜生长温度（℃）

微生物类型	最低	最适	最高	举例
低温微生物	0℃以下	10 ~ 20	25 ~ 30	水和冷藏物中的微生物
中等温性微生物	10 ~ 20	25 ~ 37	40 ~ 45	腐生微生物
高温性微生物	25 ~ 45	50 ~ 60	70 ~ 80	温泉、堆肥中的微生物

表 3-7 列出了各类微生物发育对湿度的要求。在对纸、丝织物有危害作用的微生物中，几乎所有的细菌、放线菌、酵母菌以及霉菌中的毛裤、根霉都是湿生微生物，在相对湿度 65 ~ 70% 时就能繁殖生长，因此，将相对湿度控制在 65% 以下，就能抑制此类微生物的正常生长发育。

表 3-7　备类微生物发育对湿度的要求

微生物类型	要求的最低相对温度	生长适宜的相对湿度
湿生（好湿性）微生物	90% 以上	接近 100%
中性（中湿性）微生物	80 ~ 90%	98 ~ 100%
干生（低湿性）微生物	80% 以下	95 ~ 98%

3）采用安全有效的防霉剂

防霉剂的主要作用是影响微生物的形态构造、代谢过程和生理活动，从而达到抑制微生物大量繁殖的目的。高浓度的防霉剂也能杀菌。对防霉剂的要求是：抗菌效力高，即低浓度就有抑菌和杀菌作用；毒性小、安全性好，在使用浓度范围内不伤害人体；稳定性好，即有效期长，在较长时间内不易分解；无副作用，无色无嗅无腐蚀性，不影响文物制成材料的强度、色泽和耐久性。能用于防霉的药剂很多，在文物保护中应用较多的主要有香叶醇长效抗霉灵、五氯苯酚钠、麝香草酚等。

①香叶醇长效抗霉灵。化学名为3,7一二甲基辛二烯一［2,6］一醇，是一种具有玫瑰香并略带甜气息的含氧单萜类化合物，具有较强的广谱杀菌作用，无副作用，且易挥发，对人体无害。它对杂色曲霉、产黄青霉、黑曲霉、高大毛霉、黄曲霉等常见霉菌的气熏有效剂量为60ppm，直接杀菌有效剂量为78 ~ 312ppm。

②五氯苯酚纳。是由五氯苯酚和氢氧化钠化合而成的白色粉末，易溶于水。使用时可将牛皮纸浸入1%五氯苯酚纳溶液中15秒钟，晾干后用于包装文物，具有毒性小、药效长、效果好的特点，且使用安全，对铜、等材质无腐蚀性作用。

③麝香草酚［$(CH_3)_2CHC_6H_3(CH_3)OH$］。为白色结晶粉末，熔点48 ~ 51℃，沸点233℃，微溶于水，溶于乙醇、氯仿、乙醚等。用吸墨纸放在10%麝香草酚乙醇溶液中浸透后，晾干即成防霉纸，可用于纸质、纺织品等文物的防霉。也常用于纺织品、纸张的熏蒸消毒，灭菌效果良好，对霉菌孢子也能杀死。

可供选择的具有防霉作用的化学药品很多，选用任何一种药剂，均应先试验，然后才能作为文物材料的防霉剂。

（2）对有害微生物的杀灭

1）物理灭菌法

物理灭菌法是利用物理因子对有害微生物的作用，使有害微生物死亡的方法。常用方法如下：

①冷冻真空干燥灭菌。虽然微生物忍受低温的能力很强，但如将温度逐渐降至冰点，菌体原生质内的水分就会形成许多小晶体，使原生质的胶体状态遭到破坏，机械地挤压或刺伤菌体细胞，造成菌体破裂死亡。干燥还能引起菌体脱水和盐类浓度增高，阻碍细菌生长或使其死亡。

②微波灭菌。微波是频率范围为300 ~ 30万MHz的无线电波。微波灭菌主要是利用微波的加热作用，由于有害微生物自身的含水量比文物材料的含水量高，当它们同时受到微波辐射照时，有害微生物自身的温度比文物材料的温度高得多，菌体就会脱水，从而造成蛋白质凝固而致其死亡。此外，微波还能直接作用于有害微

生物的酶系统、染色体和细胞膜，使其结构分子发生改变而导致死亡。

③ γ 射线灭菌。γ 射线是一种波长短、能量大的电磁波，具有强烈的穿透力，并能使受照射的物质产生电离作用。高剂量的 γ 射线照射可使菌体表面的水分子电离，生成具有强氧化性的 H^+ 和强还原性的 OH^-，直接作用于菌体细胞本身；电离时产生的电子还可与环境中氧结合，氧化菌体内酶的一些化学基因，使酶失去活性；γ 射线辐射出的高能量可导致微生物体内的 DNA 降解及其他物质分解。所以，γ 射线具有杀菌作用。

2）化学灭菌法

化学灭菌法是利用化学药剂来杀灭有害微生物的方法，一般最适用的是熏蒸灭菌法。常用的灭菌剂有甲醛和环氧乙烷。

①甲醛（HCHO）。甲醛是具有刺激性气味的气体，沸点 –19.5℃，极易气化。甲醛灭菌的效能主要在于它的还原作用，它与蛋白质的氨基结合使其变性，从而破坏了菌体细胞的膜和壁，也破坏了某些酶系统。

②环氧乙烷。是一种简单的环醚，分子式为（CH_2）$_2O$，分子量为 44。低温时为无色透明液体，沸点 10.8℃。环氧乙烷杀菌广谱性好，对细菌及其芽孢、病毒、真菌及其孢子等都有较强的杀伤力。其杀菌机理是由于它的烷基的取代性质。菌体蛋白质中的氨基、羟基、酚基、巯基与环氧乙烷相结合后，会对菌体细胞代谢产生不可逆的破坏作用，还有抑制氧化酶和脱氢酶的作用。

使用环氧乙烷要求温度为 38 ～ 50℃的条件下进行，相对湿度维持在 30% ～ 50%，用药量一般为 15 ～ 30g/m^3，熏蒸时间根据浓度、温度而确定，一般要密闭 12 ～ 24 小时。且最好与二氧化碳按 1：7 ～ 10（以重量计）比例混合使用。

文物种类不同，其载体材料也不同，性能自然存在多种差异，因此在进行有害微生物的预防和杀灭时，必须针对不同文物的特点和要求，采取相应的方法、措施，以取得最好的效果。

二、有害昆虫

1. 文物害虫的危害

（1）危害文物的害虫种类

能给文物造成危害的害虫种类很多，仅就我国档案保护研究工作者通过对全国档案馆库房所作的调查统计而言，档案害虫就有 54 种，分属于 6 目 19 科。

害虫对文物危害最为广泛的是纸、竹木、丝毛、皮革、棉、麻等文物材料。现将我国危害这些文物的主要害虫种类列于表 3–8 中。

表 3–8　我国常见的几种主要文物害虫种类

文物	主要文物害虫
纸类藏品	档案窃囊、药材甲、毛衣魚、蠊、书虱、烟草甲、家白蚁、黑皮蠹
木质文物	中华粉索、鳞毛粉蠹、谷蠹、家茸天牛
竹质文物	竹蠹、褐粉蠹
纺织品	红绿皮蠹、小圆皮蠹、怪皮盘、衣蛾
皮革文物	花斑皮蠹、黑皮蠹、裸蛛中

（2）危害文物材料的机理

文物害虫危害文物材料的机理是害虫由于生长发育等生活活动的需要（补充营养和能量）而咬食文物材料。它至少会引起文物材料以下三种有害变化：一是改变了文物材料的结构，使文物材料的机械性能和理化性能下降，严重影响了文物的保存使用寿命。二是文物材料经咬食后，洞孔丛生，严重影响了文物的原貌。三是昆虫的排泄物不但严重影响文物的外观，而且成为微生物侵蚀文物的新的源泉。

2. 文物害虫的防治

（1）文物害虫的预防

1）库房建筑防虫

具体措施是：库房建在地势较高而又干燥的地方，同时远离粮库、饭店和医院；库房的封闭性能要好；地基采用钢筋水泥或石质结构；地板、墙面、屋顶等处不留孔洞、缝隙。

2）清洁卫生防虫

具体措施有：清除库房周围杂草、垃圾、下水沟杂物等；做好库内清洁卫生；建立健全库内外清洁卫生制度，并认真贯彻执行；进人库内的装具用品清洗杀虫；库房门窗应严密；库房周围最好铺设水泥或沥青地面，搞好环境绿化；库内严禁吸烟、饮食等。

3）控制温度、湿度防虫

文物害虫喜温畏寒、喜湿畏干，一般温度应控制在 15 ~ 18℃，相对湿度 65% 以下。

4）做好文物藏品入库前的检疫与处理

由于文物来源于社会各个方面，文物遭受虫害的可能性和大小程度均有差别，加之害虫及其卵、蛹均很小，不易发现，因此人库前的检疫和杀虫是十分必要的。

5）对文物进行定期检畜

通过定期检杳可以达到两个目的：一是及时发现虫害，及时处理；二是破坏害虫的生态环境。

6）药物（驱虫剂）防虫

常用的主要有：①萘（$C_{10}H_8$），俗称“卫生球”。易挥发，具有强烈的气味，可防棉、麻、丝绸、毛、皮革、竹木器、纸张等上的害虫。②樟脑（$C_{10}H_6O$）），为双环帖酮类物质，白色结晶体，. 极易升华，其作用与卫生球相同。③防蠹纸，是具有驱虫功效的一类纸，常用的有黄柏纸、铅丹防蠹纸（万年红）。此外，还有像芸香、麝香、莽草等天然药材也可用来防虫驱虫。

（2）文物害虫的杀灭

1）化学杀虫法

化学杀虫法是使用化学药剂引起害虫生理机能严重障碍以致死亡的方法。它具有杀虫速度快、作用时间短、杀虫彻底、方法灵活、受客观环境因素影响小等优点，缺点是可能会造成环境污染、对人畜具有一定的危害性。

化学杀虫剂种类很多，按药剂的形态可分为固体、液体、气体三种，按化学性质可分为无机杀虫剂、有机杀虫剂和植物杀虫剂，按药剂侵入虫体的途径可分为胃毒剂、触杀剂和熏蒸剂，按毒杀的作用方式可分为原生质毒剂、呼吸毒剂和神经毒剂。

化学杀虫剂应用于文物材料必须具备以下三个条件：一是对文物无副作用，保证文物材料安全及不受不良影响。二是杀虫效率高，能杀死从卵到成虫的各个阶段虫态；同时，对环境污染小，对人畜毒性小。三是具有良好的渗透性，能够把隐藏在文物材料深处的害虫（包括卵、蛹）全部消灭。

目前应用于杀虫的熏蒸剂较多。呼吸毒剂有溴甲烷、氰化氢、二硫化碳等，神经毒剂有磷化氢、滴滴畏、硫酰氟等，原生质毒剂有甲醛和环氧乙烧等。

①溴甲烷：常温下无色、无味，属无警戒性气体。难溶于水，易溶于乙醇、乙醚、苯等有机溶剂。能溶解脂肪、树脂，橡胶、颜料及漆，对金属、棉布、丝毛织品、木材等没有影响。溴甲烷对文物害虫的各个发育阶段都有较强的毒性，侵人虫体后，因水解而产生麻酸性毒物，使害虫发生累积性中毒；亦可刺激害虫神经，使之兴奋致死。同时，溴甲烷会抑制害虫的呼吸酶，使其呼吸率受抑制减弱。需注意的是，由于溴甲烷无警戒性，中毒可潜伏和累积至 2 ~ 3 天或数星期、数月才有反应，所以对人特别危险。

②硫酰氟（SO_2F_2）：常温下是无色、无嗅、不燃、无爆炸危险的气体。400℃以下时化学性质稳定，150℃以下几乎不水解，但在碱性溶液中则迅速水解。硫酰氟蒸气对金属、纸张、皮革、纺织品等无腐蚀性。

硫酰氟是一种惊厥剂，最小致死浓度为 650ppm，毒性较溴甲烷低。

③环氧乙烷：是杀虫力较强的一种熏蒸剂。它进人虫体后转变为甲醛，并与组织中蛋白质上的胺荟结合，抑制体内去氧化酶、去氢酶的作用，使害虫中毒死亡。

化学杀虫法的杀虫效果会受到以下几方面因素影响：①熏蒸剂的理化性质，如挥发性、扩散性、渗透性、燃烧性及比重等。②熏蒸环境条件，如密闭程度、温度、湿度、物体的吸附性等。③害虫的不同虫种、虫态和生理状态等。如不同虫种对药剂的敏感程度存在很大差异，卵、蛹抵抗力较强，而幼虫、成虫抵抗力较弱；处于越冬期、休眠期的害虫抵抗力较强，而处于春、夏季节的害虫抵抗力较弱。④害虫对化学药剂的抗性。

2）物理杀虫法

物理杀虫法是利用物理方法破坏害虫的生理机能，使之死亡或不育的方法。它具有方便简洁、无残毒、不污染环境等优点。物理杀虫法主要有高低温杀虫法、射线辐照杀虫法、缺氧杀虫法等。

①高低温杀虫法：高温杀虫的原理是：高温时，害虫体内水分蒸发，新陈代谢急剧加快，呼吸率不断提高，体内氧过度消耗；高温使虫体内酶的活性消失，蛋白质凝固。高温杀虫一般可采用红外线辐照或微波辐照。

低温杀虫的原理是：长时间的低温会中止害虫的新陈代谢活动，在低温致死区内，害虫细胞内的游离水会溢到细胞间隙而结冰，造成细胞膜受到机械破坏，原生质脱水浓缩以致凝固。

② γ 射线辐照杀虫法：γ 射线能杀灭害虫的主要原因是促使害虫的行为反常，破坏机体组织，导致畸形变异，破坏胃肠功能引起新陈代谢失调而致死亡；另一方面原因是可以造成雄性不育。

③缺氧杀虫法：就是将空气中的各种气体的正常比例加以调整，使氧气减少，氮气或二氧化碳增加，从而使害虫的正常活动受到抑制，直至害虫窒息死亡。目前经常采用的方法有真空充氮、置换充氮、二氧化碳杀虫等。

第四章　文物保护与宣传

第一节　我国文物保护的现状与对策

一、我国文物保护的现状及问题

1. 历史文化遗产及其周边环境遭受建设性大破坏。

在热衷关注经济发展、改善生活条件和崇高现代建筑的今天，许多文物古迹、历史建筑或地段、世界文化遗产等在经济建设过程中遭到了无情的破坏，甚至在推土机的轰鸣中轰然倒塌，永久消失。如贵州遵义会议遗址周围历史建筑全部被拆；国家级历史文化名城襄樊千年古城墙被毁；安阳穿城修路严重破坏历史街区；浙江舟山市冠以“旧城改造、发展现代经济”的名目，大肆拆毁定海古城历史街区，致使国家文化遗产遭受不可弥补的损失。此外，文物古迹的环境遭到破坏也比比皆是，星星点点的文物淹没在高大的现代建筑群众，让人很难感到它的价值存在。我国原有古代存留下来的城池约五千座，这些经历百年、千年沧桑的古城、古镇、古村落曾经拥有的古城墙、古城门、古城楼、古建筑数量最多、形式之丰富令世界为之震撼，而如今这一切在今人肤浅、缺乏文化素养的现代建设中，在几年、几个月甚至几天内就被破坏、拆毁了。导致这种令人痛心疾首现象出现的根源就在于有些政府官员急功近利、皮面追求经济发展和GDP增长的政绩心理，就在于政府容忍开发商无知、反文化的掠夺式的开发。实际上，保护与发展孰轻孰重这个问题是一个国家在现代化过程中必然面临的痛苦抉择，欧洲许多国家都曾经历过大破坏的阶段，但他们及时醒悟，及时立法，及时抢救，因此保留得多，保护得较好。欧洲人是从意识、情感和制度等几个层面来维护历史的存在，所以，在欧洲不会有政府或官员去为了“政绩工程”而拆毁古建筑、毁坏古城风貌。

2. 重建、恢复历史古迹及“仿古”、“复古”之风盛行

当前在历史建筑、文物古迹保护方面明显存在这样一个误区，即热衷于对古迹遗址的修复和重建，而忽视了文物骨架的真实性和实物遗存的保护，从而降低了文

化遗产的价值，杭州雷峰塔的重建就是一例子，这也怨不得有些人要大声疾呼“假古迹不要再建了”。威尼斯宪法强调文物建筑修复时添加的部分必须都应遵循原真性原则。因此，任何随意地、不分界限地进行“复古”、“仿古”都是不负责任的，是对历史的讹传。对“已经不存在的东西，已被破坏，或早已淹没的建筑或构筑物”重新建筑或按所谓的原样恢复，即使符合不分历史记载，但用现代的材料、工艺及施工方法在掺以现代人理解臆想的东西，建成的充其量称之为名胜，但绝不是历史古迹，不具有文物价值。

3. 保护的观念尚未得到社会的广泛认同

由于人文社会科学理论与知识的缺乏以及思想观念上的文化差异，我国上至政府官员、专家学者，下到商家企业、平民百姓，或从发展地方经济、旅游事业，或从保护的方式方法，或从个人喜好等不同侧面对历史文化遗产的保护存在着轻视乃至不屑的状况，使得保护工作的开展困难重重。如福州市政府对于城市规划的决定使得“三坊七巷”收到了建设性的破坏，平遥古城墙由于经营主体问题以至于坍塌半年余未修复，北京历史遗产门票涨价带来的专家、学者、百姓之争沸沸扬扬，有的学者设置把类似与三国城、水浒城等已经商业化的东西称之为“古迹”，此种例子不胜枚举。

4. 保护的法律法规尚不健全

我国目前对于历史文化遗产保护都没有一部完整的法律或法规予以规范，均散见于各类不同层次法律法规及通知规定之中，且存在多头管理的状况，以至于职责不明或存在管理上的缺失。如《文物保护法》明确由国家文物行政主管部门负责，《环境保护法自然保护条例》明确由国家环境保护行政主管部门负责，《城市规划法》由国家规划行政主管部门负责，《文物保护工程管理办法》明确由国家文化行政主管部门负责等。此外，即使国务院对于有关历史城市的规划作过明确的批复，但都未能挡住一些地方政府“拆旧建新”的城市开发建设步伐。因此，历史文化遗产保护工作需要法制体系和法制环境的建立、健全和完善。

二、建议及对策

在现有历史文化遗产保护体制下，我国历史文化保护现在不容乐观，作为拥有五千年优秀文化传统的古国，在历史文化数量上甚至不及一些边临小国，这是需要我们深思的。究其原因，保护意识补强是根本原因，面对仙贝流传下来的优秀文化，当代人不能一积极的态度进行传承保护，更有甚者以自身利益为目的对历史文化遗产破坏。同时，政府部门监管不力也难辞其咎，对其进行合理保护，一再地纵容开发行为对历史文化遗产的毁灭。那么，甚至于历史文化遗产现状及我国现行文化保护体制，城市化进程中的文物保护，必须致力于构件一个以政府主导和法制健全为背景支撑、以社会的全面协调可持续发展为方向、文物部门适时应变和全民积极参与的良好环境。

1. 政府主导和法制健全的支撑背景

在我国，政府以它作为一个对全体社会成员具有普遍性影响的组织和拥有其它社会组织不具备的强制力这两大优势，通过国家和政党组织化的力量，在宪法的基础上，在中国共产党的领导下，通过对城市化有效的宏观引导和政策支持，动员并实现多种形式广泛的政治参与,不断完善与城市社会相适应的严密的法律法规体系。这两大优势在整个社会经济活动中占主导地位。

2. 社会的全面协调可持续发展

文保事业是社会全面、协调、可持续发展中不可或缺的重要组成部分。当代人类社会的发展，不仅是经济的发展，而且是社会的全面、协调、可持续发展，其中文化发展越来越成为社会进步的重要标志。城市的发展应着重解决经济发展问题，应该注意城市的文明形象问题,单解决这些问题不能以牺牲城市的文化价值为代价，不能以牺牲城市的环境为代价。否则，我们将犯历史性错误。我们不能以破坏历史文化名城的历史格局、景观、资源等历史文化遗产来追求片面的经济效益。

第二节　文物法规宣传和文物保护方法策略

一、文物法规的宣传与文物保护

包括 1982 年颁布、1991 年修订的《文物法》在内的文物法规在有关领导的一定的理解和支持下，经过文物部门的努力在一定的范围内得到了宣传。但是因为对文物法规的无知，而造成的违法犯罪活动时有所见，从《中国文物报》近年报道的案例中也可看到这种情况。

例如，重庆市巫山镇秀峰村章氏三兄弟等大肆盗掘古代墓葬并倒卖被擒，他们认为在承包责任地和荒山野岭挖些“古董”卖钱，这种流苦汗的“发财之道”是“辛苦钱万万年”。不挖出这些锈里巴几的东西变钱，不是永远埋在地里浪费了吗？。从报道看，章氏兄弟等人对《文物法》第一章第四条“中华人民共和国境内地下、内水和领海中遗存的一切文物，属于国家所有”的法规一无所知。以往文物法规的宣传多以城市为中心，古墓葬、古遗址分布最集中的农村地区往往因为工作难度大被忽视或者一带而过，成为文物法规宣传的死角。这是值得我们深思和今后工作中需要加强的地方。

另有一些事件是由于对文物法规的错误理解而对文物违法活动处理不当。例如，湖南省宁乡赛某在乡下挖到青铜器隐匿私藏，后交其女婿余某保管，余某 1981 年将该青铜器转移到时住宁乡县城的其表妹徐某处存放。1984 年余某在美国留学，要其妻弟王某保管青铜器，而在王某保管期间，这件青铜器被益阳市农民胡某窃走并于 1989 年 3 月捐献给益阳市博物馆。博物馆因为青铜器有泥锈追问来历时，青铜器的来龙去脉才真相大白。1990 年由美回国的余某要求博物馆返还青铜器，博物馆依法向余某解释国家有关出土文物政策并提议将捐献者变更为余某且适当给予余某一定奖励，但为余某拒绝。余某于 1991 年以青铜器为其岳父挖到给他为由，认定青铜器属传世文物，向益阳市人民法院民事庭状告益阳市博物馆要求返还，1995 年资阳区人民法院支持该青铜器为传世文物要博物馆将该青铜器返还给余某。益阳市博物馆认为该判决回避了青铜器属“出土文物”的性质认定，冠于“历史文物”之名是偷换概念，向益阳市中级人民法院上诉。益阳市中级人民法院向湖南省文物局作了咨询，胡某所盗青铜器被益阳市公安局郝山分局扣押后暂存博物馆“待结案后处理”，因此益阳市中级人民法院以缺乏胡某刑事案的处理为依据“中止诉讼”，但是因为益阳市公安局郝山分局“待结案后处理”的意见至今没有出台，中止诉讼的原因未能消除，这导致益阳市中级人民法院至今未能恢复此案诉讼。从报道中可知，青铜器的发现者和保管者姜某、余某等明知青铜器是出土遗物却隐匿不报，违反了《文物法》第一章第四条“中华人民共和国境内地下、内水和领海中遗存的一切文物，属于国家所有”的法规，本应由当地公安部门按《文物法》第七章第三十条（二）“在地下、内水、领海及其他场所发现文物隐匿不报，不上交国家的，由公安部门给予警告或者罚款，并追缴其非法所得的文物，没收青铜器并对赛某进行警告或罚款。但是资阳区人民法院并没有执行《文物法》的规定对姜某处理。资阳区人民法院为什么不按照《文物法》处理不得而知。如果他们对文物法规的条文不熟悉，可向当地文物行政部门或者根据《中华人民共和国文物保护法实施细则》第八章第四十九条的规定“本实施细则由国家文物局解释”，向国家文物局咨询。然而，在没有咨询文物部门的意见的情况下，将明确属于出土文物的青铜器当作传世文物显然是不恰当的。这个案例说明文物法规的宣传和普及工作远未到位，不仅没能在农村普及，就连中等城市的法院也有待普及、深入理解和执行。

上述两个案例说明法盲犯法和对文物法规理解的偏差造成的执法不当应该说与

《文物法》的宣传和普及不够有关，远未达到为了使“保护文物人人有责”的思想深入人心所要求的“家喻产晓”。为此，有不少人提出要加强文物法规的宣传力度。例如，程霁红认为要刹住文物贩子抢购文物的歪风应当采取“进一步继续大力宣传、贯彻《文物保护法》,力争做到家喻产晓、人人皆知，使人民普遍地从思想上认识到‘文物是祖国的宝贵遗产，它是不可再生的，‘保护文物、人人有责’是中华民族每个人应尽的义务和职责”等措施”。姜波认为：不正当的舆论误导了少数人铤而走险盗掘古墓。文博（文化）部门缺乏宣传经费，一些宣传文章只是在内部期刊上发表，影响面较小。老百姓只是从小报、电彩、电视剧中获知文物的价值，且重其“商品”价值，而缺乏对文物真正价值的了解。有些人拿着很一般的古币、陶瓷器，言明是祖传宝贝，说 xx 报、xx 杂志上刊登值几十万元、几百万元，要求鉴定。这种现象是一种“片面的”文物意识提高，是文博单位征集流散文物的隐患。还有一些群众不僧在自己的责任田里挖掘“古墓葬”，视地下文物为自己的财产。为此应当加大《文物保护法》等文物政策法规的宣传。在一些影响大的书报、刊物上宣传文物的政策法规，同时介绍一些有关文物保护、文物收藏、文物价值有力度、有权威、有趣味的文章．纠正小报、小刊上一些不正确的舆论导向。

在充分考虑到文物法规宣传工作的艰巨性和长期性的前提下，文物法规的宣传可分文物部门、学校和社会三个层次。具体地说，第一个层次是在文物部门内部抓好文物法规的普及工作。虽然文博部门有不少人是各类高校文博考古专业培养的，但是其中有不少人在校期间并未受过文物法规的教育，更不必说从其他部门调来的人员。因此，可建议由各级文物行政主管部门牵头，组织包括领导在内的所有工作人员系统地学习文物法规。并建议国家文物局定期考核各级文博部门的工作人员学习文物法规的情况，不合格的要补习，直到掌握为止。此外，为了达到警钟长鸣的目的。有必要定期组织文博部门的工作人员学习，这样既有利于他们自身遵纪守法，又有利于他们正确地宣传文物法规。

第二个层次是要求和主动配合教育部门在各级学生中宣传文物法规。不少设立考古专业的高校尚没有开设文物法规方面的课程，因此在我国这样一个文物大国，有必要首先在设有考古专业的高校开展文物法规的宣传和普及，从考古专业开始尽可能具体和全面地介绍文物法规；同时在历史专业的诸如考古学通论之类的课程中附带宣讲文物法规；在这个基础上开设公共课，在全校范围内深入浅出地介绍文物法规和文物知识，着重宣传文物的历史、艺术和科学价值。其次，支持和协助没有考古专业的院校采用各种灵活多样的方法开展文物法规的宣传工作。南京市文物局在 1998 年的文物宣传周中曾将宣传文物法规等知识的展板送到南京大学和南京师范大学进行宣传，收到了一定的效果，这种做法值得借鉴。最后，在各级教育部门的支持下，在中学的历史课程的教学中适当的介绍文物法规，在小学的有关课程里适当的加进诸如“保护文物人人有责”的标语和口号，从小抓起，对中小学生进行法规教育、灌输保护文物的意识，为以后文物法规的宣传和普及打下良好的基础。为了使这项工作能够切实有效地开展起来，建议由国家文物局提供教材和培训宣讲人员，在教育部门的密切配合下，由各地文物行政管理部门组织有关专家负责宣讲文物法规。

第三个层次是面向全社会开展深入细致的宣传和普及工作。在全社会宣传和普及文物法规也可兮几个与面。一方面，还是采用文物宣传月或文物宣传周等形式集中宣传文物法规，若能由国家文物局统一部署，在某个时期内在全国范围内同时开展文物法规的宣传活动，营造一个声势浩大的“保护文物人人有责”的宣传气氛，这样一定鹿有所收获。另一方面，利用考古发掘工地宣传历史知识和文物法规，培养公众爱护文物的意识。日本在这方面的一些做法是值得我们借鉴的。他们的许多考古工地在有重要发现后，就在新闻媒体上发布消息，告诉公众在某个周末举办现场说明会，欢迎大家到现场参观学习。届时工地负责人按照预先设定的线路带领前来参观的市民（以老人、儿童和学生为主）边参观边深入浅出地介绍考古发现，并散发有关资料，他们利用这种形式培养了不少文物考古爱好者。另外，在有条件的考古发掘工地，适当吸收中学生和高中生参加发掘，既培养了未来的考古人才又可宣传文物法规。日本有不少考古工作者就是在高中时代参加了考古发掘后立志从事考古的。例如致力于弥生时代考古研究的西南学院大学文学院教授高仓洋彰就自称“考古少年”，由于参加了考古发掘对考古产生了兴趣从而走上了考古学研究之路的。我们还可以利用新闻媒体关注考古发现、喜爱制造轰动效应的心理，要求他们在报道考古发现的同时宣传文物法规和文物的历史、艺术、科学价值。这样就能形成不同层次的、由浅及深的文物法规宣传和普及的网络。

二、考古发掘与文物保护

1. 对经济价值不高的大置出土文物处理不当

人们对出土文物中所建含的信息的提取和利用是受整个时代科技水平和认识能力制约的，有些信息由于人们的思想认识不眵或者科技水平不高而暂时不能提取，但最不能否认将来有被提取的可能。这一点还没有得到足够的重视。

2. 忽视晚近时代的遗物遗迹

中国考古和历史工作者非常幸运，因为拥有大量可供参考和利用的文献资料。

只是由于史前或者夏商周三代以前文献不足，考古界一向重视史前考古和夏商周考古，不重视晚近时代考古研究，以前甚至有“古不考三代”的说法。在历史研究的诸多方面，如社会史、经济史等领域的研究，即使有大量文献资料，仍需要考古资料的补充和说明。例如，日本出土了不少中田烧造的陶瓷器，特别是在以九州北部为中心的地区出土了大量晚唐至宋元时期的陶瓷器，这些陶瓷器是在哪里烧造的、以什么方式从什么地方出口的、当时的陶瓷贸易体制又是怎样的、这种陶瓷贸易对中国和日本贸易体制产生了什么样的影响，如此等等，这些问题仅靠文献难以回答，它需要考古发拥以及跨地区、跨国的研究才能回答。目前的研究状况是日本学者在资料的掌握和研究成果方面都领先于我国学者，我国学者虽然占有大量的考古资料，但是研究工作却跟不上，究其原因在于不重视晚近时代的考古研究。夏鼐和王仲殊先生针对不重视晚近时代考古的倾向，在《中国大百科全书考古卷》的前言中明确作过批评，此后情况已有好转，但是这种现象仍未杜绝。晚近时代的遗物遗迹的记录和报告总是相当简略，给人的感觉是我们的有些人实际上放弃晚近时代的考古研究。如果从“发掘即破坏”的角度

讲，这种作法是一种不爱护文物的行为。因此，我们要端正认识，从文物保护的角度着眼，无沦在主动发掘还是抢救性发掘中，都应该重视晚近时期的遗迹的处理、遗物的收集和发掘成果的报告和研究。

3. 垄断和封锁考古资料

已有许多学者指出一项发掘过去了 20、30 年，发掘者自己不整理也不让他人整理发掘资料，至今写不出发掘报告。更有甚者，遗物的标签早已烂掉，而当时的发掘记录如遗迹图和照片等荡然无存，导致花费了大量人力、物力和财力发掘得来的资料丧失了它的科学性。从本质上讲，这样的资料与表采资料无异，与其这样，还不如不发掘。这样的发掘只是多捡了些身份不明的文物。应当说这种发掘是不负责的行为，彻底地违背了文物保护的原则。这样造成的长期对内对外的资料封锁不但使资料得不到利用、而且使考古发掘失去了意义。对国内的资料垄断实际上是一种无形的自我封锁，结果只会间接地使自己成为井底之蛙，丧失与其他学者互相交流、学习和提高的机会。对国外的垄斯和封锁并不能体现爱国主义，反而给人造成研究层次不高只能依靠材料的印象，这样势必会妨碍中外学者的交流和促进，更不用说与世界考古界接轨。由于历史的原因，我国考古界在对外的考古交流方面的做法比较保守，结果在世界学术界造成了我国考古工作者重资料、轻研究、为确保所谓研究成果转而加倍垄断和封锁资料的印象。我国在考占领域进行着要别人开放而自己不开放的不平等交流。在日本，无论是中国留学生还是到日本参观访问的中国学者，

都可以随意地到他们的考古工地参观；征得同意后可以任意拍照和录像，也可以索取尚未发表的发掘资料。和我们恰恰相反，他们的大多数人不但不怕我们对他们的资料感兴趣，而且还欢迎我们利用他们的考古资料研究写文章，如果他们的资料被我们利用了，他们会很离兴，因为他们的资料有利用价值，连中国人也利用了。惟有对文物价值的这样认识才能使重见天日的地下文物发挥作用。

经济建设要抓机遇，文物保护和考古研究也要抓机遇，不进则退，停步不前，差钜会越来越大。解脱了历史羁绊的新一代考古学工作者更应该顺应世界潮流，确立良好的职业道德，怀着保护好文物的历史使命感从事考古发掘，对出土遗物和遗迹抱着“奇文共赏析”的态度，和垄断、封锁资料等陋匀决裂。走出去貥要抱着“它山之石可以攻玉”的态度虚心学习，请进来就要打开仓库、面对出土文物共同讨论。这样我们就能迅速提高自己，在不远的将来和世界考古接轨，为考古学和历史学的发展以及其他社会学科的进步做出贡献。

第三节　文物保护宣传教育及提高全社会文物保护意识的作用

一、文物保护与文物保护意识的内涵

1. 文物保护的内涵

文物是指由人类创造的，具备一定历史价值的，其本身无法被复制的物品，我国在5000年的发展过程中，留下了许多宝贵的文化遗产，影响了中华民族的形成与发展，文物从不同的角度反映了当时的社会关系与意识形态，体现了人类对自然的认识以及价值观、审美情趣的变化，同时也是当时社会发展水平与生产技艺的集中表现。文物保护就是通过一些列的政策、法律及行为规范避免文物受到损害的过程，随着社会的进步，技术的发展，使得文物保护工作的质量也有极大程度的提升，只有重视文物保护工作，才能保证文化遗产的完整，才能有效的连接现代和历史，才能作用与社会主义文化强国的建设进程。

2. 文物保护意识的内涵

文物保护意识即社会对文物保护工作的理解以及思维方式，为了加强对文物的保护力度，提高社会文物保护意识。我国制定并颁布了《文物保护法》，并建立的文物保护工作基本原则，以文物的保护为主要的工作方向，合理利用资源，制定文

物抢救措施，加强对文物的有效管理。但是，文物保护工作是一个长期，复杂的工程，不仅需要多个部门的有效配合，另外还需要加强社会的文物保护意识，只有意识的提升，才能落实文物保护工作，才能创新文物保护工作方式。

二、文物保护宣传教育的作用

1. 扩大文化的影响力

随着社会的不断进步，人们对于文化的需求越来越旺盛，人们渴望通过文化上的交流，提升自我的文化修养，提升自身的素质。因此，在当下时代的发展过程中，文物的影响力逐渐扩大，人们开始走进博物馆，近距离感知文物的魅力，正是基于人类对文物的关注，必须要大力加强文物保护宣传教育，只有通过文物保护宣传教育，才能有效的规范人们的行为，才能达到文物保护的目的。另外，文化的影响力是提升地区的软实力，同时也是地方文化发展的集中体现，如我国的敦煌石窟、故宫博物院等，以文物为主的学生研讨会促进了文化上的交流，扩大了文化的影响力，带动了区域内经济的发展，提升了国家的综合实力。

2. 提升文物保护工作的质量

教育是提高意识的主要途径之一，只有让人们了解文物保护的目的，了解文物破坏带来的巨大损失，才能有效的落实文物保护相关制度，才能提升文物保护工作的质量。随着社会的进步，人们对文物的关注，是的文物在影响力不断扩大的同时，也加大了文物损坏的风险，据统计，我国每年的文物损坏事件达到 4 万多次，不仅加大了文物保护工作的难度，同时也不利于国家文明建设，损害了国家的利益，造成了社会不良的影响，因此，只有通过良好的文物保护教育，才能唤醒人们的保护意识，才能带动更多的人参与到文物保护工作中。另外，通过文物保护宣传教育，可以扩大文物保护监督工作，减少文物损坏的事件，为警方提供有价值的线索，追究相关人员的法律责任，降低国家的损失，规范社会的发展。

三、提高全社会文物保护意识的有效措施

1. 加强政府的引导力度

由于文物保护是一个长期、复杂的工程，因此，要想提高全社会文物保护意识，就必须发挥出相关管理部门的作用，尤其是政府部门，在参与到社会意识文化建设的过程中，必须要发挥出政府的引导作用，通过制定相关的政策制度、法律法规等，提高社会文物的保护意识，在进行城市建设的过程中，必须要重视文物的保护工作，近年来由于城市规划与文物保护工作的冲突，引发了许多工程纠纷，损害了当地的

文物，伤害了社会群众的感情，因此政府必须要积极参与到文物保护工作中，发挥自身的影响力，协调各部门的工作，提高文物保护工作的质量。

2. 创新文物保护宣传工作的方式

随着社会的进步，文物保护工作的重要性逐渐被凸显，为了提高文物保护的工作质量，提升社会文物保护意识，必须要重视创新文物保护宣传工作的方式，要重视对青少年文物保护宣传教育的力度，可以通过课堂教育提高文物保护教育的力度，规范青少年的行为，还可以通过组织学生参观博物馆等方式，直观了解文物，培养青少年文物保护意识，作用于日后的个人发展过程中。另外，还应当加强与媒体的合作，通过媒体扩大文物保护宣传的范围和力度，合理采用广告、专家讲解栏目等形式，提高文物与保护宣传工作的效率和质量，引起社会群众文物情感上的共鸣，实现文物保护技术上的突破以及文物保护工作形式上的创新。

第四节　加强基层文物保护宣传工作的重要性

一、基层文物保护宣传的现状

文物保护宣传多见于省以上新闻媒体，大多媒体的宣传虽貌似覆盖面和受众面广，实则对基层宣传不到位，设置毫无作用。以国际级报刊来计，依托它的发行量来看，基本宣传不到基层，而其发行区域又以大中城市为主，到县级或乡镇几乎为零。相比之下，广播、电视、互联网的触角到能设计到最基层，但实际情况也不乐观。广播的受众面最广，但眼下收听广播的比例又很小，照样做不到宣传到位。

目前，基层媒体虽然能够做到宣传到位，但地方县级新闻媒体所载内容却很少涉及到文物保护，有的甚至从不进行宣传。基层文物保护部门尽管有宣传的强烈意向，也为之努力操作，但效果都不尽如人意，这就造成基层文物保护宣传的缺失，后果是基层群众文物法律保护意识不能形成或淡薄，给文物贩子可乘之机，以致倒卖走私文物事件时有发生，屡禁不止。

二、基层文物保护工作的意义

保护文物是一项公益性文化事业，开发的文物保护单位和博物馆是公益性场所，让公众到这些场所参观游览，享受文化权利。通过参观，形象、生动的了解各种文物；了解中国古代文明，欣赏古代灿烂的文化艺术。学习和借鉴自己需要的知识或者休闲愉悦，陶冶情操；了解中国历史发展进程，增强爱国主义思想，继承和发挥革命传统和艰苦奋斗精神，从而提高公众综合素质。保护文物及其环境、历史风貌的真实性和完整性，提供相关服务，维护公众文化利益。

随着文化保护宣传工作的深入开展，我们对文物保护工作的思路和理念逐渐成熟，采取的具体措施也日趋理性和合理，质量也更加提高。文物保护的一个主要目的就是保护文物。因为文物是不可再生资源，保护就是目的。第二个目的，就是合理利用。这个利用应当包括两个方面，一个是供专家学者及文物工作者作为资料，从中验证学术观点，发现新的问题，提出新的问题，提出新的论点或修正原有的结论。这些都是少数专业人员的事情。文物利用的第二个当面就是对于我们这些广大的普通老百姓，我们也希望了解我国的历史与传统文化，我们也有兴趣领略和欣赏我国的历史遗存和名胜古迹。

在当今信息发达的时代，宣传媒体无处不在，电台、电视台、网络。还有大大小小各种报纸杂志铺天盖地，但是其中很少有宣传介绍文物的。我们应该加强这方面的工作，党和政府对文物工作的方针政策需要宣传，文物动态需要介绍，文物知识需要普及，文物保护需要全民参与，我们应当在宣传阵地上占有一定的位置。

三、基层文物保护工作的任务

1992 年以来，党中央、国务院相继为文博工作制定了“保护为主，抢救第一”的方针和“有效保护，合理利用，加强管理”的原则。文物是不可再生的人类社会历史发展进程中留下的具有科学、历史、艺术价值的实物遗存。保护文物的目的在于使文物的生命无限延长，因此，文物保护是文博工作的首要任务。

在新的历史时期，要做好文物的保护宣传工作，首先要坚持现行得文物保护管理体制，进一步健全文物保护管理机构，文物必须归文物部门管理，而且根据所保护文物的级别，建立相应的管理机构，明确职能，这样才能有利于文物的保护，否则将使国家珍贵文物遭到破坏。如山东曲阜“三孔”事件和江苏徐州兵马俑被毁事件等，其发生看似偶然，实属必然。究其深层次的原因，一是没能从讲政治的高度看待文物保护工作，在发展旅游经济中，对文物资源强调开发利用多，强调严加保护少；二是在文物旅游改革探索中，没能严格遵守《文物保护法》，在文物管理方面出现了一些漏洞；三是对文物管理单位重视不够，文化管理队伍不够健全，也从另一个侧面反映了我国现行的文物管理体制是有效的、正确的。现行的文物管理体制只能加强，不能削弱；只能坚持，不能改变。

其次，要用法律的手段保护文物，要广泛宣传有关文物保护的法律法规，大力增强人们的法律意识与文物保护意识。

一些地方和部门的领导在经济利益的驱动下，存在严重的地方保护主义，以政代法、以权代法、法人犯法的现象，给文物保护事业带来新问题，造成很大损失。这就要求我们必须进场主动地开展工作，切实向各级领导宣传文物保护的法律法规，做好领导的参谋和助手，使各级政府和相关领导从宪法和法律的高度，从两个文明建设的高度来认识和加强文物保护工作。

再次，要清醒地看到文物的保护宣传工作是一项长期而艰巨的任务，是功在当代、利在千秋的大事。作为一个文博工作者，要充分认识做好文物保护工作的重大意义，要有献身于文博事业的崇高思想，要有不断进取、吃苦耐劳的工作作风。唯有如此，才能在文物保护工作上卓有建树，才能为弘扬祖国的优秀文化作出贡献。

四、基层文物保护宣传的形式

实施宣传可多形式、多角度、全方位进行，不仅宣传发动群众，而且对倒卖文物行为也起到震撼作用。宣传载体既可以是公开发行的新闻媒体，也可以选择乡镇集市文艺形式，甚至利用乡村墙报，图文并茂，易知易懂。除了电子媒质、纸媒质、墙体媒质实施宣传，还可启动软媒质。对各类建设工地应重点进行宣传教育，为促使施工单位申请勘探的自觉性、主动性，可同时对立项审批部门进行宣传教育。这样，宣传的受众面大，效果也深入人心，在潜移默化中发挥宣传作用。

当然，除此之外，通过宣传教育，可以培养一批文物保护的“志愿者”，特别对车站、码头、货场等运输场所人员，还要对交通、建筑、矿山等涉及挖掘的单位进行重点培养，采取各种手段或奖励措施，促使他们宣讲文保、举报违法运输、倒卖、破坏文物的活动，最大限度预防文物流失，有效遏制违法行为。

五、建设与培养文物保护的宣传队伍

加强地方文物宣传队伍的建设和文物宣传工作时目前最基础的工作。加大文物宣传的力度也是首当其冲的任务之一，文物宣传队伍要严格实行文物宣传岗位考核和持证上岗制度。同时还必须不断加强文物宣传人员的培训，努力造就一支高素质、业务强、作风正的宣传队伍。

第五节　当前博物馆文物保护工作现状及对策

一、博物馆文物保护工作的现状

1. 重视程度低

在博物馆中一些领导对文物保护工作的重视程度较低，一般工作重心都放在了日常安排接待参观者的工作上，还有就是各种资料的整理上，在一定程度上忽视了博物馆展出文物的保护工作。

还有就是各个管理员的保护工作意识不足。文物保护工作不仅仅是要保护文物不丢失，而且还是要保护文物不损坏，保证文物的完整性，在日常的工作中，虽然有要求，但是实际的工作中还是有一些缺失的地方。

2. 投入的资金不足

对于博物馆的投资上，存在着这样的问题：博物馆是非盈利性机构，并不能产生有效回报，就不愿意在这方面投入一些财力、人力、物力。特别是在 2008 年后，博物馆真正成为免费开放参观的机构后，就更没有了资金的来源，在这之前还能依靠门票的收入和政府的补偿资金为博物馆的各项开支提供基础，满足工作人员和基础设施建设资金的需求。

但是在这之后，没有了盈利的来源，变成了公益性的组织，在资金方面就断裂，博物馆没有办法开展扩建工作，或者在扩建后也是没有资金为后续的运营做坚实的基础，扩建工作包括：文物库房的扩建、文物展台的修理、文物损坏件的修复、文物现代化保护系统的建立。就造成了文物存放的不合理，展台的设计缺失，文物损坏件没有及时的修复。这些工作没有实现，就使得文物的保护工作不能做得更好，进而使得文化的传播不能有效地进行下去。

3. 博物馆的管理体系不够完善

我们国家经济发展起步较低，建国后开展的经济建设工作，主要工作的方向是提升国民的生活水平，在文化建设方面的力度较小，就形成了博物馆事物管理工作较少的局面。博物馆文物保护的制度相对较少。但是近些年对文物重视程度不断提升，文物的发掘和保护研究工作不断发展，文物大量出土，更多的文物被陈列在博物馆中，还没有一套较为完整的博物馆管理制度。

我们国家是一个拥有五千年历史的文明国家，流传下来的文物更是多种多样的，复杂程度是我们不能想象的，进而博物馆文物保护管理工作也是相当复杂的。这就需要一个完善的制度系统去约束博物馆的文物保护工作，进而实现文物保护工作的系统化和精确化，所以在这方面，不论是国家还是博物馆自身都要去制定一个完善的管理制度体系。

4. 保护人员综合素质有待提高

博物馆的管理人才是其内部的刚性需求，是可以推动博物馆事业进步的有效动力，但是博物馆中的一些人员综合素质有待提高。

一是，博物馆是近几年才发展起来的，针对性强的专业也是才在各个高校中设立，就造成博物馆中的管理人员仍是那些传统管理人员，没有新人员的注入，管理人员的综合素质有待提高，文物的保护工作方式还是老传统的方式，专业的管理技术和专业的历史文化知识水平有待提高。管理能力较低造成了文物保护工作管理的秩序较为混乱，没有提高文物保护的整体水平。

二是，现今是一个科学技术发展的时代，在文物的保护工作上出现了非常多的高科技技术设备和技术，但是博物馆中缺乏这一类的技术人员，也缺乏对高科技使用方法的培训工作。

5. 使用的技术较为落后

我国博物馆文物保护工作的道路是非常艰难的，人工保护的模式造成了保护工作的效率较为低下，保护管理工作的成本比较高，并且在免费政策出台后更是没有了资金的支持，造成引进技术困难和引进技术后没有有效使用的局面。

当今是数字信息化的时代，博物馆中引进了高科技技术，但是没能有效地使用技术，没有发挥出先进技术对保护文物应该起到的重要作用，这些技术仅仅使用在文物存档这些简单的工作上，和传统的人工比较，虽然在工作效率上有了提高，可是在保护工作上的成效还是没有起到很好的作用，就形成了使用资源的浪费。

二、加强博物馆中文物保护工作的对策

博物馆是文物存放的主要单位，在文物保护工作中博物馆有着非常重要的作用，我们就要改善博物馆中文物保护工作的不足，提升文物保护的力度，进而可以保证中华传统文化的长久流传。

1. 思想上转变投资的意识

在国家政策改变后，博物馆的主要资金来源就是国家的拨款。在思想意识上，一些领导就出现了对博物馆建设的偏见，觉得博物馆的工作不能带来新的经济利益，不想把更多的资源投入到博物馆的文物保护工作上，博物馆中的文物得不到更好的

保护。

但是这一思想是不正确的，正确的观念应该是：加大对博物馆的资金投入，不仅可以帮助博物馆工作的有效实施和开展，进而促进文物的保护工作，更加可以促进当地旅游经济的发展，带动该地区旅游经济蓬勃发展，进而带动当地餐饮和交通以及宾馆行业蓬勃发展，经济的发展就提高了政府的税务收入，资金的投入就有了回报。

还有就是促进社会和谐的发展，博物馆中文物保护工作的加强，使得文物各个方面有一个相对的完整性，可以展示出文物所在时代的特点，更加满足了人们对历史文化的探索，提升社会群众的文化水平，还有就是能够让当代的学生们在参观博物馆后，对所学的历史文化知识有更深层次的理解，体会出历史的博大精深。

所以不要因为眼前的利益而放弃了长远发展的利益，在思想意识上要改变对文物保护工作的资金投入观念，加大对这项工作的投资，促进文物保护工作可以更好地进行。

2. 博物馆的管理制度进行完善

我们国家的文物保护工作在改革开放后正式开始运转，有关的管理措施比较匮乏，相关的制度不够完善，在免费开放博物馆后就显得更加不适应博物馆日常管理的工作，导致了一些问题出现在文物保护工作中，如人员配置过多、岗位设置不合理，所以博物馆的管理制度需要进一步地进行完善，去适应新时代文物保护工作的要求。完善内部和外部的管理制度，保障博物馆展览的质量和文物保护工作的质量。

外部的制度。在开展博物馆展览中，为了保证展览质量和确保参观者的秩序，管理人员就可以依据以往的客流量，对客流量进行量化，对展览当天的客流量进行严格的控制，还有就是使用网络的预约售票形式，实现团体购票的预约，根据博物馆能够容纳的人数接受游客，避免人数太多造成管理不到位，对文物的保护不到位。禁止游客随意对文物拍照和随意的触摸，以免造成文物信息的外流和文物的损坏。

对内的制度上，要加强文物的修复和保养工作，建立馆内的保养制度和修复制度，进而可以细致地对文物实行保养工作和有效的修复工作，明确博物馆各个职位的职责，在文物保护工作出现问题时可以及时找到负责的工作人员，尽快解决问题。

3. 提升博物馆工作人员的综合素养

第一个方面就是人员的引进工作，通过正规的招聘渠道，去招聘一些自身素质较高的应聘人员，这些人员不仅有高超的专业技能，在其他方面的综合素质也比较突出，吸引有能力的人员到博物馆的文物保护工作中，促进文物保护工作的进步。制定公平和公正的招聘制度，进而可以招收更多有能力的工作人员，使得整体博物馆工作人员的综合素质可以提升。

第二个方面就是对现有工作人员的培训工作，开展不同层次的培训课程，提升工作人员的素质，加强专业的知识；还可以开展一些先进技术的使用课程，提高工作人员使用高科技来进行文物保护工作的能力，组织一些学习交流的会议，让大家可以交流和学习不同的知识，提升整体人员的综合素质。

4. 使用现代化的信息技术

当今是信息技术高速发展的时代，信息技术被广泛使用在博物馆的文物保护工作中，进而去推动文物保护工作的进步，例如一种立体扫描仪器的使用，在文物的修复工作中起到了很好的作用，扫描文物可以把文物的立体三维图存放在计算机中，如果出现损坏，可以按照原图修复，修复工序简化。

我们国家的历史经过了五千年的变迁，流传至今，印证着历史的文物存放在博物馆中，文物一旦损坏和丢失就是历史的缺失，所以这些文物的保护工作非常重要，在文物保护工作中要改善不足，发挥博物馆保护文物的最大能力，提升文物保护的质量，促进历史文化的发展。

第六节　媒体时代文物保护宣传策略

一、文物保护宣传的当代价值

文物保护宣传，并非近年来专家学者们关注的新话题。早在 1953 年，吴铭生在《要重视基本建设中保护文物政策的宣传》一文中就提到，因为群众没有认识到文物的重要性，盲目地在古墓里“找古董”，众多有重要研究价值的古墓被损坏。因此，在新中国的经济建设中，一方面要加强对文物的科学清理，另一方面就是要加强文物保护的政策方针，推动文物保护由组织性工作到群众性工作转变。新中国时期，文物建筑在经济社会建设面前遭遇被拆毁的危险。改革开放新时代，文物保护虽然效果显著，一件件文物被博物馆收藏，人们也会进出博物馆参观，但注意力越来越被互联网、智能手机、社交媒体分散，走马观花式的参观也很难深人了解文物背后的内涵和价值。

文物保护，绝不是政府唱“独角戏”就能完成的，这是一项系统性、综合性的伟大工程。一件文物不仅是我们眼睛所看到的器物，相反，它是一种载体，承载了中华民族乃至人类的文明记忆，各种神秘的图腾刻画的是我们先辈曾经的经历。从广义上来讲，文物保护具有双重属性，就保护的对象可分为可移动的文物、不可移动的遗址，物质文化遗产和非物质文化遗产也都是文物保护的客体。从物质性而言，我们要保护好历史遗留下来的珍贵遗产；精神层面而言，不仅仅只是将文物束之高阁，保护不是目的，只是手段，我们要借文物来传承文化精神，通过文物保护宣传，让“收藏在禁宫里的文物、陈列在广阔大地上的遗产、书写古籍里的文字”真正“活起来”。

通过加强文物保护宣传，让全社会都意识到保护文物的迫切性和重要性，让文物保护的意识在群众中内化于心，外化于行。做到由政府部门为保护主体向公众参与全民保护的格局转变，通过宣传教育，贯彻落实好文物保护法在民间文物保护中的影响，预防文物遭到建设性毁坏的危险，坚定中华民族文化自信。

二、《我在故宫修文物》和《国家宝藏》热播启示

早期电视媒体平台《鉴宝》《寻宝》等节目一味以文物的经济价值为炒作点，当时掀起一股全民寻宝、藏宝的高潮。单单从经济角度去考量文物是不符合文化传播的价值，也不符合文物保护全民参与的要求，更有可能激发某些不法分子的盗墓激情。令人欣慰的是优秀的文保宣传纪录片正在不断涌现，《我在故宫修文物》和《国家宝藏》是从正面宣传文物保护的典型，传播效果也十分明显。从故宫深处默默无闻的文物修复师到镁光灯下全明星阵容的“国宝守护者”，让我们了解到文物保护不是旦夕之间可以完成的工作，文物也不是远离群众高居庙堂之上的冰冷物件，它是有丰富的文化内涵和精神的社会缩影，历史传话筒。通过这些优秀的纪录片能让公众渐渐意识到，文物保护不仅是专业文博工作者、明星守护者的责任，保护文物，人人有责。

由于篇幅原因，本文不做过多的内容分析，仅从传播渠道和平台的角度来考察两部纪录片的传播表现，总结成功的经验。从搜狗指数研究平台中，我们选取两部纪录片播出前后一段时间内的热度（用户对关键词的关注度即加权搜索量）数据，从数据中可以清晰地看出，2016 年 3 月随着《我在故宫修文物》在央视首播，观众对这部纪录片的关注度上升至一个高峰期，但是总体持续时间较段，并且随着节目的完结，逐渐回落。但是在当年的 12 月份，用户对这部纪录片的关注度又迅速回温，并且比首播的时候更加受到关注。研究发现，首播反响平平，年末热度陡升的一个重要原因在于，纪录片被发布到国内知名弹幕视频网站哔哩哔哩上，网站汇聚的是一群热爱动漫和游戏的青少年群体，他们通过发送弹幕这种交流互动方式来表达情感。让人感到意外的是，《我在故宫修文物》在 B 站内却获得了无数网友的点赞，迅速圈粉以至于纪录片的第二次关注高潮更甚从前。

而《国家宝藏》呈现的是持续性的热度，并且其关注指数是《我在故宫修文物》的几十倍。宏观上可以说，随着我国经济实力的不断增强，国家文化软实力不断提高，公众对于精神生活诉求也在增加，文博类宣传纪录片也被更多的人所喜爱。微观分析发现，这次《国家宝藏》几乎是在全网同步播出，高水平制作、强效果传播。纪录片播出第一集，就在知乎上形成热议的话题，豆瓣评分显示 9.3，B 站 160 多万播放量，通过明星、文博工作者、志愿者等各界“国宝守护人”的发声，凭借影视演员的超高人气影响力、权威媒体机构的公信力和网络新媒体平台的强势传播力在全社会产生积极影响。

三、提高文物保护宣传效果策略建议

习近平同志在浙江工作时期曾经说过，

“没有市场，作品给谁看？宣教功能怎么发挥？”显然，如果文物保护宣传只负责传播，不顾受众市场，不看传播效果，那么永远提高不了公众的文物保护意识。从两部纪录片的热播中我们可以总结完善一些文物保护宣传的经验。

首先，文物部门要联合专业的媒介组织，使文物保护宣传兼顾专业性和趣味性。文物保护，本身对于我们绝大多数人来说，会有距离和陌生感。一般认为，文物保护是专业的考古工作者或者文博单位工作人员的责任，不会意识到文物保护人人有责，也不会去过多关注文物保护的过去和将来。在过去的一年，由中央电视台联合国内九大博物馆制作播出的《国家宝藏》掀起了一股文物保护的潮流，纪录片讲述的是历史，节目中展示的是文物，而传播的则是文物的价值内涵和文物保护的深层意识。专业的多媒体技术为我们带来全新的文化体验，通过每件文物的“前世传奇”“今生故事”来凸显连接古今、观照当下的文化自信和人文情怀。博物馆和文物在人们的刻板印象里向来是沉重、严肃的，而此次《国家宝藏》凭借九大博物馆的专业支撑和央视的一流的媒介技术以及强大的受众市场，再通过自带超高流量和粉丝效应的明星“国宝守护人”传播文物历史知识，塑造文物保护意识，让我们每个观众由衷感受到一种文化自信和民族自豪，其强烈的宣传效果可见一斑。

其次，从文物保护宣传的渠道来说，要重视运用新媒体技术、手段、形态。除了要做好“两微一端”这类常用互联网平台的传播，还要关注具有极强互动性、备受青少年受众群体欢迎的类似于 B 站这样的社区网站。《我在故宫修文物》最开始是在中央电视台纪录频道播出，当时反响平平，而后当纪录片拍摄方将视频发布到弹幕视频网站 B 站后，却获得了意想不到的效果，这些青少年群体以他们的方式—发弹幕来表达了对这部纪录片的赞美，在他们的转发传播之后，纪录片在微信平台和微博平台上得到了“病毒式”的传播。反言之，文物保护宣传，要注重这种新型互动传播方式，新媒体时代，谁掌握了用户谁就掌握了传播的主动权。因此去年《国家宝藏》的热播，是其在B站、爱奇艺、腾讯视频、央视网、优酷几乎全网传播的策略重要成功之处。

同时，选择合适的宣传报道角度，内容上要注意采用民生化视角。成功的宣传报道素材来源于现实生活，但是也需要对现实生活中的丰富素材进行创造性转化。除了日常的新闻报道宣传外，以真实的生活场景为创作素材，以真人真事为表现对象，并加以艺术手段加工的纪录片近年来不断热播，在全社会营造出文物保护的社会价值观便是很好的例证。《我在故宫修文物》的从内容题材上看就十分吸引人，它所承载的丰富历史文化内涵、文物保护意识等，通过我们再熟悉不过的日常化的场景、生活化的细节来呈现，通过普通化的人物角色来激发公众的审美共鸣。虽然纪录片只有短短3集，但是每个镜头下师傅们在故宫修复文物的具体细节，使得原本距离我们较远的文物修复，给人一种陌生问题生活化和神秘问题熟悉化的感受，满足了受众探索神秘的心理。更重要的是，受众在观看这类宣传纪录片时，潜移默化地会获得一种唤醒记忆的效果，强化受众对于文物保护的感知。

第五章　不可移动文物的保护和利用

第一节　我国不可移动文物保护的问题与对策

一、当前我国不可移动文物保护现状

截止 2011 年 12 月，我国完成了对文物资源的三普调查工作。在此期间，对各地不可移动文物进行了调查、登记造册与汇总，建立了数据库。据统计，此次全国登记的不可移动文物达 77 万处，在数量上，全国各地都比之前的普查结果有所增长。与此同时，国家也加大了文物保护宣传力度、财政支持力度、行政执法力度，开展文物原貌完整复样，积极推进遗址保护等。可以说，我国对不可移动文物的保护取得了重大突破，且对文物保护利用的管理水平也在不断提高。

但同时，我们也要看到，由于我国地域辽阔，不可移动文物分布范围非常广泛，近年来，受经济利益驱使，屡次遭遇人为破坏，呈现加快消亡的趋势。据网报，2014 年，通过对 10 个县区的遥感监测，国家文物局发现不可移动文物平均消失率达 4.7%，保护难度在进一步加大，主要表现在：城乡建设造成不可移动文物破坏严重，安全受到威胁，特别是在经济相对发达或人口稠密地区；地处偏僻的不可移动文物因保护不到位，受风吹日晒等自然因素破坏严重；一些遗址遗迹缺乏专业修缮人才；一些地区为当前利益，破坏不可移动文物本来面貌挪作他用，或盲目修整破坏原有文化特色；大多文物保护单位管理机制存有问题，人员经费缺乏，难以对不可移动文物实施全面保护，一些文物处于放任自流或者难于监管的境地；盗挖盗掘活动猖獗，给不可移动文物造成了毁灭性破坏等。这些现象对不可移动文物的保护提出了严峻的挑战。

二、当前我国不可移动文物保护存在的主要问题

1. 保护意识方面未能形成高度重视的统一思想

保护意识方面主要存在两类问题：一类是在全社会范围内，营造的对不可移动

文物的保护氛围不够浓厚，保护意识还未能深入人心。大多社会公众抱以片面认识，认为保护文物是文物部门、政府的事，与自己没有多大关系。甚至一些群众还任性、主动地对不可移动文物进行人为破坏，比如在石碑上刻字、划痕迹等不文明行为。另一类是在如今市场经济高速发展的社会环境下，一些地方政府和职能部门领导过份注重经济建设，关注城市发展，却不重视文物保护。当城市修建改造中与不可移动文物保护发生矛盾冲突时，宁可舍弃文物也要继续建设，致使破坏文物事件屡屡发生。也正因不够重视，有时还导致文物保护经费划拨不能到位，甚至挪作他用。

2. 开发利用方面存在盲目不合理倾向

对不可移动文物的保护，我国包括国标、行标及地方现有 34 项标准，总体原则要求对不可移动文物的修复，须尊重原物设计，不得随意添加个人想象，产生破（损）坏。然而在现实中，一些地区未能将不可移动文物纳入城镇规划与发展中，盲目兴建的结果常以破坏文物为代价。一些地区为迎合游客口味，竟然对那些古墓和祠堂大加修整，甚至墙面贴满特色瓷砖或画彩图，导致不可移动文物在失去古朴之风的同时，其历史文化价值保护大打折扣；一些地区将安静朴实的不可移动文物置于喧嚣商业中，大肆过度地开发利用，既破坏了不可移动文物的本身美感，又减短了其寿命；还有些地方为招揽游客，发展地方经济，盲目对地下不可移动文物进行开发，结果造成毁灭性破坏。

3. 法律保障方面制度不完善，联合执法力薄弱

自新中国成立以来，颁布了许多法律、法规，使不可移动文物保护工作有法可依、有章可循，逐渐形成了一个以《中华人民共和国文物保护法》为中心，相关配套法规较为完善的法律体系。然而，尽管《中华人民共和国文物保护法》已颁布几十年，各省、市也陆续颁布了相应法律、法规加以细化，但在实际执行中却难以发挥应有的约束力。究其原因，已颁布的法律法规存在指导性强但可操作性弱的问题。经实践证明，有的受体制影响，形同虚设，很难落实到位。因此，还需进一步完善健全，方可与现有保护需求相适应。同时，我国个别地区还没有独立的文物部门。现有文物保护实行的是多部门分级管理，这种多头管理，直接导致职责不明、分工不清、管理混乱，保护工作难以落到实处。此外，一些文物部门与政府其他职能部门缺少必要的沟通与协调，也对文物保护工作产生了不良影响。

4. 体制机构方面经费不足、人员缺编、人才稀缺

一些地区未将文物保护经费列入财政预算，保护经费不足造成措施难以落实，而且缺少有效监管，资金挪用的情况时有发生。此外，文物保护队伍综合素质不高，报酬偏低，导致文物保护工作者积极性不高，迫切需要的专业技术人员非常稀缺。

由于专业人员存在数量稀少、老化严重、编制紧张等问题，与繁重的工作量存有严重的比例失衡，影响到对不可移动文物保护工作的顺利进行。

三、加强我国不可移动文物保护的对策措施

1. 利用舆论宣传积极做好思想意识导向工作

不可移动文物是千年遗留下来的宝贵财富，极具重要历史文化价值。因此，在实施保护中，文物保护工作者应当主动出击，对不同地区、不同区域，采取有针对性的《文物保护法》宣传讲解。如针对祖屋、厅堂、祠堂等一些属私有产权的不可移动文物，应当积极宣传其历史文物价值，引导产权持有者有正确认知，充分调动自觉保护的积极性；针对地方党委政府，侧重宣传不可移动文物保护情况、发展前景、对促进经济发展等作用，得到他们的高度重视，纳入到地方整体规划和统筹管理中，从资金、人才、制度等方面给予强有力的支持；对全社会要充分利用微信公众平台、网站及电视、报纸及板报、宣传册等形式，营造保护文物人人有责的浓厚氛围，调动社会广大群众公共参与度，并在实践中转化成一种自觉自愿履行的责任意识。

2. 在坚持保护原则的基础上合理开发与利用

不可移动文物资源类型丰富，极具开发利用价值，能帮助改善当地民生，促进文化和社会经济发展。但旅游开发和城市建设，或多或少会对不可移动文物产生一定影响。因此，应当积极呼吁当地政府制定本地区《不可移动文物保护规划》，针对文物和当地实际情况，列出详细而切实可行的保护措施，充分发挥其历史文化价值，并纳入本地区经济社会发展规划与城乡建设之中，送达相关职能建设、国土、交通等机构，让其熟知本地区内不可移动文物的数量、位置及情况，避免在规划建设中与不可移动文物保护发生冲突矛盾，从而使不可移动文物得到更好的保护。同时，在此基础上，充分挖掘不可移动文物的内涵，再与自然环境有机结合，发展特色旅游产业。如很多革命遗址，可以充分利用风景秀丽的大山、幽深奇异的洞窟，既开发利用又进行有效保护。

3. 加大对不可移动文物的法律保护与行政执法

加强当前不可移动文物保护工作，须进一步完善与健全对不可移动文物保护的法律法规，尤其要健全對非法占用的立法保护。同时，对新发现的不可移动文物应当及早纳入法律法规的保护，以便在保护中有法可依。同时，加强与相关职能部门的沟通与协调，建立文物保护长效联动机制，与各部门明确责任、密切配合，在搞好工程建设的同时加强文物保护工作，与公安机关联合执法，加大执法力度，坚决依法查处、严厉打击盗窃文物的猖獗破坏行为。另外，向社会公开不可移动文物清单，

使不可移动文物保护接受全社会的监督，使其得到有效保护和管理。

4. 理顺文物单位的职能职责，加强人才及经费管理

一是针对现有文物行政执法的尴尬机制，成立专职文物执法机构，理顺其职责分工，保障文物事业健康发展。二是积极营造良好的用人机制环境，加强与高等院校的合作，通过内培外引的方式，着重培养不可移动文物保护技术专业人才，逐步改善文物单位特别是基层文物单位人才青黄不接的现象，提升文物工作队伍的总体工作能力。同时，适当增加文物管理机构人员数量，为保护工作提供必要的人力保障。三是针对资金短缺现象，一边积极争取中央及地方政府投入力度，重点提高增大文物保护技术经费比例。同时，吸收多元社会资金注入，通过合理适当地开发旅游业，开发一些精美纪念品，从中获取一定的经济利益用于弥补文物保护。四是制定不可移动文物保护应急管理预案，不断修订优化，组织开展演练，切实提高文物保护的应急管理水平。

综上所述，不可移动文物保护工作系统且复杂，道路漫长又艰辛。作为行业工作者，务必要树立起高度的责任感与担当感，在实施保护的过程中，保持高度重视，并积极探寻最佳保护措施，确保遗留到我们手中的历史文化遗物能够传承下去。只要上下齐心协力，不可移动文物的保护将会大为改观。

第二节　新时期不可移动文物的保护工作探讨

一、不可移动文物保护工作现状及存在的问题

首先，主体独立性不强是不可移动文物认定和保护的主体困境。我国文物保护事业由于历史和政策等实际原因，独立性不强。一方面，不可移动文物保护工作方面的财政支持保障不足导致保护工作举步维艰。另一方面，由于商品经济在文化领域的持续深度影响，新时期的不可移动文物保护工作也呈现市场化趋向。这些都是新问题和新挑战。其次，公民参与不足是不可移动文物保护工作面临的社会困境。公民“无知则无为”。一方面，公民对不可移动文物保护知之甚少。这主要是由于利益关联不高和媒体宣传不够，公民难以真正关心和切身参与保护工作，这也使现在社会上不可移动文物保护工作进展缓慢。另一方面，由于公众与保护机构的不对等关系，公众难以和文物保护单位形成常态长效合作。最后，制度不完善使不可移动文物保护工作缺乏保障。保护工作体制机制包含三个层级：招标机制——事前机

制；具体实施机制——事中机制；监督机制——事后机制。现阶段，不可移动文物维护招标机制还不太健全，在流程监督和结果监督等方面还存在制度性不足，维护工程验收规范性还有待进一步提高。

二、新时期不可移动文物保护工作对策探析

首先，文物保护应优先增强其独立性。由于不可移动文物保护往往让位于经济利益，许多人罔顾不可移动文物的珍贵价值造成文物资源的浪费。所以，必须强调文物保护与制度相结合，保证不可移动文物保护工作的优先性。同时，财政保障制度对于文物保护具有兜底性功能，要加强财政供给体系建设。其次，重视宣传，提高居民的文物保护意识。我国的网民数量庞大，这决定了保护工作必须利用各种新媒体网络工具，如微信公众号、微博等，对于不可移动文物文案的内容和形式进行创新性、亲民性编辑，并定期在相关公众平台上进行宣传普及。最终在政府、新媒体组织、公民之间形成关于不可移动文物保护的共识。最后，以体制机制建设增强保护工作的优先性与保障性。我们应该在法律与规章制度上确立好政府文物保护相关部门的机构功能和职责，根据地方特色适当设置部门职责和保护内容；招收不可移动文物保护的专业型人才从完善薪资制度、晋升制度等来吸引优秀人才；对非专业的不可移动文物保护工作人员进行定期地专业培训。体制机制建设主要体现在法律法规制度、机构职责划分以及人才吸收和培训机制及系统之间的相互配合。

面对新时期、新形势下不可移动文物保护工作所出现的文物保护工作独立性不强、公众参与度低、体制机制不完善等客观问题，必须坚持宏观与微观相结合，把宏观的法规制度与微观的公众参与结合起来，切实提升保护工作的优先性和独立性。

第三节　不可移动文物展示利用的经验和思考

锁阳城遗址位于甘肃省酒泉市瓜州县（原名安西县）锁阳城镇东南的戈壁荒漠中，地处河西走廊西端，疏勒河的昌马冲积扇西缘。是集古城址、古佛寺遗址、古渠系和古垦区、墓葬群等多种遗迹为一体的考古遗址，它保存了中国古代最为完好的军事防御体系和农业灌溉水利体系，同时也保存了古代较为完整的军事报警系统和城市建筑系统，具有重要的研究、保护和利用价值。1996 年被国务院公布为第四批全国重点文物保护单位；2010 年被国家文物局列入第一批国家考古遗址公园立项

名单；2012 年被国家文物局列入“丝绸之路起始段和天山廊道”申遗点当中，2014 年 6 月 22 日被列入世界遗产名录。

锁阳城遗址遗存类型丰富、规模宏大，始建于西晋，唐武德五年设瓜州，西夏时设立西平监军司，元为瓜州，明设罕东卫，明末城废。主要遗存包括锁阳城城址、塔尔寺遗址、锁阳城古垦区和古渠道遗迹、锁阳城墓葬群四部分。

锁阳城遗址遗存的遗址遗迹及它们之间的空间关系，很好地体现了在古丝绸之路长距离交通和文化交流过程中，锁阳城作为屯田绿洲城镇为之提供的交通保障作用。同时锁阳城遗址还是河西走廊上人类土地利用的杰出范例，展现了长距离交通条件下人类对荒漠戈壁自然环境的依托、利用和改造，是人类开展长距离交通和文化交流的典型保障性城址，与丝绸沿线的商贸活动密切关联。

一、锁阳城遗址展示利用情况

按照空间和形式的不同，我们主要通过室外遗址实景、室内图片及相关文物资料进行展示，同时，借助电视及新媒体积极探索开展数字化展示，全方位、多角度对锁阳城遗址进行展示利用。

1. 室内展示

主要借助锁阳城遗址博物馆进行展示，博物馆位于锁阳城遗址北侧，以基本陈列为主，展示手段相对传统，展示内容较为丰富。博物馆陈展以锁阳城遗址对“丝绸之路：长安—天山廊道的路网”突出普遍价值支撑为重点，通过图文方式详细介绍了锁阳城历史沿革，遗址的保护、管理、研究的情况；石器、瓷器、三彩、古钱等出土文物；采用沙盘模型展示遗址及其周边的地理地貌。

2. 室外展示

锁阳城遗址目前进行封闭式管理，遗址现开放展示的区域为锁阳城城址和塔尔寺遗址，用统一规划设计的标识系统和讲解员讲解的方式对遗址进行实景展示。古渠道遗迹、锁阳城墓群因基础条件不足尚未对游客展示开放，仅设置了解说牌。现场展示内容体现了锁阳城遗址的价值特征和空间方位关系。

3. 数字化展示

一是依托电视媒体及新媒体，在深入研究相关实料、实地开展踏勘考察的基础上，借助航拍等技术，拍摄制作了锁阳城遗址电视宣传片，在省市县电视台黄金时段滚动播出，同时积极主动与敦煌研究院沟通协作，在敦煌莫高窟数字影院播放高清宣传片，全面展示锁阳城遗址的实景魅力。二是积极委托专业人员借助 3D 技术对锁阳城进行模拟复原，目前这项工作正在进行。通过 3D 模拟再现，可以让人们更直观的认识锁阳城、了解锁阳城的厚重历史文化。

二、锁阳城遗址展示利用取得的成效

1. 社会效益

通过近年来不懈加大对锁阳城遗址的保护开发、展示利用和对外宣传，一方面，本县群众对锁阳城遗址有了更加全面的了解，对文物历史文化价值及保护传承有了更加深刻的认识，保护文化遗产的自觉性明显提高。另一方面，随着对外宣传和研究的深入，北大国发院、剑桥大学李约瑟研究所等机构先后将锁阳城遗址作为游学和研究基地，一批知名专家学者深入锁阳城遗址开展研究考察，锁阳城遗址在国内外的影响力不断提高，历史遗存价值被不断放大。

2. 经济效益

近年来，随着锁阳城遗址申遗成功和玄奘之路戈壁挑战赛系列活动的成功举办，瓜州县对外影响力和知名度显著提升，通过积极申报锁阳城遗址被评定为国际 4A 级旅游景区，对锁阳城遗址起到了更好的宣传推介。同时，在各类媒体广泛宣传下，慕名而来的游客数量骤增。2015 年，锁阳城遗址景区接到游客较申遗成功前翻一番，在一产、二产发展较低迷的情况下，全县文化旅游、餐饮住宿业因游客数量的增多，取得了新的突破，全县第三产业增加值较往年明显增长，文化旅游产业已成为我县经济社会发展新的增长点。

3. 生态效益

锁阳城遗址申遗前，保护范围较小，周边脆弱的生态环境因放牧、开垦等人为因素，遭到严重破坏，局部区域出现沙化现象。自申遗工作开始，锁阳城遗址保护区由原来的 8600 公顷扩大到目前的 15800 公顷，保护区范围内严禁放牧、开垦及修建，同时，县林业、草原管护部门积极争取生态保护项目，先后投入大量资金，恢复遗址保护区范围内生态植被，经过 9 年的努力，遗址保护区内生态环境有了明显改观。

三、锁阳城遗址展示利用的经验和思考

1. 先进理念、深入研究，是做好保护利用工作的前提

文化遗产保护是一个复杂的系统工程，涉及到遗产本体、环境、考古、设施、监测、管理、展示、研究等多个领域，我们在遗产综合实施过程中，按照世界遗产最先进理念，最大限度地尊重了遗产本体及周边环境。从锁阳城遗址申遗开始，我县组织考古专家，在国家、省市文物部门的专业指导下，对锁阳城遗址进行考古勘探调查，先后完成

锁阳城墓葬系统编号、采集标本碳—14测定、无损考古勘探等工作，取得了重大突破，补充完善了锁阳城遗址基础资料。同时，加强锁阳城遗址学术研究，在重要文物刊物上发表锁阳城遗址考古研究学术论文多篇，为申遗工作奠定了软件基础，更为文物展示利用提供了更加完备的基础资料。

2. 保护为主、加大投入，是做好保护利用工作的关键

文化遗产保护要贯彻“保护为主、抢救第一、合理利用、加强管理”的文物保护工作方针，坚持保护文化遗产的真实性和完整性，坚持依法和科学保护，正确处理经济发展与文化遗产保护的关系，还要加大资金投入对遗产实施保护。从锁阳城申遗准备开始，在国家、省、市的大力支持下，以保护为主，投入大量资金，先后实施了本体保护、防洪工程、生态保護、保护围栏架设、锁阳城遗址博物馆、游客参观道路、管理用房等项目。同时，积极争取交通道路建设资金4亿元，县财政投入2600万元，实施了县城－锁阳城遗址公路，为申遗成功、遗址展示利用奠定坚实的硬件基础。

3. 因地制宜、科学利用，是做好保护利用工作的重点

文化遗产保护利用应因地制宜、科学规划，不能以破坏文物及历史环境风貌为代价进行开发，要掌握合理利用的“度”，要根据自身情况选择好的保护、展示利用方式，实现“有效保护、合理利用”的目的。在锁阳城遗址申遗过程中，我县注重对遗址原貌的保护，采取因地制宜、尊重历史的原则，想方设法做到修复不破坏、保护不占用。例如对遗址展示道路的选择，最大限度减少对地表原貌的占用，不损坏任何文化层和植被，在不同的遗址本体区采用不同的保护措施和步道形式，随形就势，因地制宜，严格保护古文化遗存环境的原始面貌；在木栈道铺筑时，尊重自然和古环境风貌，遇到植被做留空处理，极大的保护和尊重了遗址本体和遗存环境内的一草一木。通过上述举措，切实做到了展示利用文物遗址原貌，得到了申遗验收专家组的全面肯定。

4. 政府支持、加强管护，是做好保护利用工作的根本

文化遗产保护必须坚持政府主导的方针，各级政府应将文化遗产保护利用列入政府重要议事日程，并做好历史文化遗产资源的保护和利用规划，加强文化遗产的管理和宣传，鼓励调动社会力量保护文化遗产资源与发展文化产业的积极性，让公众真正参与到文化遗产保护当中来，树立全民文物保护意识。在锁阳城遗址的日常保护管理当中，我县本着让历史文化遗迹能够保存更久远、历史文化得到更好传承的态度，县政府大力支持，设立了锁阳城遗址文物保护管理所，配备了管理人员，先后投入大量人力物力财力，着力实施了遗址保护工程，积极构筑了人防、技防为

一体的遗址保护区安防体系，杜绝了人为破坏保护区文物、生态等情况发生。同时，加大文物保护工作的宣传教育力度，提高公众参与保护文物的积极性，截止目前我县境内未发生破坏文物的违法行为，各类文物得到了有效保护，为遗址的保护利用提供了有力的保障。

第六章　青铜器文物保护技术

第一节　青铜器文物的化学组成及腐蚀

一、中国古代青铜器文物的化学组成和结构

1. 青铜器文物的化学组成

青铜器文物一般是铜、锡、铅的三元合金体。由于配比的不同，可以细分为锡青铜、铅青铜和锡铅青铜。锡能溶于纯铜液内，在纯铜内加入2%～22%锡的青铜合金，其熔点就会降至960℃，含锡量的增加使锡青铜的强度和硬度都增加，铸件砂眼少，便于铸造，耐腐蚀性能提高。铅一般不溶于纯铜液，以软夹杂形式存在于铜基体内，对铜体起到一种切割作用。锡青铜内加铅，可以改善切削加工性能、减少晶间收缩、提高鼍物抗疲劳强度、减少机械撞击和开裂，但铅的含量过多，会使器物强度、硬度降低，耐腐蚀能力变差。

（1）铜（Cu）

自然界有纯铜存在，更多的是天然铜矿：黄铜矿（$CuFeS_2$）、辉铜矿（Cu_2S）、赤铜矿（Cu_2O）、蓝铜矿［$Cu_3(OH)_2 \cdot (CO_3)_2$］等。

纯铜柔软，富有延展性，有良好的导电导热性，密度8.92，熔点1083℃。

（2）锡（Sn）

自然界存在黝锡矿（Cu_2FeSnS_4）和锡石矿（SnO_2），黝锡矿常与黄铜矿、方铅矿、锡石矿等共生。纯锡的熔点是232℃。

（3）铅（Pb）

自然界有方铅矿（PbS），常与黄铜矿共生，铅的延展性较差，硬度2.5，密度7.5。铅的熔点是327℃。

（4）青铜器的冶铸技术

1）青铜的冶炼

青铜的冶炼技术有一个由低级到高级、由简单到复杂的发展过程。人们最初用

铜矿石加锡矿石或铅矿石，或者由含多种元素的共生铜矿冶炼出青铜；后发展为先炼出铜，再加锡、铅矿一起冶炼；最后发展到先分别炼成铜、锡、铅，再按一定比例混合后熔炼，这样青铜成分含量就容易控制。不同时期不同地区所铸造的青铜器物的化学组成成分各不相同，不同用途的器具其化学组成成分也不相同。

经过对安徽南陵铜矿遗址（该遗址使用年限为西周至唐宋）进行考古发掘和研究，人们发现当时使用的炼铜竖炉都是氧化矿的还原熔炉，具有冶炼性能好、操作简笮、连续加料、连续排渣、间断放铜、持续生产的特点。存有炼炉、木炭、蓝铜矿（孔雀石）和铜块等遗迹，残留的炉渣内含铜量仅为0.7%，反映东周炼铜工艺已有相当高的水平。

2）青铜器的铸造

古代青铜器的铸造，主要有四种方法：石范铸造、陶范铸造、失蜡法铸造和金属型铸造。其中应用最广、影响最大、技术最为成熟精湛的最陶范铸造法。所谓陶范铸造，就是选用混合物，制成器物模样、外范和内芯，然后合范，将熔化的金属液体浇入陶范内，再进行整理加工，就制成所需的青铜器了。

2. 青铜器的金相结构

根据我国出土的大量青铜器化学成分和组织结构的分析，可将古代青铜器分为低锡青铜器和高锡青铜器两大类，高锡青铜器还可分为铜锡合金青铜器和热镀锡青铜器。

在各类青铜器内、锡的比例范围大致在10%～30%左右，另外有少娥铅。据有关金相分析的资料介绍，其金相组织以a共溶体和（a+δ）共析体为主，并有游离铅呈不均匀分布。

a共溶体—金属锡溶于铜的－种置换固溶体，由于铜与锡晶格相同，均为面心立方，所以具有良好的塑性和韧性；又由于锡的强化作用，因此具有比铜高的强度。当锡的含量小于6%时，铸态为树枝状的a单相组织。

（a+δ）共析体—铜锡園溶体 α 相内呈现出明显的富锡偏析现象。δ 相为复杂的立方晶格的铜锡电子化合物Cu31Sn8，含锡32.6%，性能硬而脆。富锡的（α+δ）共析体的数量和存在形式与合金含锡量和铸件冷却速度等因素有关。当含锡量大于6%时，就会出现共析体。

铅在锡青铜中不固溶，凝固时呈富铅相。铅以游离态分布在（α）体中及（α+δ）组织周围。当铅的含量较大时，在共析体内就会出现灰褐色的不均匀团块状物，有的地方铅粒较多较粗，有的较少较细。

3. 中国古代青铜器表面富锡或镀锡层的化学成分

（1）古代青铜器表面富锡现象

从我国大量出土青铜器的化学成分分析看，器物表面都有富锡现象发生。安阳殷墟出土的虎面铜盔被首次注意到镀锡层，甘肃灵台西周早期墓葬中的礼器和兵器也有镀锡现象，这些器物虽多已锈蚀，但仔细查看，镀锡痕迹仍然比较明显。器物表面的富锡或镀锡，分析其原因可能有三种情况：一种是加工过程中，在合金体表面直接用融熔锡液热镀，镀锡青铜器可使器物更加美观，并便于保护，古代也称为“鋈金”；一种是在铸造过程中，由于重力的作用，含锡高的铜锡合金相（含锡25.5%）从青铜合金基体中渗出并在青铜表面析出呈银白色，称“锡汗”；还有一种是锡青铜埋葬过程中由于环境有选择地腐蚀低锡相，而使富锡相在青铜器表面沉积而成。古代青铜文物合金基体和表面富锡层化学成分比较，见表 6–1。

表 6–1 古代青铜文物合金基体和表面富锡层化学成分比较

器物名称	朝代	出土地点	取样部位	铜（%）	锡（%）	铅（%）
长方形铜泡	西周早期	北京琉璃河	青铜合金	81.08	13.13	5.78
			灰黑表面	34.19	39.25	22.59
当卢	西周早期	北京琉璃河	青铜合金	88.97	11.03	
			青绿泛白表面	41.83	53.34	0.79
刮刀	战国晚期	四川峨眉县	青铜合金	77.47	8.25	14.24
			灰黑表面	12.35	27.51	39.09
剑	春秋	山东胶东	青铜合金	83.81	11.34	4.36
			青绿表面	21.08	42.92	26.10
钵	战国	山东胶东	青铜合金	83.20	11.41	5.39
			乳白表面	18.95	49.88	13.26

从上表可以看出，我国部分出土齊铜文物的青铜合金基体和表面富锡层的铜、锡、铅化学成分都存明显差别，对每一个器物而言 . 表层富锡现象究竟是上述三个原因中哪一个为主，无法肯定。但表层铜的含量明显下降廣铜的颜色变成乳曲、青绿、灰黑等，说明腐蚀也是一个非常重要的原因。

（2）富锡层对青铜器的保护作用

青铜器表面镀锡层（或富锡层）的存在，客观上对青铜器起着保护作用，使许多古代青铜器埋于地下两千多年，仍保存完好。根据专家对，时肃礼姓、天水一带出土的審秋时期青铜器表面镀锡层的研究发现：

从镀锡层放大1968倍的结构形态可见，镀锡层内部不是单层，一般分为3 ~ 4层，各分层的组织和成分均有差异；各分层之间相互交错，其界限不很规则，外较致密，中展和内以（靠近青铜合金基体处）有较多孔洞；内层含有青铜合金基体中的铅等夹杂物。

从镀锡层的微结构可以看出，镀锡层外层为致密的 δ 相，而 δ 相具有非常好的耐腐蚀性，古代许多黑漆古铜镜表面因为有致密的 δ 相保护作用至今黑漆光亮。同时，在表面 δ 相层中，嵌符微晶态的SuO_2，而微晶态的SnO_2具有纳米材钭的功能；另外镀锡位中还有少量非晶态SnO_2存在、止足这柱少量的微晶态SnO_2；和非晶态SnO_2充填在致密的 δ 相缺阽的微孔隙中，从而阻止了外界侵蚀因素透过镀锡层对青铜基体的腐蚀，这是这些青铜器在历经千年之后仍保存较完好的主要因素。

4. 东周青铜复合残剑的结构和化学成分

上海博物馆收藏的4把东周时期吴越地区出土的背铜复合残剑，剑脊呈淡绿色，而剑力处的剑从呈翠绿色（见表6–2）。根据化学分析，剑的中脊和两刃是用两种成分不同青铜铸接而成，由于剑脊和剑从成分的差异导致剑身出现两种色泽，因而称为复合青铜双色剑。

表6–2　东周育铜复合剑化学成分分析（%）

剑样	分析部位	Cu	Sn	Pb	Fc	Ni	Zn	Sb
Ⅰ	剑脊	84.38	11.62	3.73	0.03	0.15		0.08
	剑刃	74.42	24.15	1.17	0.03	0.10	0.02	0.12
Ⅱ	剑脊	85.20	14.38	0.20	0.07	0.11	0.02	0.03
	剑刃	77.09	22.12	0.48	0.06	0.22	0.05	
Ⅲ	剑脊	78.46	8.13	13.14	0.05	0.14	0.004	0.086
	剑刃	74.52	23.72	1.42	0.07	0.27		
Ⅳ	剑脊	88.18	11.44	0.16				
	剑刃	74.36	23.00	0.59	1.91	0.15		

4把青铜复合剑中剑刃为高锡成分，具有较高的硬度，在战斗中能具有更好的砍杀作用；剑脊为低锡成分，在铸造成形后又进行了高温下的退火热处理，使组织中的锡的分布更均匀，δ 脆性相减少，韧性提高，具有较高的拉力强度和延伸率，这种青铜复合剑刚柔相济，在使用中不易折断。

二、青铜器文物的腐蚀机理

青铜器腐蚀，是指青铜本体受到各种污染源的侵蚀，使铜体局部发生化学反应和电化学反应，Cu、Sn、Pb单质变成化合物，还原到矿化物的过程，引起金属的破坏或变质，生成了与原金属的化学成分和性质全然不同的另一种物质。

1. 小孔腐蚀现象

据现有研究表明，青铜病的产生与青铜器铸件本身的缺陷所产生的小孔腐蚀有一定的关系。由于青铜器是铜与锡或铅等元素按照一定比例熔铸而成的合金，三种金属的熔点及其他物理性质存在差别；其铸造工艺又经过制模—制范—浇铸—修整—打磨等工序。在浇注过程中，由于铜和锡具有不同的收缩率，便会形成较小的分布集中的缩孔，不易得到组织致密的铸件；浇注后，锡汗造成铸件内外成分不均匀，并在铸件内部造成许多小空洞。除此之外，铸造工艺本身也会产生小空洞和裂纹等缺陷。由于铸件的小孔、裂缝处容易结聚杂质，形成缺氧的区域，在这些区域的表面吸附作用和毛细作用下，更容易在小孔和缝隙中积聚水分，从而优先产生电化学腐蚀。

2. 碱式氯化铜粉状锈腐蚀机理

青铜器文物的腐蚀以电化学腐蚀为主，电化学腐蚀就是金属表面的水蒸气形成肉眼很难见到的水膜，潮湿空气中的O_2、CO_2、SO_2、HC1、NO_2、$C1_2$等气态物质能溶解于水膜中，使水膜成为电解质溶液，金属与电解质溶液作用界面间带有不同电荷，从而形成双电层，构成微电池的不同电极，电位较低的金属失去电子而被腐蚀。

青铜器文物的腐蚀物中以粉狀有害锈最为严重，在文物保护界，对碱式氯化铜粉状锈产生机理主要有三种观点：

（1）铜的电化学腐蚀机理：由于氯离子的存在，铜器上形成层状结构腐蚀，最终生成粉状锈，这种作用不断进行下去，使铜器酥粉脆化。

（2）点蚀性机理：由于合金成分铜、锡、铅分布不均匀，铜体内形成微电池反应，导致电化学腐蚀，这也需要含氯的离子环境。

（3）晶间腐蚀机理：由于青铜器内金相组织不同，每个相中锡的含量不同，合金铜中的电化学腐蚀受到相中含锡量多少的制约，锡含量较高的相电化学腐蚀容易产生，氯离子在粉状锈的生成过程中仍起着关键作用。

由此可见，碱式氯化铜粉状锈产生的基本条件是相同的，即氧化性气体、潮湿环境和水溶性氯化物。根据最新研究发现，氯离子并非仅存在于有害锈出现区域，氯离子也并非仅存在于某层，氯离子的含量贯穿于各个锈层。

三、青铜器文物的腐蚀产物

青铜器文物的腐蚀产物大致可分为有害锈和无害锈两大类。

（1）有害锈

青铜器的化学腐蚀或电化学腐蚀，先产生于小孔或缝隙中，由局部逐渐蔓延，严重时可导致光膜被破坏，腐蚀产物深入到铜体内部，器物体积膨胀，使铜体酥解，甚至造成器形严重改变和断裂。有害锈主要有 CuC1、$CuCl_2 \cdot 3Cu(OH)_2$ 和 $PbCO_3$、$Pb(HCO_3)_2$ 等，也称“粉状锈”。

（2）无害锈

青铜器的化学腐蚀所形成的某些矿化物，或单独生长，或交织在一起，锈蚀物不再深入青铜本体，如 Cu0、Cu_20、CuS、$CuC0_3.Cu(OH)_2$ 等，呈现出古朴典雅的色彩和质感，形成了古代青铜器独特的风貌，使得器物外表看起来色彩斑斓，古香古色，惹人喜爱。这些腐蚀矿化物，质地较为紧密，在青铜表面起到隔绝空气的作用，有的专家称其为无害锈，不必进行去锈处理，也有专家认为应该酌情处理。

四、三星堆青铜器蓝白色粉状锈腐蚀实例分析

三星堆遗址地处四川盆地，地下水源丰富，地面降水量大，遗址文化层处于湿度较大的半封闭环境中，在几千年埋藏中，青铜合金与含有微生物及腐殖质的粘土长期共处，由于各种原因，形成漆皮锈、土锈、蓝绿色锈等复杂的锈蚀状况；文物出土后，地面环境也是高温高湿，其中的无害或有害锈继续变质变态，进一步造成青铜器的损害。

1. 腐蚀外因

（1）埋葬土中动植物遗体含有的有机物质在降解过程中会分解成有机酸、二氧化硫、醛类等气体，在青铜器周围形成电化学腐蚀的“微环境”。当电化学腐蚀与生物腐蚀相互作用时，对青铜器的腐蚀相当严重。

（2）埋葬土中矿物成分为石英、伊利石、绿泥石、有机质等，Ca^{2+}、Mg^{2+}、H^+、HCO_3^- 含量较高，$C1^-$ 含量较少，主要腐蚀物不是碱式氯化铜。

（3）地面环境中酸雨时有发生，空气湿度大，一年中湿热天气比例较大。地面水的渗透作用较强，地面水是饱含氧气的水，地下环境处于富氧状态。

2. 锈蚀状况

青铜器出土时有些锈表层结成硬而亮的外壳，但固结不牢，用小刀轻刮就能使其脱落。在外壳层内发现锈蚀从外到内接触到青铜的本体，但只有单一结构，一种颜色，与中原地区出土的古代青铜器多层结构并不相同。刚出土时，锈蚀物并未发

生显著的色彩变化，化学性质似乎较为稳定。但青铜器表面也发现有蓝白色的粉状锈，经化学分析，其主要成分是白铅矿（$PbC0_3$78.6%）、蓝铜矿（$2CuC0_3 \cdot Cu(OH)_2$ 1.6%）、孔雀绿（$CuCO_3 \cdot Cu(OH)_2$ 8.8%）及少量 $CuS0_4$ 和 Ba、Al 氧化物，表明这批青铜器是一种 Cu、Pb 二元素锈蚀产物的混合物，其中以铅腐蚀物为主。

第二节　青铜器文物的保护

一、青铜器文物保护的技术处理原则

探讨保护腐蚀青铜器的有效途径，必须先确定对腐蚀青铜器做保护技术处理的原则，只有在严守原则的前提下进行的保护技术处理才是合理、可行的。多年的保护实践证实，必须遵循以下原则：

1. 保持原状是保护青铜器的基本要求

保持青铜器原状的实质是保护其历史价值、艺术价值和科学价值。青铜器的原状包括其造型、纹饰、色彩、工艺、材料等，所以在选择采用某种技术对腐蚀青铜器做技术处理时，首先要考虑不影响其原状，特别是青铜器外观色彩的变化，对明显改变青铜器腐蚀层色彩的任何方法均应谨慎采用，不可将青铜器处理得面目全非，特别是能显露器物上古代信息的内容，更应原貌保存。

2. 青铜器腐蚀物应选择性地清除和保留

数千年前遗存的青铜器，都不同程度地被腐蚀，其腐蚀物覆盖层是古艺术品的象征，故有些腐蚀应予保留，但对危害青铜器的氯化亚铜和碱式氯化铜等则需毫无保留地清除，根除氯化物对青铜器的危害是除锈技术的关键。

古代的青铜礼器、兵器、铜镜表面一船常呈现出黑漆古、绿漆古、水银沁、枣皮红等矿化腐蚀产物，如结构紧密、不再深入铜体内部，一般可以保留。

3. 慎重使用保护修复材料

在对腐蚀青铜器进行保护技术处理的过程中，包括去污、除锈、缓蚀、封护等工序，必然要使用某些化学药剂，对此必须慎重，药剂的使用量尽可能地降至最低限度。所用药剂必须符合以下要求：

（1）分子结构稳定，对铜、锡、铅本体材料无腐蚀作用。

（2）无色无嗅，不燃不爆。

（3）所用药剂具有可逆性。

（4）不易生虫、长霉。

（5）酸碱度适中。

4. 所用方法要经过试验

青铜文物的化学组成成分、结构、腐蚀情况各不相同，所采用的修复方法要有科学依据，事先要经过反复试验，确有把握后再进行修复。

二、青铜器文物保护原理及保护方法

我国青铜器文物出土数量极大，种类繁多，器物类别复杂，即使同一时期、同一地区出土的青铜器由于所含成分不同，其锈蚀程度也有很大差别。如秦兵马俑出土的青铜剑，剑刃锋利如初，光亮如新。但有些青铜器出土后仅短短几年，腐蚀剥落就极其严重，这就给文物保护工作者提出一个重要的任务，那就是在弄清青铜器文物的化学组成、锈蚀机理、锈蚀产物的情况下，采取科学有效的保护措施。

1. 除尘和清洗粘土污垢物

（1）除尘去垢

1）清水除尘去泥垢

尘土颗粒物中含有酸、碱、盐等物质，遇到潮气会腐蚀文物，可以先用毛笔或软毛刷拂去青铜器上的尘土。如果青铜器上粘有泥垢，也可用毛笔蘸蒸馏水软化干硬泥土，泥斑主要含粘土和杂质，是极性分子，水也是极性分子，根据相似相溶原理，两者异极互相吸引。清水除尘去泥垢效果较好，水洗后可用软质吸水纸吸除清洗下来的泥水。

2）醋酸去泥垢

用 8% ～ 10% 的醋酸作松土剂，软化铜器上的干硬泥土。醋酸既是缓蚀剂，又易挥发产生气体而起到松土作用。

（2）超声波法清洗粘土沉积物

青铜器由于长期埋于地下环境中，表面附有锈蚀产物和粘土矿物的混合物，粘土沉积物含有石英、高岭土等，并混杂绿色锈状物，既影响美观，又为长期保管留下隐患，必须清洗去除。

1）蒸馏水—超声波清洗

对于表面有钙、硅质沉积物的青铜器，可先在 50KHz 超声波清洗仪中用蒸馏水振荡清洗 5 分钟，取出晾干，再进行修复。

2）六偏磷酸钠溶液—超声波清洗

对于青铜器中有 Ca^{2+}、Mg^{2+}、Fe^{2+}、Ba^{2+} 等沉积物的还可采用六偏磷酸钠溶液中超声波振荡清洗。

六偏磷酸钠（$Na_2[Na_4(PO_3]_6$）是无色透明玻璃状粉末，在水溶液中徐徐水解后形成正磷酸盐，水解后有微弱的还原性，对 Ca^{2+}、Mg^{2+}、Fe^{2+}、Ba^{2+} 等的配合效果好，吸附于固体表面，充分发挥分散性的作用，有很好的洗涤效果。

$2Ca^{2+}+Na_2[Na_4(P0_3)_6] \rightarrow Na_2[Ca_2(P0_3)_6]+4Na^+$

（沉积钙）（配体）（钙的配合物）

一般用 1% ~ 2% 的六偏磷酸钠溶液清洗，在清洗时加入 0.5% 的十二烷基磺酸钠，这是一种阴离子型表面活性剂，它的加入可以提高溶解性、渗透性及分散性，加快清洗速度。

2. 除锈

除去腐蚀产物有许多方法，如机械去锈法、还原去锈法、化学试剂去锈法、置换去除氯离子法等，其中有些方法去锈后文物的外观改变了，失去原来的特征。故必须选用对严重粉状锈去除有效、处理后对青铜器的颜色质感无明显影响的方法。因此，对不同青铜器除粉状锈时必须谨慎地选择不同的方法。

（1）双氧水溶液氧化去锈

为彻底清除器物上深浅不同的粉状锈和氯离子，可用 10% 的 H_2O_2 反复涂刷，使锈蚀产物中的氟离子氧化成氯气而除去。

$$2C1^-+2H_2O_2 \rightarrow Cl_2\uparrow +O_2+H_2O+2e$$

H_2O_2 在有金属离子存在下，会很快全部分解，对器物不会有任何影响，处理时间较短，去氯较彻底。

（2）倍半碳酸钠溶液去锈

将纯的碳酸钠（Na_2C0_3）与碳酸氢钠（$NaHC0_3$）以等摩尔数混合后，溶解于蒸馏水中，一般配制成 5% 的溶液。浸泡处理前，先用针剔刀刮的方法将表面粉状锈去除，并用氨水刷洗干净。

在溶液中，Na_2C0_3 水解呈碱性：

$$CO_3^{2-}+H_20 \rightarrow HCO_3^-+OH^-$$

在倍半碳酸钠浸泡液中，存在下列平衡：

$$CuC1（固）\rightarrow Cu^++C1^-$$

$$2Cu^+ \rightarrow Cu+Cu^{2+}$$

$$Cu^{2+}+CO_3^{2-} \rightarrow CnC0_3（固）\downarrow$$

对于大件青铜器来讲，浸泡法处理费用较为昂贵，可以采用脱脂棉蘸 5% 倍半碳酸钠溶液或用 5% 倍半碳酸钠溶液浸渍过的纸浆敷到有“青铜病”的地方。这种方法很平稳，但费时很长，有时需 1 ~ 2 年时间才完成一件器物的去锈。此外，由于将 CuCl 转化成 $CuCO_3$，加之其他一些铜盐也转化成难溶的 $CuCO_3$，使处理后的器物色调较处理前加深加绿。

（3）柠檬酸和硫脲混合溶液去锈

柠檬酸属有机酸，为无色晶体，用 5% 硫脲和 5% 的柠檬酸混合溶液涂刷锈蚀处，柠檬酸可与锈蚀物中二价铜形成稳定的配合物，硫脲对一价铜的配合能力较强，混合使用效果好。在含有碱式氯化铜的腐蚀产物中，要使氯离子顺利地通过腐蚀层向外扩散，就借助硫脲与比它疏松性差得多的 Cu_2O 的反应而溶解，使氯离子释放出来，对需显示表面铭文和花纹的青铜器效果很好。

（4）氨水溶液去锈

将 14% 的氨水溶液用软毛笔刷于青铜器的锈层上，让其充分反应，铜锈因和氨水反应形成深蓝色铜氨络合物溶液。

$$CuCl_2+4NH_3 \cdot H_2O \rightarrow Cu(NH_3)_4Cl+4H_2O$$

$$CuCl+2NH_3 \cdot H_2O \rightarrow Cu(NH_3)_2Cl+2H_2O$$

此法除锈经济、安全、快速，特别不伤害铭文及精致的花纹，除锈后的器物，表面有一层红色的 Cu_2O 膜，较稳定，清洗效果较好，花纹、图案十分清楚。

（5）乙腈水溶液去锈

用 50% 的乙腈水溶液去除氯化亚铜效果非常好。此法速度快，去氯离子多，是从腐蚀产物中去除氯化亚铜的最好办法，但浸泡时需要良好的通风环境和密闭措施。

$$CuCl+4CH_3CN \rightarrow Cu(CH_3CN)_4^{+}+Cl^{-}$$

（乙腈）

（6）Zn 粉—5%NaOH 溶液去除铭文周围的铜锈

锌粉是一种很好的还原剂，当锌粉与 $CuCl_2$、CuCl 混合一段时间后，锈蚀中的 Cl^- 与锌粉反应生成 $ZnCl_2$，还能生成 Cu_2O 保护膜。无论在干燥或潮湿环境中均可发生反应，同时生成的 $Zn(OH)_2$ 又是一种胶状物质，也能够起到封护作用。

有的青铜器上有铭文，但铭文被铜锈所掩盖，要使铭文显现出来，用以上方法，操作简便，除锈速度快，如青铜器处在一个相对湿度较高的环境里，锌粉除有害锈更为有效彻底。

（7）复合法清洗除锈实例

对于锈蚀较为严重的大型青铜器，往往单用一种方法保护处理效果不好，需要几种方法复合使用，才能得到满意的效果。

1）甘肃灵台出土的西周铜鼎，高 22.6cm，口径 18.6cm。先用六偏磷酸钠溶液一超声波清洗，再用苯骈三氮唑（BTA）浸渗，最后用锌粉 -NaOH 溶液洗去铭文周围的铜锈。

2）汉代出土的铜镜，直径 18.5cm，厚 0.6cm。先用蒸馏水一超声波清洗，再用机械除锈与锌粉转化，再用倍半碳酸钠溶液一超声波清洗，最后用 BTA 浸渗封护。

3. 封护和缓蚀

有关研究表明，古人在秦俑坑出土的铜剑、铜镞等青铜器的表面用铬酸盐进行了处理，生成一层浅灰色的保护膜，其厚度约为 l0μm，含铬量约 2%，从而使这些青铜兵器地下深埋 2200 多年出土后仍然光亮如初，这无疑是金属防锈古老工艺中的奇葩，可惜这门技艺在汉代以后失传。在西方，这是近代才出现的一种先进的工艺，叫“金属钝化技术”，它是利用含铬化合物（铬酸、铬酸盐或重铬酸盐）等强氧化剂使金属表面形成一层具有很高抗腐蚀能力的 CrO 保护膜，这种技术在德国最早发明于 1937 年，而美国直到 1950 年才发明，并先后列为专利，而我国远在秦始皇时代，就已创造出类似的工艺，这确实是世界冶金史上的奇迹。

但是，绝大多数的青铜器出土时都染上青铜病，如果诱蚀区面积小，一般可采用一些特殊的化学试剂使其表面形成一层保护膜，阻止铜体的进一步腐蚀，此法可称为“封护”，其中有些方法只封护不除锈，有些方法既封护又除锈，应该采用后一种更为有效。

（1）氧化银局部封护法

当青铜器有害锈尚未蔓延开来时，可将有害锈剔除干净，并在露出新鲜青铜基体前提下，让 Ag_2O 和 CuCl 充分作用成膜，达到封护目的。

$Ag_2O+2CuCl \rightarrow 2AgCl+Cu_2O$

把氧化银粉状物用乙醇调成糊状，仔细擦入孔穴内，效果较好，此法可重复操作。

用 Ag_2O 保护处理的斑点，外观呈棕褐色，与青铜器的其他铜锈也能和谐一致。但此法不宜处理大面积有害锈。

（2）苯骈三氮唑（BTA）—乙醇溶液封护法

苯骈三氮唑是铜的优良缓蚀剂简称 BTA，为白色结晶粉末，能溶于乙醇等有机溶剂，其结构式为：

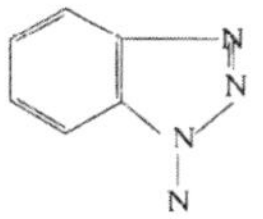

BTA 可与铜及铜合金形成不溶于水及部分有机溶剂的透明覆盖膜，生成的膜比较牢固，很像高聚物的线状结构形式，能有效地阻断各种腐蚀介质与铜体的接触，使器物得到保护。根据红外光谱及其他方法测得其结构为：

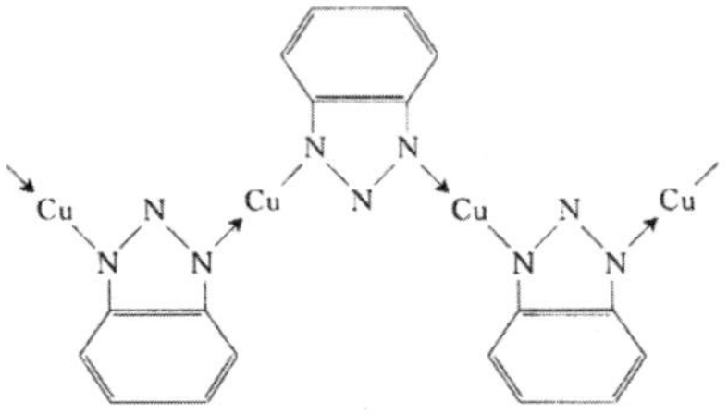

在全面去除铜锈、污垢和油脂的前提下，将器物浸于浓度为 3% ~ 5% 的 BTA 酒精溶液中 24 小时；然后用酒精棉签清洗擦干器物表面，以去除留在器表的 BTA。此法可重复操作，直至不见腐蚀产生为止。

（3）BTA—Na_2Mo0_4—$NaHC0_3$ 复合配方封护法

在缓蚀剂的使用中，复合缓蚀剂往往比单独使用其中任何一种缓蚀剂效果要好得多，这种发挥各成分作用的效应称为缓蚀剂的“协同”效应。采用 0.5%BTA+0.5mol/LNa_2MoO_4+5%$NaHCO_3$ 的复合配方有较好的缓蚀效果。钼酸钠溶液会使金属的钝化膜抵御氯离子的能力提高，并降低某些金属点腐蚀小孔中氯离子的富集作用，随钼酸钠浓度的增加作用会越明显。

（4）AMT 保护法

AMT 是五元杂环化合物，分子式为 $C_2H_3N_3S_2$，常温下为浅黄色针状晶体，水溶液呈微酸性，能与多种金属离子形成微溶盐。利用 AMT 处理青铜器表面，与铜锈中 CU^+、Cu^{2+} 形成络合物而结膜，以多层吸附的方式覆盖在青铜表面，层与层之间交叉排列，使保护膜非常致密，保护膜是由线性单元结构组成，每个小单元由 3 ~ 5 个五元杂环化合物构成。据有关研究，膜中含 N、S、C、O、Cu，不含 C1，说明 AMT 能够完全除去粉状锈，膜下的花纹和铭文依然清晰可见，青铜器文物的颜色基本不变。

第七章　陶瓷器文物保护技术的应用

第一节　中国古代陶瓷器原料

一、粘土

1. 粘土的主要化学成分

较纯的粘土原料中，各含有一种主要的、具有一定化学组成和结晶结构的矿物，称之为粘土矿物。如：高岭土以高岭石为主要粘土矿物，瓷石、叙永土、膨润土、叶蜡石分别以伊利石、多水高岭石、蒙脱石、叶腊石为主要粘土矿物。粘土矿物的主体化学成分是 SiO_2、Al_2O_3 和水。粘土除含有粘土矿物外，在自然界形成过程中还混有一定量的杂质。常见的杂质有铁的氧化物或含铁矿物，以及含钙、镁、钛的矿物和长石与石英等风化后的残留物。

2. 粘土的主要矿物类型

（1）高岭石类

属于这一类的有高岭石、珍珠陶土、迪开石和多水高岭石 . 主要由它们构成的粘上称为高岭土，如我国著名的苏州高岭土、湖南界牌高岭土以及四川叙永多水尚岭土等。

高岭石品体呈极细的六角形鳞片状，晶片往往互相重叠，晶片厚 0.05μm, 平均直径 0.7μm 面间角 106 ~ 140° 。

高岭土的矿物实验式为 $A1_2O_3 \cdot 2SiO_2 \cdot 2H_2O$, 其化学成分的理论组成为 $A1_2O$ 占 39.50%，SiO_2 占 46.54%，H_2O 占 13.96%；实际情况视所含杂质多少而有所不同。高岭土一般质地较纯，结晶结构比较完整，可塑性适中，是瓷器制造中最常用的原料。

（2）蒙脱石类

属于这一类的有蒙脱石、拜来石等，主要由它们构成的粘土称为膨润土，如福建连城、东北黑山所产膨润土等。

蒙脱石的晶体朵细鳞片状，但结晶程度较差，轮廓不清楚。有的晶体局部清楚，有的则呈模糊的变长了的片状。

膨润土的硬度接近于1，性柔软，阳离子交换能力强，吸附能力大。尤为突出的是吸水性强，吸水后体积可膨大5 ~ 16倍，乃至30倍。在陶瓷生产中，主要用作增塑剂。

（3）伊利石类

属于这一类的有水白云母、绢云母等。它们单独构成粘土的极少，多数是包含在其他粘土中。以伊利石为主的粘土主要是水云母质粘土或绢云母质粘土，如我国江西、安徽等省所产瓷石中包括此类粘土。

伊利石的矿物实验式为［$K_2O \cdot 3A1_2 0_3 \cdot 6Si0_2 \cdot 2H_2 0$］$\cdot nH_2C$），这一类蕗粘土生成过程中的中间产物，多数为云母矿物水解后生成的。其成分及结构介于云母与高岭石或云母与蒙脱石之间，成分、结构都很复杂。云母本身不是粘土矿物，但水解之后的水化云母具有粘土性质。其晶体呈厚度不等的鳞片状，有时带有劈裂与析断的痕迹。

（4）水铝英石类

这一类粘土矿物不常见，往往少量包含在典他粘土中，呈无定形态存在；水铝英石的矿物实验式为$A1_2 0_3 \cdot nSiO_2 \cdot nH_2O$,n-1或n > 1,它的存在可以提高粘上的可塑性与结合性。

（5）叶腊石类

叶腊石不属于粘土矿物，因其某些性质近于粘土，而划归粘土之列。其矿物实验式为［$A1_2O_3 \cdot 4SiO_2 \cdot H_2O$］，理论组成为：$A1_2O_3$占28.30%，$SiO_2$占6.70%,$H_2O$占5.00%。

在陶瓷生产中，粘土原料是可塑性原料，因为尽管不同的粘土原料各柯不同的化学组成和矿物类型,但它们都有一些共同的特征,如粉碎后与水梭和能产生可塑性，成型的生坯在干燥后有足够的强度即结合性，烧成后能转变成坚实的岩石般物质。这些重要特性成为陶瓷器成型和烧成的工艺基础。

二、石英

1. 石英的主要类型及化学成分

石英在自然界中分布很广，部分以硅酸盐化合物状态存在，构成各种矿物岩石，另一部分则以独立状态存在成为单独的矿物实体。在自然界中，石英的存在形式多种多样，主要类型有水晶、脉石英、石英岩、隐晶质石英以及蛋白石（$SiO_2 \cdot nH_2O$）和硅藻土（含水SiO_2）等，陶瓷生产中使用的一般为脉石英或石英岩，其

SiO_2 的含量都在 97% 以上。

石英的主体化学成分是 SiO_2，此外，还常含少最杂质成分，如 Al_2O_3,、Fe_2O、CaO、MgO、TiO_2 等。

2. 石英的晶体构造

β—石英在自然界最常见，它属三方晶系，通常为由六方柱和菱面体等组成的聚形，有时出现三方双锥和三方偏方面体。其柱面常具有横纹，并随着形成时的温度和过程和程度的不同，晶体习性也发生变化，如图 7–1 所示。α—石英的晶体形状如图 7–2 所示。

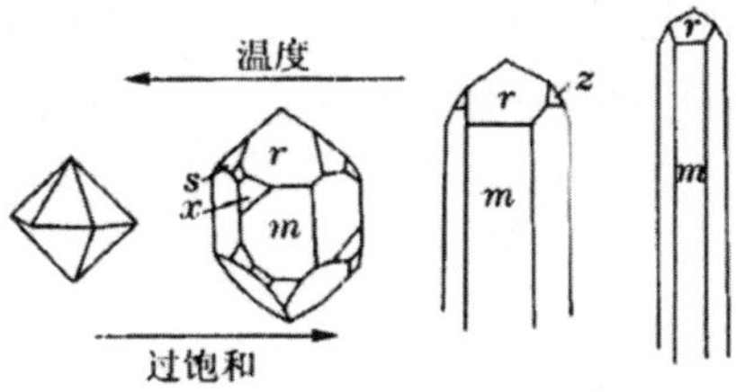

图 7–1 β—石英的晶形

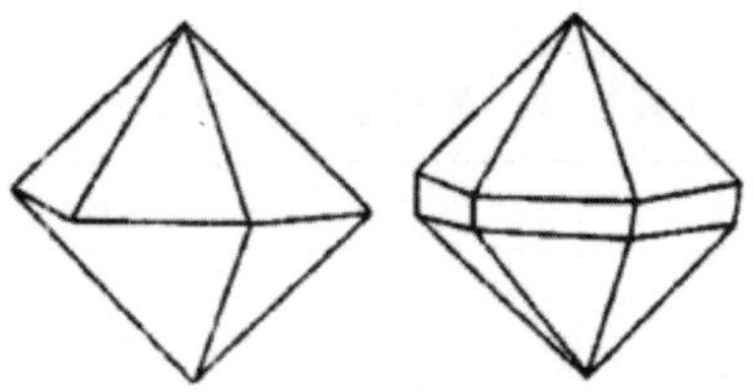

图 7–2 α—石英的晶形

SiO_2 的晶体构造为 Si 与 O 组成四面体 $[SiO_4]^{4-}$，如图 7–3。石英是由 $[SiO_4]^{4-}$，互相以顶点连接而成的三维空间架状结构，并在空间扩展。由于是以共价键连接，且连接又很紧密・空隙很少，其他离子不易侵入，致使晶体纯净、硬度与强度高、熔融温度也高（1713℃）。在四面体连接而成的三锥空间架状结构的扩展中，每一个硅离子被位于四面体角顶的四个氧离子所包围，而每一个氧离子则与两个硅离子相连接，如图 7–4 所示。$[SiO_4]^{4-}$ 在空间上的连接形式存在不同，石英就表现出一系列同质多象变化。

图 7–3　硅氧四面体

图 7–4　β—石英晶体的构造

石英是瘠性原料。石英原料在陶瓷生产中的作用表现在：由于石英岩粉碎后与水掺和时不具有可塑性，因此可作为常温下坯料可塑性的调整剂；又由于石英在高温中具有适当的膨胀性，可以补偿坯体的收缩，减少变形，提高坯体的机械强度。

三、长石

1. 长石的分类

长石是一族矿物的总称，约占地壳总重量的 50%，呈架状硅酸盐结构。按化学组成说，长石族矿物是一种碱金属（钾、钠）或碱土金属（钙、锁）的无水铝硅酸盐。其分类情况可见表 7–1。

表 7–1　长石族矿物分类表

矿物名称	化学成分	符号	熔解范围（℃）	熔解特征
钾长石	$K[AlSi_3O_8]$	Or	1130 ~ 1450	宽
钠长石	$Na[AlSi_3O_8]$	Ab	1100 ~ 1200	窄
钙长石	$Ca[Al_2Si_2O_8]$	An	1250 ~ 1550	宽
锁长石	$Ba[Al_2Si_2O_8]$	Cn	1715	很窄

由于存在着钠长石与钾长石、钠长石与钙长石均可以互熔的情况，所以长石多以几种长石互溶物形式存在于地壳中，其最重要的矿物有以下两类：

（1）正长石

正长石是指解理面交角为 90° 的长石，属单斜晶系，成分上为钾长石或钾钠长石。若解理角稍小于 90° 的称为微斜长石，属三斜晶系。

（2）斜长石

斜长石是钠长石与钙长石的互溶物，钠（钙）长石若在 10% 以上，即为斜长石。

2. 长石的化学成分

长石的化学成分依其种类不同，主要成分为 SiO_2、Al_2O_3、K_2O、Na_2O、CaO、BaO，还含有少量其他杂质。各种长石的理论组成如表 7–2 所示。

表 7–2 各种长石的理论化学成分组成（%）

名称 成分	SiO_2	Al_2O_3	K_2O	CaO	Na_2O	BaO
钾长石	64.7	18.4	16.9	–	–	–
钠长石	68.6	19.	–	–	11.8	–
钙长石	43.0	36.9	–	20.1	–	–
钡长石	32.0	27.1	–	–	–	40.9

在实际生产中使用的长石原料的成分要稍复杂一些，但与粘土原料相比，其所含杂质成分要少一些。

3. 长石的晶体结构

正长石属单斜晶系，常呈短柱状、厚板状，主要为由斜方柱 {110}、平行双面 {010}、{001} 等单形组成的聚形，如图 7–5 所示。正长石的低温变种冰长石 {110} 柱面发育，双面 {010} 面很窄，具有菱形断面，如图 7–6 所示。正长石最为常见的有卡斯巴双晶，还有曼尼巴双晶及巴温诺双晶［分别见图 7–7（a）、（b）、（c）］。

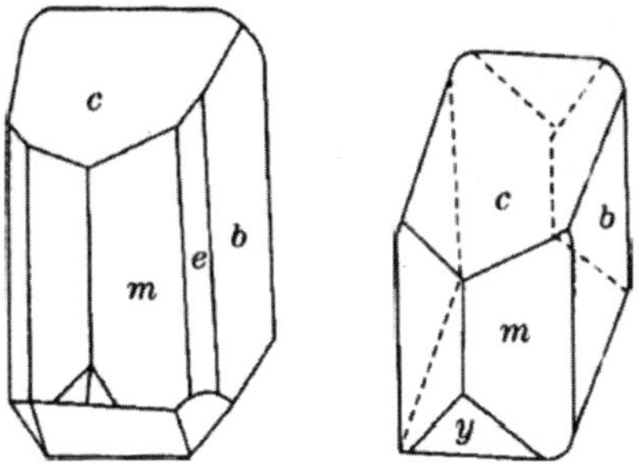

图 7–5 正长石晶形

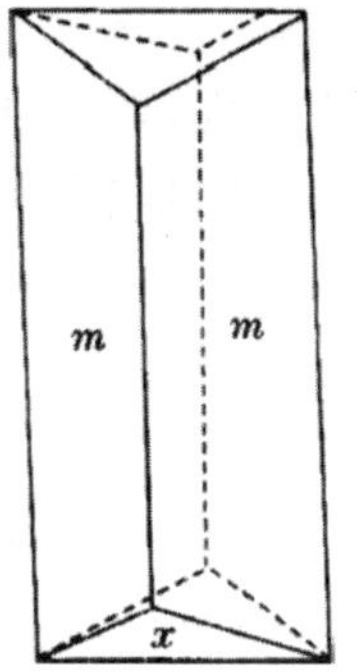

图 7–6 冰长石晶体

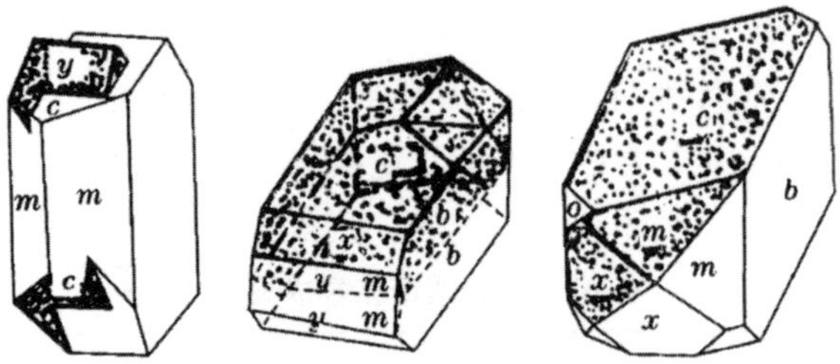

(a) (b) (c)

图 7–7 长石双晶体

斜长石属三斜晶系，晶体常呈板状、厚板状。斜长石的双晶极为发育，有简单双晶和聚片双晶两种，其中以聚片双晶最为常见。

长石在陶瓷生产中主要是作为熔剂原料，这是因为长石在 1160℃高温条件下，能分解熔融成粘稠的液态物质，可填充在陶瓷坯体的空隙中以增进坯体的致密性，提高透光度。长石的熔融物还能溶解石英及粘土原料，促进莫来石的形成，使陶瓷产品获得较高的机械强度。用作瓷器生产的长石通常为钾长石，这种长石结晶明晰，易于坼裂，比重为 2.56 ~ 2.59，硬度 6 ~ 6.5，断口呈玻璃光泽。

长石的熔融反应，以钾长石为例，从 1130℃开始熔融，1220℃时分解，生成白榴石与 SiO_2 熔体，成为玻璃态粘稠物，其化学反应式如下：

$$K_2O \cdot Al_2O_3 \cdot 6SiO_2 \rightarrow K_20 \cdot A1_20_3 \cdot 4SiO_2+2SiO_2$$

白榴石

生产陶瓷器，就是将上述这些原料进行配方和制备，作陶瓷器成型的坯料和釉料。当然，如前所述，中国古代陶瓷器生产原料复杂，不同历史时期、不同窑系所用原料存在较大差异。根据现有研究，新石器时代早期的陶器所用原料具有随意性和原始性，人们只是用其居住区周围的泥土作制陶原料，它们都含有大小不等的砂粒，其中大者可达 8 毫米左右；如南庄头陶片、仙人洞陶片、甑皮岩陶片、青塘陶片的分析都显示了这种特征。到了新石器时代中、晚期，虽然还是就地取土，但在一定范围内是选择那些易于成型、干燥收缩和烧成收缩都较小的易熔粘土作为制陶原料，可谓就地选土；当所用粘土还不能满足上述要求时，就会在粘土中加入诸如炭化后的草木碎叶和谷类的碎壳、锻烧后的贝壳和各种砂粒，亦即考古界所谓的“羼和料”。自此以后，原料的选择、精制和配方工艺随经验的日益积累而不断取得进步，如逐渐认识到原料的粉碎和淘洗的作用，提高了原料的纯度和工艺性能；在北方从易熔粘土配方发展到高岭土和长石盼配方，在南方则从易熔粘土配方经过瓷石质粘土配方到瓷石加高岭土的配方等等。最终，陶瓷原料主要表面在地域的差异上：

在南方，如浙江、江西、福建以及安徽南部都盛产瓷石，各地所产瓷石的化学成分相差不大，主要由石英和絹云母等矿物组成，是一种含 SiO_2 较高和 Al_2O_3 较低的，并有一定量的熔剂的制瓷原料，用此制成的瓷属高硅质瓷。在北方，如河南、河北、陕西和山西等地所产的制瓷原料，多为二次沉积粘土，其中纯者的化学组成接近纯高岭土；不纯者则含或多或少的石英、云母、碳酸盐矿物和铁、钛等杂质。但它们都是含 Al_2O_3 较高和 SiO_2 较低，并含有一定 CaO 的制瓷原料，用此粘土原料制成的瓷器都属高铝质瓷。

第二节　中国古代陶瓷器的化学组成与结构

一、陶器的化学组成与结构

陶器一般由普通泥土制成，烧成温度较低（一般不超过 1000℃），烧成品的器体胎质疏松、吸水率高，器体外一般不施釉或施低温釉。

1. 新石器时代早期陶器的化学组成与结构

现出土有新石器时代早期陶器的遗址主要有河北徐水县南庄头、江西万年县仙人洞 .、广东英德县青塘、广西桂林甑皮岩，以及稍晚于此的河南新郑县裴李岗、河北武安县磁山、浙江余姚县河姆渡和桐乡县罗家角等。前者出土陶器都是夹有大小不等的砂粒的粗砂陶，后者有夹砂陶、泥质陶和夹炭陶等。

可见，陶器中 SiO_2 的含量在 54% ~ 75% 之间变化，一般砂质陶 SiO_2 含量高于泥质陶。但也有例外，如序号为 1 的徐水南庄头夹砂陶的 SiO_2 含量只有 54.25%，其原因在于其所含粗砂粒不是 a—石英，曲是大量的角闪这也同时说明了何以它的 CaO 和 MgO 含量很高，特别是 MgO 的含量高达 11.97%，因为角闪石中含有大量 MgO。$A1_20_3$、的含量则在 5.92W ~ 26.03% 之间变化，这一很大的变化说明了早明陶器的化学组成的分散性和所用原料的多样性。

在结构上，早期陶器除都含有一定量的 a、石英外，还含有其他矿物，如除水南庄头陶片即含有大量的大颗粒的角闪石和蛭石，其大者可长达 4mm。

2. 印纹硬陶的化学组成与结构

可见，在总体上 , 印纹硬陶的分散性很大。如 SiO_2 的含量从 58.12% 增加到 80.77%；$A1_20_3$、的含量则从 11.92% 增加到 29.86%；RsO2 的含鐘则从 9.27% 增加到 15.99%, 说明了印纹硬陶所用的原料的多样性。

二、瓷器的化学组成与结构

瓷器，是指以瓷土等为制胎原料，胎表施釉，经高温（一般1200℃以上）焙烧，烧成品胎质致密、吸水率低或不吸水的器物。瓷与陶的主要差别在于：外观上，坚实致密，断面有玻璃态光泽，薄层微透光；性能上，具有较高的强度，气孔率和吸水率都非常小；显微结构上，含有较多的玻璃态和一定量的莫来石晶体。

1. 越窑青釉瓷胎的化学组成与结构

根据现有考古资料，越窑剖建于东汉，鼎盛于唐、五代，衰落于宋，历时近千年。越窑分布在浙江东北部杭州湾南岸绍兴、上虞、余姚、慈溪至宁波、鄞县一带的广大地区，其瓷器的化学组成与结构基本上代表了我国南方的情况。

据有关的数据显示，绍兴、上虞、慈溪（上林湖）三地越窑的青釉资胎的化学绀成均接近。SiO_2 的含量介于 72.55% ~ 80.65% 之间；与此相应，$A1_20_3$ 的含量则在 18.87% ~ 12.61% 之间；熔剂总祕则在 6.71% ~ 之间变化，其中，Fe_2O_3 和 TiO_2 含量多数分别在 2% 和 1% 左右波动。总体上看，都是一种高 SiO_2、低 $A1_20_3$ 和含有一定量的 Fe_2O_3 及 TiO_2 的瓷胎。这样的化学成分组成主要足因为它所用的原料是瓷石，而瓷石中主要有石英、绢云母以及少量长石和高岭石类矿物。这些矿物反映在化学组成上就是高 SiO_2、低 $A1_20_3$ 和一定量的 K_2O、Na_2O，以及少量的 CaO，MgO,Fe_2O_3 和 TiO_2 等杂质。

2. 邢窑白釉瓷胎的化学组成与结构

邢窑白釉瓷是我国北方瓷器的代表，其化学组成亦能反映北方瓷器的化学组成情况。

据有关数据可以得出，总体上邢窑瓷胎化学组成变化较大，主要是 $A1_20_3$ 和 R_sO_y、含量变化较大，$A1_20_3$ 含量在 25% ~ 35%之间变化，R_sO_y 则变现为有的是 RO（CaO+MgO）高，如序号为 2 的瓷片，RO 含量竟高达 15.50%。有的是 R_2O（K_2O 高，如序号为 7 的瓷片 R_2O 含量高达 8.87%、其主要原因是所用原料变化大。但与表 3.12 所显示的越窑青釉瓷胎相比，SiO_2 含量明显较低，$A1_20_3$ 含量较高，Fe_2O_3 和 TiO_2，的含量也低了很多。其原目在干我国北方盛产优质高岭上原料，并在配方中使用了长石，从而形成了高铝的高岭石—石英—长石质瓷。

3. 景德镇白釉瓷胎的化学组成与结构

景德镇被誉为“中国瓷都”。景德镇窑不仅能集各窑之大成，仿制各种古代名瓷，而且能创造出许多前所来有的新品种瓷，影响极为深远，在中国陶瓷史上占有极其重要的地位。其瓷器的化学组成兼具南北方瓷器的特征。

据相关的数据较为清楚地显示了随着时间的推移，景德镇白釉瓷胎化学组成的变化规律。若选取瓷胎中 R_xO_y 含量（熔剂总含量）基本在同一水平的 7 号宋代青白釉瓷、9 号元代枢府白釉瓷及 14 号清代康熙白釉瓷为例，它们的 SiO_2 含量依次从 77.79%，72.14% 降低到 65.09%，差不多降低了 13%；而 $A1_2O_3$ 的含量则依次从 16.16%，20.50% 增加到 26.72%，差不多增加了 11%。$A1_2O_3$ 含量的增加可以提高瓷器的烧成温度，增强烧成时的强度。之所以有这样的变化规律，主要原因是原来的制瓷器原料为瓷石，后来逐渐增加高岭土的含量所致。 但它又与北方邢窑的高岭石—石英—长石质瓷不同，它是高岭石—石英—水云母质瓷。

至清代，瓷胎的结构中的可以看到发育较好的莫来石针晶，石英的含量已大大减少，且残留的石英的大小和形状也变得细小浑圆而少棱角；玻璃相增多。

4. 瓷釉的化学组成与结构

根据观有资料，原始瓷釉远在 3000 多年前的商代就已经出现，它是—种具有透明、光亮、不吸水的高温玻璃釉；釉在我国的形成和发展大致经历了四个阶段：商前时期是釉的孕育阶段，商、周时期是釉的形成阶段，汉、晋、隋、唐、五代时期是釉的成熟阶段，宋代到清代是釉的发展阶段。

中国瓷釉历来是 RO, 主要是 CaO 起主要助熔作用。如原始瓷釉和越窑青瓷釉都是以 CaO 为主要熔剂，它一般来自石灰石或草木灰，故称之为石灰釉或钙釉。在后来的历史发展中，釉中 RO 的含量逐渐减少，而 R_2O 含量增加（特别是随着长石原料的加入），甚至釉中 R_2O 的含量反而超过 RO 的含量而起主要的助熔作用，这种釉又称钙碱釉或碱钙釉。也有人在计算历代瓷釉和草木灰的釉式的基础上，提出用 RO 分子数大于 0.76.0.5 ~ 0.76 和大于 0.5 三个范围分别作为钙釉、钙碱釉和碱钙釉的划分标准。

以上所述是 CaO（MgO）—K_2（（Na_2O）—Al_2O_3—SiO_2 系的高温釉，也是我国广泛使用的一种釉。此外，我国也还有以 PbO 为主要熔剂的 PbO—Al_2O_3—SiO_2 系的低温釉，一般称之为铅釉。尽管其使用的广泛性不及高温釉，何亦是我国瓷釉的一个重要品种，其中最有特色的是唐代以 CuO、Fe_2O_3 和 CoO 着色的绿、黄、蓝色的低温铅釉，即享誉中外的唐三彩。

据有关的数据可以清楚看到景德镇白釉瓷釉的化学组成及其随时代发展而发生的变化。主要是 CaO 的含量越来越少，从五代和宋代的 15% 降到元明清时期的 5% 左右；MgO 的含量一般都小于 1%。随 CaO 含量的减少，K_20 和 Na_20 的含量则随之增加。五代和宋代的瓷釉中的主要熔剂是 CaO, 为钙釉；至元、明时期，釉中 K_20 及 Na_20 已和 CaO 共同起到熔剂作用，有时甚至超过 CaO 的作用，应为钙碱釉和喊钙釉。

据现有研究，在显微结构上，景德镇白釉瓷釉从宋代的透明玻璃釉发展到元明清时期形成了含有一定异相的不同程度的乳浊釉。

第三节　陶瓷器文物的保护

一、陶瓷文物的损坏

1. 陶器文物的损坏

陶器文物的烧制温度较低，大多在 700 ~ 1000℃之间，在此温度下，石英、长石只是熔融，粘土中的有机质被氧化，生成二氧化碳气体逸出，因此，烧成后陶器的结构不致密，孔隙度较大，一般在 15% ~ 35% 之间；吸水性强，疏松，易破碎。一般情况下陶器比较稳定，具有良好的耐候性能，以及一定的机械强度和耐水性。但长期埋葬于地下的陶器文物由于受到地下水的不断侵蚀和盐的结晶与溶解的交替变化影响，陶器文物自身的抵抗力减弱；出土后的陶器文物，由于暴露在空气中，原有温、湿度的平衡被打破，再加上日晒、雨淋、大气污染、霉菌及震动等多种因素的影响．都何可能遭到损坏。具体地说，常见的陶器文物损坏主要有以下几类：

（1）可溶性盐类损坏

长期埋葬在地下的陶器文物，由于地下环境一般呈潮湿状态，地下水中含有大量的可溶性盐类，如碳酸盐、硫酸盐、卤化物等，这些可溶性欲类随地下水浸入到多孔的陶器内部并积聚起来，因此器物含盐分很高，如时肃洒泉出土的黑彩陶罐，利用 X 射线衍射测定其黑彩成分时，NaCl 的衍射峰强度很大，掩蔽了 Fe_2O_3, 的衍射峰。这些可溶性盐类浸入到陶器中，会出现两种情况：①与陶器中的金属矿物质发生置换反应，改变陶器的内部组成结构，引发陶器的劣化。②这些渗入并积聚在陶器孔隙中的可溶性盐类的溶解度会随环境温、湿度的变化而变化，当环境中湿度增大时，陶器的水分含量升高，使得陶器中的可溶性盐类溶解；当环境温度升高时，随着陶器中水分的蒸发，可溶性盐类就会在陶器内部、外层或颜料层中结晶，造成体积膨胀，对孔隙四壁的压力增强，溶解后，这种膨胀压力又随之消失。这种现象，即可溶性盐类的溶解—结晶—再溶解—再结晶现象会随着环境温、湿度的改变反复不断地出现，其后果就是不断结晶产生的膨胀作用使本来就不大坚实的陶器变得更加疏松和脆弱，稍遇外力就会很容易破碎，尤其畏孔隙度较高的夹砂陶，更易损坏，这也是出土陶器完整器物很少的主要原因。可溶性盐类是陶器文物最主要的病害。

（2）难溶性盐类损坏

陶胎中钙、镁、铁等金属阳离子溶出后，会与地下水中的碳酸根离子、硫酸根离子、氢氧根离子、硅酸根离子、磷酸根离子等阴离子反应而往往在陶器表面形成一层坚硬的垢层。其反应的离子方程式为：

$$Ca^{2+}+CO_3^{2-} \rightarrow CaCO_3\downarrow$$

$$Mg^{2+}+CO_3^{2-} \rightarrow MgCO_3\downarrow$$

$$Ca^{2+}+SO_4^{2-} \rightarrow CaSO_4\downarrow$$

$$Fe^{2+}+2OH^{-} \rightarrow Fe(OH)_2\downarrow$$

$$Ca^{2+}+SiO_3^{2} \rightarrow CaSiO_3\downarrow$$

$$3Ca^{2+}+2PO_4 \rightarrow Ca_3(PO_4)_2\downarrow$$

这一类难溶物仅在陶器及面形成一层坚硬的覆盖层，与陶器本体的结合力并不太强，对陶器本身的强度影响不大，但它易形成块状脱落而损伤陶器，尤其对彩陶影响更大，因为彩陶的颜料主要是 Fe_20_3、Fe_30_4 及 $Mn0_2$ 等矿物质，它们耐强酸、强碱性能都较差，与盐之间有一定的结合力，坚硬的外壳脱落以后，势必造成彩陶图案的破坏。

（3）温度、湿度变化造成的损坏

除前述温、湿度的改变致使可溶性盐类对陶器造成损坏外，出土后暴露在空气中的陶器文物由于原有的温、湿度平衡被破坏，温、湿度变化造成的损坏更大，如：若温度低于0℃，陶器中的水分就会结冰，水由液态变成固态时，其体积膨胀8%，由此而产生的膨胀力大约为 $6\times10^3kg/cm^2$；当温度高于0℃时，冰又融化成水，这个力随之消失，如此反复作用，陶器质地就会变得疏松，甚至出现裂隙。若是处于高温的夏季，气候干燥，空气湿度小，陶器中水份挥发速度加快，也易使陶器出现裂隙。若遇梅雨季节，温度高、湿度大，霉菌的繁殖速度和各种化学反应速度加快，同样会对陶器造成损害。

（4）空气污染造成的损坏

自20世纪六七十年代以来，主要由工业生产而导致的环境污染日趋严重，空气污染是其中的一个重要方面，主要表现在大气中二氧化硫、二氧化碳、硫化氢、氯化氢等有害气体的浓度逐渐增高，尘埃日益增多。对于那些出土后存放在潮湿环境以及空气污染较为严重的地方的陶器文物，当富含很多酸性废气、盐类、微生物及各种菌类的尘埃降落在陶器表面上时，久而久之会形成一层土灰色的覆盖层，它使得陶器表面的湿度较内层大，潮湿的表面更容易吸附酸性气体，并且利于霉菌的生长。

霉菌新陈代谢产物中的硝酸、硫酸、亚硝酸及有机酸等和空气中的酸一起对含有钙盐结构（如 $CaCO_3$、$CaSiO_3$）的陶器文物将会产生一定程度的损害。特别枭对彩陶，不仅能使器物褪色、整体强度下降，而且还会引起一连串的破坏，如引起器表剥落现象等。

（5）食物腐败物、烟熏造成的损坏

有些陶器文物作为陪葬品，内盛食品等物，随着时间推移，食物腐败变质，结果造成器物受到污染：在古代，也还有许多陶器文物用作炊具，长期受到烟熏以致器物表面变黑，此种污染及污迹对彩陶损害甚大。

另外，有一些彩绘俑仕，出土后由于原有平衡遭到破坏，俑仕表面彩绘会剥落、起翘，甚至精美彩绘完全消失，如秦始皇兵马俑二号坑出土的彩俑即是其中最著名的一例。

2. 瓷器文物的损坏

与陶器相比，瓷器质地致密、坚硬、光滑，不易吸水；可溶性盐类也不易渗入瓷器内部。同时，凡瓷器均上釉，烧结后的釉即为硅酸盐，也就是玻璃。釉与瓷胎体之间有一个很薄的中间层，一般只有胎体厚度的 1 ~ 3%，是釉在熔融过程中与胎体发生作用的结果，釉层虽然很薄，却能强烈地改变胎体的一些物理、化学性质，使瓷胎具有较好的热稳定性、化学稳定性和介电性。因此，瓷器的损坏多为机械性损坏。

二、陶瓷文物的保护和修复

陶瓷文物在出土前，多在地下埋藏数百年乃至数千年，由于陶瓷文物本身脆性大，加之年代久远，出土时大多都已破碎成片，而且充满各种污染物。因此，出土陶瓷文物一般都须经过修复处理，然后才能人馆保藏。陶瓷文物的修复一般都经过清洗、拼对、粘接、补配、加固、作色及作旧等几个步骤。

1. 清洗

清洗是进行陶瓷文物修复的第一步，其目的是将被修复器物表面及断裂部位的各种泥土、杂质和污垢去除干净，使陶瓷文物露出本来面目，为后道工序的修复提供条件。

陶瓷文物的清洗方法很多，归纳起来，常用的基本方法主要有机械清洗法和化学清洗法。①机械清洗法：是用硬毛刷或细铜刷或刀锥、竹签等工具，对器物表面进行干刷，以去除覆在其上的泥土和杂质。硬毛刷主要用于胎质松软或风化严重的器物，而刀锥、竹签等尖利工具主要用于剔除较坚硬或存在于沟缝内的土锈、杂物等。一般而言，出土陶瓷文物都要先用此方法进行初步清洗处理，然后再用其他方法进一步清洗，特别是有些器物不宜采用水洗、酸洗和浸泡方法进行清洗处理，更须用此方法进行清洗。②化学清洗法：是用化学药剂来清除陶瓷文物表面的锈碱、氧化物污染、油渍以及各种杂质等的方法。常用的化学药剂有盐酸溶液、甲酸溶液、高锰酸钾、过氧化氢以及乙醇、乙醚和丙酮等有机溶剂。

在清洗工作正式实施前，必须做好必要的和充分的准备工作，主要是须对修复对象进行全面仔细的观察和分析，具体而言，包括以下几个方面的内容：①确认器物胎质性质。首先是陶胎还是瓷胎，若是陶胎，应重点观察其是否有较严重的风化、粉化等现象。并根据胎质致密程度，估算出大概吸水率。②检查釉面情况。主要是明确釉性质、表面是否光滑、有无龟裂、釉层附着力如何以及釉层剥落等情况。③辨别器物上彩绘纹饰的情况和性质。加彩的陶器要注意区别彩陶与彩绘陶；观察剥彩现象是否严重，并找出防止继续剥落的方法。④研究分析器物表面及断面上的污染情况。主要是确定器物上泥土、杂质和污垢的性质、种类、附着力大小以及对器物本身的侵蚀情况等。在上述观察和分析的基础上，制定出正确有效的清洗方案、方法及步骤。另一项准备工作是拍照建档。修复前的器物原状须拍摄照片，连同修复过程和修复结果照片，以及器物的详细登记情况，一并存档。具体实施清洗时，不同器物、不同的污垢，应针对性地采取不同的清洗方法。

（1）陶器文物的清洗

出土陶器文物的污染物主要有三大类，一为可溶性盐类，二为钙类、硅类难溶物，三为腐败物；陶器文物的清洗主要就是去除这三类污染物。

1）可溶性盐类清洗

陶器中所含可溶性盐类与器物出土地域的地质状况有密切关系，一般主要为 NaCl、KCl、Na_2CO_3、$MgSO_4$ 以及这些金属阳离子的氢氧化物。若是含盐分高的陶器文物，时间稍长（2 ~ 3 年）器物表面就会泛白，且被盐结晶长出无数小花点，造成器物表面粗糙，釉陶甚至可使釉面剥落，同时使得器物内部松脆、容易碎裂，因此，陶器中盐分必须去除。一般可采用水洗涤的方法。但须注意器物表面装饰物（如彩绘）能否经得住清洗，否则应先进行加固保护然后才能清洗。

①素陶。指器物表面没有其他材料装饰的器物。这类器物一般用洗涤法除盐即可。具体做法是：把器物放入流动的水中，洗涤一两天，除去大量的盐分后，再换用蒸馏水浸泡洗涤。除盐程度的判断既可利用电导仪测量洗涤液的电导率，也可利用 2% 的 $AgNO_3$ 溶液测定洗涤中 $C1^-$ 浓度。

②彩陶。彩陶是在坯体未干时将彩料绘于器物表面，经打磨压入器表，和器物

结合很牢固，如马家窑文化时期的彩陶。此类器物可直接用洗涤法去除盐类。对虽经打磨、但因制作粗糙而使颜料图纹高于器物表面且很松散的彩陶，如甘肃玉门火烧沟文化类型彩陶，须先对其表面加固，后再用洗涤法除盐，常用的加固剂有2%的硝基纤维素丙酮溶液、2%的可溶性尼龙酒精溶液、3%的乙基纤维素酒精溶液。

还有一些器物由于本身非常脆弱，虽经高分子材料加固表面，仍不能用洗涤法除盐，可用纸浆包裹法。具体做法是：先把滤纸或吸墨纸撕成碎块，放入盛蒸馏水的烧杯中，加热搅拌使其成为纸浆；再把纸浆涂在器物表面且使纸浆干燥时，由于滤纸毛细管吸出作用，液体和盐类就会从器物内部转移到器物表面，并且在敷纸上结晶，如此反复数次，即可除去盐分。

③彩绘陶器。这类器物由于地下潮湿环境作用，颜料中的胶结材料已老化失去作用，出土后在干燥情况下彩绘颜料脱落起甲，对此类器物，应先整修、进行表面加固后视其强度选择洗涤法或纸浆包裹法除盐。

④釉陶。釉陶烧成温度较高，如著名的唐三彩素烧温度高达1100℃，其强度比一般陶器高，加之其表面覆盖有一层玻璃质石灰釉或铅釉层，故其稳定性也比一般陶器要好得多；但若釉层不全或不完整时，盐类也会渗入陶体内部，在温、湿度变化时由于盐类结晶作用造成釉层剥落。对此类器物，若釉层与器物结合牢固，可直接用洗涤法除盐，若二者结合很松散应先加固，再视强度情况选用洗涤法或纸浆包裹法除盐。

2）钙类、硅类难溶物清洗

此类难溶物在博物馆条件下很稳定，对文物也无任何损害，一般情况下不予去除，但若其掩蔽了彩陶文物的花纹图案，则必须将之清除。去除方法如下：

对石灰质覆盖层，视其厚薄，分别配制1%、2%、4%的稀盐酸溶液擦洗，有时也可加入0.5%的乌洛托品试剂作为缓蚀剂；等图案花纹快出现时，用5%的六偏磷酸钠溶液浸泡，以除去剩余石灰质。覆盖层除去后，再用大量清水冲洗。去除过程化学反应如下：

$$CaCO_3+2HCl \rightarrow CaCl_2+H_2O+CO_2\uparrow$$

$$CaCO_3 \rightarrow Ca^{2+}+CO_3^{2-}$$

$$2Ca^{2+}+Na_2[Na_4(PO_3)_6] \rightarrow Na_2[Ca_2(PO_3)_6]+4Na^+$$

配位体配合钙

对石膏类（$CaSO_4 \cdot 2H_2O$）覆盖物，可用硫酸铵的热饱和溶液擦洗，除完后用大量清水冲洗。去除过程化学反应式如下：

$$CaSO_4+(NH_4)_2SO_4 \rightarrow (NH_4)_2[Ca(SO_4)_2]$$

结晶体可溶性配合物

对硅质类覆盖物，一般可用机械法去除，也可用1%氢氟酸溶液擦试去除，但因氢氟酸有剧毒，应在通风橱中操作，同时它对陶质中的所有成分均有腐蚀作用，故操作应非常仔细。

$$CaSiO_3+6HF \rightarrow CaF_2+SiF_4+H_2O$$

3）食物腐败物、烟熏污迹清洗

对于有机脂类污垢，可采用脱脂棉蘸酒精、丙酮、乙醚或二甲苯等有机溶剂擦洗去除；对于油烟类污渍可用5%碳酸钠加0.5%的十二烷基苯磺酸钠的热溶液擦洗清除；对于炭黑，可用3%的过氧化氢溶液擦洗，使其氧化去除。

$$C+2H_2O_2 \rightarrow CO_2\uparrow +2H_2O$$

（2）瓷器文物的清洗

清洗瓷器的方法很多，常用的方法有：①清水去尘、除泥。对残片上的泥土，灰尘和旧缝中存有的黄、黑垢迹，可用清水、洗洁精、漂白粉等浸泡，用刷子、竹签、刀子手工清洗。②机械去污。对有些坚硬的附着物用小型超声波清洗或电动刻字笔等清洗。③化学去污。瓷器上的$CaCO_3$、$MgCO_3$等盐类物质可用5%～10%的稀盐酸、甲酸或醋酸等清洗。

在上述清洗过程中，必须注意几个问题：①无论采取何种清洗法，均应以不伤害文物为基本原则。无此把握的方法必须先经过试验，取得满意效果后再使用。②陶器的质地较酥松，且吸水率高，故需尽量减少用水量及其他有害溶液的浸泡。对风化严重的低温陶器和彩绘陶器，严禁采用水洗方法，酸液除垢浓度也要低。③清洗瓷器的釉上彩时需格外小心，因其年深日久极易剥落，有的对酸液敏感，易被腐蚀掉色。④陶瓷文物并非清洗得越干净、越彻底越好。相反，有些器物上的异物应予以保留或保护：凡粘附在器物表面的各种历史遗迹应予以保留，如丝麻织品或其他印痕以及必要的各类锈蚀等；既有年代特征，又能反映品种特点的锈蚀应予以大部分保留，如汉代的所谓“银釉”；在不影响观看和鉴赏的基础上，应在不重要的部位上保留少部分能反映文物年代特征的各类锈蚀。

2. 拼对

拼对是陶瓷文物修复中最重要的环节之一。破碎不严重的器物拼对较易，关键是破碎严重的器物，对此，在拼合对接前，应仔细观察残件（片）的形状、颜色、纹饰，大体分一下类，初步确定其所在部位，然后再逐块进行试拼对并编号。同时，设计和做好粘接前的各项准备工作。

3. 粘接

粘接是修复陶瓷文物中难度较高的工序，粘接时一定要兼顾到上下左右的关系，原则是由小到大，顺序可从底部往上粘接，也可从口沿部分开始粘接，但都务必做到每一片需整合的陶瓷片不能有丝毫的错位，否则，破损缝隙将无法复位。

（1）粘接剂

修复陶瓷器，粘接剂的选择是关键。常用的适合于陶器粘接的有硝基纤维素三甲树脂、环氧树脂粘合剂、聚醋酸乙烯酯、乙烯一陶酸乙烯共聚物等，其中，环氧树脂粘接剂种类很多，有多种胶可用于修复瓷器。

（2）粘接方法

1）直接对粘法：这是应用最多、最基本的粘接方法。操作过程是：首先将粘合剂均匀地涂敷在已清洁干净的断面上；然后将两断口正确地吻合拼对在一起，用力按实；再用脱脂棉蘸取少许溶剂并挤成半干，将溢出断缝外的粘合剂擦拭干净。粘接拼合后的部位需加以固定，直至粘合剂完全固化后，除去固定用具和用品。此法适宜于环境温度 20 ~ 22℃，相对湿度小于 85% 的条件下操作。

2）灌注粘接法：是将需要粘接的各部位，先各自就位，然后再将粘合剂灌注到断裂的缝隙中去的粘接方法。其基本做法是：将准备粘接的部位，调整固舍好位置，再用橡皮泥或打样膏把断口两侧和下面的缝隙堵严，以防灌注时胶液外流；然后将配制好的粘合剂从断缝上方灌入；待粘合剂完全固化后，把橡皮泥去除干净即可。此法适用于经拼核发现裂缝间隙较宽的器物、各类非完全性断折者，以及用直接粘接法后而接缝尚有小部分缺损，又不必进行补配修复的器物。

3）快速粘接法：是对破损不太严重的器物进行应急修复的一种方法。常用“502”瞬干胶或热固型环氧树脂胶进行粘接。

4. 补配

若一件陶瓷器的破损部位不存在了而不能通过粘接将其形体完全复原，此时就需要对其进行补配修复。常用材料有石膏粉、水泥、聚醋酸乙烯乳胶、钛白粉、滑石粉、虫胶清漆、丙烯酸清漆、白炭黑及环氧树脂粘合剂等，应根据修复对象、要求等的不同选择其中的某些材料进行配方。补配的主要方法有填补、塑补和模补三种，此外，还有陶补法、瓷补法及插接法等。

5. 加固

陶瓷器物的加固分为机械加固和粘接加固两类。前者是指陶瓷文物在运输与展览过程中的保护性加固，多用于大型器物或易损器物。后者是利用粘合剂或涂料的连结力及其固化物的性能来提高器物表面或局部的牢度、强度和硬度；既可起到保护性、预防性作用，又可防止风化器壁及剥落彩绘和釉层的继续风化和剥落，应用十分广泛。根据不同对象，常用的加固方法有：喷涂加固法、滴注加固法、浸泡加固法和玻璃钢加固法（见表 7–3）。

表 7–3　常用的加固方法

方法	晶体内容
喷涂加固法	此法是将粘合剂或涂料稀释后，直接喷洒或涂覆在加固处的表面。适用于风化较轻的器壁、欲剥落的彩绘和釉层以及对补配部位的强化处理。常用的材料有环氧树脂粘合剂、丙烯酸清漆或三甲树酯等
滴注加固法	此法是利用“502”粘合剂渗透性强的特点，对器物上非受力部位的裂缝、冲口以及粘接修补后尚不牢固者，进行加固的一种方法
浸泡加固法	此法是把整个器物直接放入涂料液中，浸泡一段时间后，取出器物放到一个装有少量溶剂的加盖玻璃容器中，使其在饱和溶剂蒸气条件下缓缓干燥。适用于整个器物风化侵蚀严重的低温陶器的加固。加固涂料可用三甲树脂稀释剂或丙烯酸清漆；溶剂可用 1：1 的甲苯、丙酮溶液
玻璃钢加固法	此法采用压层工艺把环氧树脂粘合剂和玻璃纤维布制成性能优良的玻璃钢，再利用它来加固大型易损的陶器。仅用于展览修复，且仅限于器物的非暴露部位，如大型马俑的内腹、器物的内壁等

6. 作色

为了便于展览或其他需要，对某些陶瓷器需作色，这也是最难的一道工序。对于涂釉的部位和器物，作色往往还要与仿釉工作同时进行。作色首先应根据器物的原色，选择好颜料，可从色彩、遮盖力、着色力、粘度、比重、分散性能、耐光性、耐热性、耐酸碱性、耐溶剂性等 10 个方面考虑。其次应拟定作色方案，并根据方案，进行调色。最后着色，可根据不同情况，采取不同的着色方法，如喷涂法、刷涂法、擦涂法、勾画法、粘贴法、吹扑法等。

7. 作旧

（1）瓷釉光泽处理

出土的陶瓷器物由于长期埋藏在地下，受到地下的自然侵蚀，大多失去光泽，年代越久，光泽差异越大；有些瓷器表面有一层极薄的透明膜，俗称“哈俐光”，观其釉色有一种散光现象，如唐三彩上的“蜗翅纹”，就是其中的一类。对此，根据不同情况及需要分别采用压光法、抛光法或罩光法达到作旧目的。

（2）釉面锈蚀制作

1）土锈：指由于陶瓷文物长期深埋地下，有些泥土变得坚硬板结，牢固地附着在器物表面，凝固成不同形状的土疤。可用扑撒法作旧：用“502”强力粘合剂或漆皮汁（虫胶酒精溶液）、清漆等喷在需要做锈的部分，然后将研好的黄土（发白的土锈可将黄土中加白粉子）撒在上面，干后即成土锈。也可将胶与泥浆混合，用牙刷弹、墩、刷，做出点状或斑状土锈。

2）水锈：长期埋在地下的陶瓷文物的表面多附着一些白色沉积物，多呈水痕形状，俗称水锈。它们的主要成分是 $CaCO_3$、$MgC0_3$ 盐类物质，有些还杂有 Fe_20_3 或 $CuC0_3$ 等物质。其作旧可采用扑撒法，即：将清漆、漆皮汁，喷或刷在须做水锈的部位，然后将滑石粉或其他体质颜料粉末扑撒在上面，等涂层完全干燥后，清除干净浮粉即成。也可用复分解法，即在需要做水锈部位涂一层硅酸钠水溶液，待其干燥后，再用 5% 的稀盐酸在涂层表面刷涂一遍，盐酸遇硅酸钠后发生复分解反应，生成白色盐类物质并附在器壁上。还可用“502”粘合剂滴涂在须做水锈的部位上，胶液未固化前用水及时喷撒或冲洗有胶部位，胶遇水后即泛白并固化。

3）“银釉”：墓葬中出土的铅绿釉器表面，常会发现一层有银白色金属光泽的物质，俗称“银釉”。它主要是处于潮湿环境，铅绿釉面受到轻微溶蚀，溶蚀下来的物质连同水中原有的可溶性盐类沉积下来的沉积物。这种“银釉”以汉绿釉陶器上最为常见，在唐三彩和其他彩釉器上有时也能见到。其作旧可采用清漆中加银粉刷喷的方法；也可采用云母粉硅酸钠溶液刷涂，然后再涂稀盐酸，硅酸钠与稀盐酸发生分解反应产生一层带云母光泽的盐类物质，反复几次即可出现银釉的效果；还可采用“银镜反应”制取出氧化银中的银，或用银箔中的银粉，然后用清漆调匀，喷刷在器物上。

陶瓷文物的日常保护主要是为其创造适宜的外部环境条件，包括建设一个选址科学、环境优美而无污染的库房建筑；控制好库房温、湿度，按我国制定的标准，温度应在 18 ~ 24℃，相对湿度应在 50% ~ 60%，且日变化幅度应分别不超过 5℃、5%；陶瓷器都易破碎，要避免碰撞及成堆累放；应保持库房干燥，以免陶器受潮；对各类彩绘陶器应当进行必要的表面加固等。

第八章　金属类文物保护技术

第一节　铁器文物保护技术

一、铁器文物的腐蚀原因及产物

铁器与环境介质之间发生化学、电化学作用而引起的破坏和材料的失效现象叫做铁器的腐蚀。铁的腐蚀在金属中是最为突出的。铁器腐蚀后，铁的质地改变，比重减轻，结构疏松，失去了原有的硬度和韧性，严重时铁质酥解。纯铁与铁的一些腐蚀物比重比较，见表 8–1。

表 8–1　纯铁与铁的一些腐蚀物比重比较

物质	分子式	比重（g/cm^3）
纯铁	Fe	7.80
腐蚀物	Fe_2O_3	5.60
腐蚀物	Fe_3O_4	5.17
腐蚀物	FeS	5.02
腐蚀物	FeS	4.89
腐蚀物	$FeO(OH)$	4.05 ~ 4.31
腐蚀物	$FeO(OH)$	3.30 ~ 4.30
腐蚀物	Fe_2CO_3	3.96

1. 铁器的腐蚀原因

（1）铁碳合金的结构

铁碳合金的结构有铁素体、铁素体 + 渗碳体、铁素体 + 石墨体 + 少许渗碳体三种形式，每一种形式都是不耐腐蚀的。内部或有海绵状的带气孔结构、或有微裂间隙、或有层与层之间的间距，容易吸附水分、积聚杂质和污染物，各种氧化性、氯化性、硫化性的有害气体容易侵入，使铁器表面引起化学腐蚀和电化学腐蚀，这是造成铁器腐蚀的内在因素之一。

（2）铁的活泼化学性质

铁本身的化学性质比较活泼，是一种比较容易锈蚀的金属，保存条件不好，就会发生各种化学反应。锈蚀物锈体疏松、体积膨胀或裂成片状，与原来的坚硬质地完全不同。

（3）环境对铁器文物腐蚀的影响

铁器文物无论是深埋在地下、浸泡在海水中，还是置于空气中，都会发生腐蚀现象。铁器的腐蚀过程，大多受控于阴极氧去极化作用，只是氧的传递过程和速度各不相同。在空气中的氧是通过电解质薄层水膜，海水中的氧是通过电解质本体，土壤中的氧是通过土壤微孔作通道。只有金属表面形成水膜，电化学腐蚀作用才能产生。

不同环境造成铁器文物的不同腐蚀，主要腐蚀类型及其特征列于表 8–2 中。

表 8–2　铁器在自然环境中的腐蚀特征

腐蚀类型	电解质体系特征	腐蚀过程	介质的主要影响因素	腐蚀产物的特征
土壤腐蚀	1. 多孔性固体胶质体系（毛细管） 2. 溶解盐类使介质具有离子导电性 3. 土壤组织和性质不均匀	1. 属于氧去极化过程 2. 构成絾浓差等宏观腐蚀电池 3. 氧扩散和离子迁移	土壤的氧化还原、PH 值、通气性、含水量、含盐种类、浓度、温度、微生物的存在等	铁的各种氧化物和粘土、盐等粘在一起的紧密锈层
大气腐蚀	湿度不同的大气环境在金属表面形成不同的薄层电解质	1. 化学腐蚀和电化学腐浊 2. 潮湿空气腐蚀由阴极过程和阳极过程控制 . 氧通过水膜的速度和金属在水中的离子化有关	大气成分、结露温度等	各种铁的氧化物、氯化物及少量尘埃、盐类
海水腐蚀	高浓度的典型电解质溶液	1. 典型的电化学腐蚀 2. 腐蚀速度为氧的扩散过程	盐度、PH 值、碳酸盐饱和度、含盐类、温度、流速、微生物等	表面腐蚀产物盐分含 & 较高，无钝态氧化物存在

2. 铁器的主要腐蚀产物

从对出土铁器和馆藏铁器锈蚀成分进行分析可以看出，铁器腐蚀产物主要有以下形式：

氧化物：Fe_3O_4、Fe_2O_3、$Fe_2O_3 \cdot nH_20$、Fe0（0H）、Fe0 等

硫化物：FeS、Fe_3S_4

氯化物：$FeCl_2$、$FeCl_3 \cdot H_20$、$FeC1_3 \cdot 6H_20$ 等

硫酸盐：$Fe_2(SO_4)_3 \cdot 5H_2O$、$FeSO_4 \cdot 4H_20$

碳酸盐：$Fe(HC0_3)_2$、$FeC0_3$

鳞酸盐：$Fe_2PO_4 \cdot 2H_20 \cdot Fe_3(SO_4)_2 \cdot 8H_20$

另外还有 SiO_2,$Ca(HPO_4)_2$ 和锈层中没有腐蚀尽的渗碳体（Fe_3C）等。

几种铁器文物表面腐蚀锈的化学成分，见表 8-3

表 8-3　几种铁器文物表面腐蚀锈的化学成分

文物名称	出土地点	朝代	腐蚀产物的组成
铁器残片	河南	北魏	Fe_2O_3、,FeC、Fe_3O_4,$FeSiO_3$、$Fe(HCO_3)_2$
铁斧残片	浙江长兴	西汉	FeC、FeO（OH）、Fe_2Si0_4、Fe_30_4、Fe_20_3
铁剑残片	河南	西汉	FeC、FeO（OH）、Fe_2O_3、FeSO、$FeSO_4(OH)$
铁器残片	广西	西汉	Fe_2SiO、FeO（OH）、FeC、Fe_2O_3
铁器残片	广西	西汉	FeC、FeO（OH）、Fe_2O_3、$FeSO_4(OH)_2$、$Fe(HCO_3)_2$

3. 铁的有害锈和无害锈

在铁器文物生锈腐蚀过程中，化学腐蚀、电化学腐蚀和微生物腐蚀都不是单独进行的，经常三者同时发生在铁器表面，交错作用。

铁的腐蚀物一般可分为无害锈与有害锈两类。

（1）无害锈

无害锈是指结构紧密坚硬、稳定的锈蚀成分，如磷酸铁 $FeP0_4$、四氧化三铁 $Fe0_4$ 及碱式氧化铁 a—FeO（OH）等，它们性质稳定，不易水解。无害锈在铁器表面形成薄而致密的黑褐色的氧化物，具有防止铁器进一步腐蚀的作用。

（2）有害锈

有害锈是指分子结构疏松不稳定的成分，如亚铁氧化物和铁的氯化物等，通过吸水作用使水分子深入内部，发生化学腐蚀、电化学腐蚀和微生物腐蚀，并循环不断。有害锈在铁器表面普遍都有颗粒粗大的锈体，锈色发黄而疏松，体积膨胀或脆裂成片。

有不同程度的变形。

从刚出土的铁器锈层构造来看，铁锈往往是互相渗透的，很难分清有害锈和无害锈，在未生锈的铁合金表面，有一层 Fe_2O_3 为主的硬氧化层，外层才是疏松有害的锈层。

二、铁器文物的腐蚀机理

铁器的腐蚀机理可以根据它的组成结构、腐蚀环境和腐蚀产物来进行分析。一般来说，铁的腐蚀损坏主要有三种形式：化学腐蚀、电化学腐蚀和微生物腐蚀。铁器文物埋藏在潮湿环境中，锈蚀主要是由电化学腐蚀和微生物腐蚀同时引起的，这两种腐蚀互相促进，加速文物退质。

1. 化学腐蚀

化学腐蚀是指器物与介质之间直接发生化学作用而引起的破坏。在腐蚀过程中铁原子直接与反应物（如 O_2、H_2S、SO_2、$C1_2$ 等）分子发生作用，在铁器表面生成相应的化合物。

依据化学原理，只要是比氢（H）更活泼的金属元素都能从酸中置换出氢来生成盐。符合这一原理的金属只有铁具有这一功能：

$Fe+H_2SO_4 \rightarrow FeSO_4+H_2\uparrow$

许多名胜古迹和文物遗址中遗存有铁牛（如山西永济铁牛）、铁塔（如河南开封铁塔）、铁狮（如河北沧州铁狮）等铁器文物，一旦遇到 H_2SO_4、HC1 和酸性气溶胶为主要成分的酸雨就会产生化学腐蚀作用。

2. 电化学腐蚀

（1）电化学腐蚀的概念

电化学腐蚀是指铁器表面与介质发生电化学反应而引起的锈蚀，电化学锈蚀主要是在器物很薄的水膜下发生的。

电化学腐蚀的进行需要满足两个条件：一是铁器表面存在电解质，二是要有水分。没有水分的参与，电解质无法变成电解液，从而也谈不上文物的腐蚀生锈。由于 Fe 的金属活动性很强，只要铁器周围的相对湿度大于 50% ~ 60% 时，即可发生电化学反应。这也是我们很难看到汉代以前深埋潮湿地下的铁器文物在出土时无完好如初的原因。

当环境湿度达到一定时，金属表面会形成肉眼很难看见的薄水膜。铁器周围的环境中的 O_2、SO_2、HC1、CO_2 等物质溶于水膜中，使水膜成为电解质溶液，金属与电解质溶液作用，界面间带有不同的电子从而形成双电层，构成了电池的双电极。

由于彼此的电极电位不同，组成了无数微小的电池，使电位较低的金属失去电子，从而发生腐蚀现象。

铁的腐蚀速度与其周围环境相对湿度的关系很大。由图 8-1 可以看出，随着环境相对湿度的增大，铁的腐蚀速度逐步加快，在相对湿度超过 60% 时尤为明显。

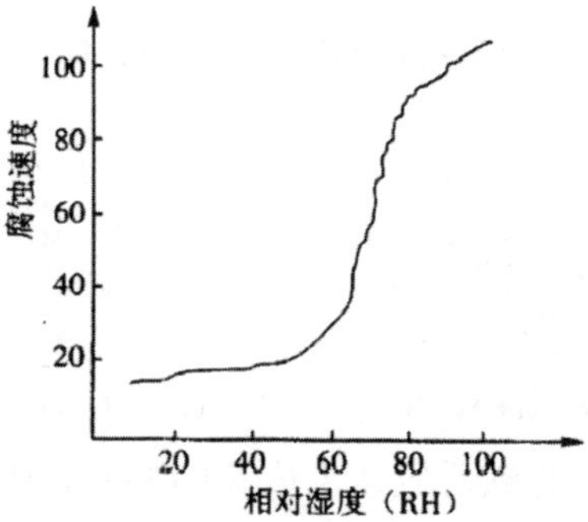

图 8-1　铁在空气中腐蚀速度与相对湿度的关系

（2）铁的电化学腐蚀

环境中的氧与水可以在铁器表面形成电化学腐蚀：

阳极：$Fe \rightarrow Fe^{2+}+2e$

阴极：$\frac{1}{2}O_2+H_20+2e \rightarrow 20H^-$

合反应：$Fe+\frac{1}{2}O_2+H_2O \rightarrow Fe(OH)_2$

$Fe(OH)_2+0_2+H_2O \rightarrow Fe(OH)_3 \rightarrow Fe_2O_3$

铁氧化首先生成 $Fe(OH)_2$，疏松覆盖在铁器表面。在不同湿度和含氧环境中，它还可以形成各种铁的氧化物，如 FeO（OH）、FeO、Fe_3O_4、Fe_2O_3 等。在复杂的铁锈中，最为有害的活性成分是 γ-FeO（OH），它是较为活泼的成分，在自然界里能缓慢地转化为稳定的 a-FeO（OH）（分子重排），也容易和 FeO 生成 Fe_30_4，或在一定条件下 γ-FeO（OH）脱水生成 Fe_2O_3。

$$\gamma-FeO(OH)\left\langle\begin{matrix}2\gamma-FeO(OH)+HO\\ \\ \alpha-FeO(OH)+HO\end{matrix}\right\rangle Fe \longrightarrow Fe_3O_4+2H_2O$$

在铁表面的水膜中，H^+ 浓度越大酸性越强，对铁器腐蚀过程越能起到催化或激活作用。Fe^{3+} 既可直接作用于铁器实体使之生成 Fe^{2+}，又可对空气中的 O_2 氧化 Fe^{2+} 起诱导作用，从而加速 Fe^{2+} 向 Fe^{3+} 转化。只要介质和环境有利于 γ-FeO（OH）的

溶解和 Fe^{3+} 的生成，上述过程将循环下去，直至铁器腐蚀酥解。

（3）铁的氯化腐蚀

如果铁器的埋藏环境中有氯离子和其他电解质，相对湿度大于 50% 时，可大大加速铁器的腐蚀。因为氯离子的离子半径非常小，所以它的钻透力和电负性都很强，它能破坏或取代金属的氧化物，形成可溶性盐。在氯化物等可溶性电解质作用下，不能形成致密的铁的氧化保护膜，只能形成疏松的腐蚀产物，并有一定的蓄水作用。

阳极：$Fe—Fe^{3+}+3e$

阴极：$3C1+H_2O+3e \rightarrow 3C1^-$

合反应：$Fe+3C1^- \rightarrow FeCl_3+3e$

$FeCl_3$ 与地下水继续起反应：

$$FeCl_3+3H_20 \rightarrow Fe(OH)_3+3HCl$$

反应产物盐酸又会继续与铁反应，生成新的 $FeCl_3$, 从而建立新的平衡，产生新的 HC1，造成循环腐蚀。这种腐蚀反应开始时可能较为缓慢，一旦盐酸产生，反应速度便成倍加快。

（4）铁的硫化腐蚀

若铁器处于含有硫酸盐或硫化物环境中，会形成硫化亚铁（FeS）、硫酸亚铁（$FeSO_4$）等产物。这是因为二氧化硫 $S0_2$ 易溶于水形成电解质溶液，从而发生电化学腐蚀。

其反应式为：

阳极：$Fe \rightarrow Fe^{2+}+2e$

阴极：$SO_4^{2-}-+8e \rightarrow S^{2-}+4O^{2-}$

合反应：$Fe^{2+}+SO_4^{2-}- \rightarrow FeS0_4 \rightarrow Fe_2(SO_4)_3 \cdot 5H_2O$

以上反应，电子的传递是由地下水中的氢离子（H^+）完成的。它吸收铁原子放出的电子给硫酸盐，以促使硫酸盐中的硫原子还原，本身再生成氢离子并与氧离子化合成 H_2O。

此外，空气中的氮氧化物如二氧化氮 NO_2 易溶于水形成硝酸。它既是强酸又是强氧化剂，直接腐蚀金属。

$$2NO_2+H_20 \rightarrow HNO_2+0_2$$

$$2NO_2+O_2 \rightarrow 2HNO_3$$

3. 微生物腐蚀

（1）微生物腐蚀的概念

微生物是一群结构简单、代谢旺盛、分布广泛、适应能力强的低级微小生物。

在潮湿环境中，铁器周围如具备某些微生物生长所需要的温度、湿度、PH值和营养物等条件，就可能在短期内造成微生物数量的急剧增加，对铁器造成危害。

微生物对铁器的腐蚀作用，是由金属文物本身、微生物的种类和铁器所处的环境三方面因素来决定的。铁器文物的锈蚀物表面粗糙多褶皱，易吸附一些灰尘和水蒸气，这样就为微生物提供了营养物质。

（2）微生物腐蚀的机理

腐蚀铁器的菌类主要有铁细菌（如纤毛菌）、硫氧化细菌（如氧化亚铁硫杆菌）和硫酸盐还原菌（如脱硫弧菌）等。对铁器文物的危害机理如下：

1）微生物以铁质为营养

在有氧的条件下，有些化能自养型铁细菌，如纤发菌属、泉发菌属、嘉利翁氏菌属，能把 Fe^{2+} 及收到体内，通过电子传递链，形成产生 Fe^{3+}。

$$Fe^{2+} \xrightarrow{\text{电子传递链}} Fe^{3+}+e \rightarrow 2Fe^{3+}+Fe \rightarrow 3Fe^{2+}$$

这些细菌将分泌到细胞外而沉积在鞘套或菌柄上，从而进一步氧化 Fe 成 Fe^{2+}；而 Fe^{2+} 又能被吸收到体内，通过电子传递链，形成 Fe^{3+}，如此循环不已。其中的嘉利翁氏菌属是专性无机营养型细菌，可将 Fe^{2+} 氧化成 Fe^{3+} 时产生能量加以利用。

2）微生物产生有机酸

微生物的生命过程中，产生大量的代谢产物，其中，酸对铁器具有极大的腐蚀性。如草酸、柠檬酸、琥珀酸、延胡素酸、葡萄糖酸、五倍子酸等多种有机酸。这些酸能接受到金属腐蚀产生的电子而发生反应，使铁腐蚀速度加快。

$$2H^{+}+2e \rightarrow H_2 \uparrow$$

3）微生物产生有害气体

当铁器的周围土壤中存在硫化物和硫酸盐时，某些硫氧细菌在有氧条件下能氧化硫化物，产生单质硫；而在缺氧条件下，某些硫酸盐还原菌又能使硫酸盐还原产生硫，同时还分解含硫的有机物产生硫化氢（H_2S）。单质硫和硫化氢都是对铁和钢具有极强腐蚀作用的物质。

$$SO_4^{2-}+8e+\text{硫酸盐还原菌} \rightarrow S^{2-}+4O^{2-}$$

甘肃武威雷台铁镜就是微生物腐蚀的典型例子，在出土时已遭受到生物腐浊完全矿化，其外表已覆盖着一层厚厚的块状棕黑色锈体，经对其进行化学分析，其主要的成分是敏化铁和硫化亚铁。

出上铁勺断成两截，表面锈蚀严重往往是埋在上层中电化学腐蚀、化学腐蚀和微生物腐蚀的综合作用的结果。

三、铁器文物的保护技术

1. 出土铁器的预处理

根据铁器的腐蚀机理和锈蚀构造，出土铁器文物的预处理程序一般为：

（1）观测记录

采取必要的手段，如摄影、测量等，以记录下该器物的出土原貌。

（2）检测腐蚀程度

在保护一件出土铁器以前，首先要检测它的腐蚀程度，以便为下一步的保护措施提供依据。铁器的锈层一般较厚，组织松散无规则，仅凭肉眼是不能判断锈蚀的程度的。检测铁器锈蚀程度的方法有：

1）X 射线法。目前最好的检测方法就是采用 X 射线法。X 射线的穿透能力和物质密度有关，铁基体和各类锈蚀物的密度是不同的。通过 X 射线可以清楚地知道锈蚀的分布和范围，并能看出锈蚀孔洞的深度，还可以探明锈层下面的器物纹饰或文字。

1996 年在湖北秭归出土的东周铁剑经过 X 射线衍射，从锈蚀层结构分析为 Fe_3O_4，没有发现单质 a—Fe 的衍射峰，说明从铁基体表面到内层几乎全被氧化腐蚀。

2）探针法。刚出土的铁器，锈蚀严重，无法明晰内部铁芯的情况，此时起取要极为慎重，可用一根细探针逐段、逐片向下刺探，既可以探明锈层的厚度，还可以了解铁芯的坚牢程度以及锈层下面是否有纹饰或镶嵌物。

3）磁性测量法。金属铁的最大特点是具有磁性，而铁的腐蚀物没有磁性。通过用磁铁测试铁器的磁性，可以了解铁器的腐蚀程度和区域分布等。

4）密度测定。金属铁在标准状况下的密度为 $7.86g/cm^3$，而铁的氧化物在 5.24 ~ $4.90g/cm^3$ 之间，铁的氯化物的密度则更小。如果铁器的密度在 $6.5g/cm^3$ 以上，可以断定锈层较薄；如果密度在 $2.5g/cm^3$ 以下，可以断定铁器已经完全腐蚀。

5）$HN0_3$—$AgN0_3$ 溶液测氯

检测锈蚀层中是否含有氯化物非常重要，因为氯化物会加剧已经诱蚀的铁器继续反应。

如器物表面有氯化物，在潮湿的环境中，就会渗出棕色水珠。也可以先将器物在蒸馏水中加热浸泡，取出浸泡液，加几滴 2mol/L 的 $HN0_3$ 溶液，均匀摇动使之酸化，再加入几滴 0.1mol/L 的 $AgN0_3$ 溶液，若有白色絮状物沉淀出现，则说明含有氯化物。

$$Cl^-+Ag^+ \rightarrow AgCl$$（白色絮状物）

如果 $AgN0_3$ 的加入量大于 2ml 仍然没有沉淀出现，即可认为锈蚀中不含氯化物。

（3）强制干燥

铁锈本身容易吸潮，出土后的铁器必须及时干燥，以防止铁器在空气中继续腐蚀。干燥处理方法有三种：

1）高温干燥

在恒温干燥器中，用105℃的温度干燥铁器2小时左右。这种方法简便易行。

2）紫外光干燥，

在105℃温度下用紫外灯光干燥。如果铁器有木质、纤维等附着物时，温度应在40～60℃范围内慢慢干燥，以免损伤附着物。

3）物理化学吸附干燥

在密封的容器里放入铁器，用变色硅胶吸水。这样虽然处理时间很长，但安全可靠，对铁器绝无损害，变色硅胶可以重复使用。

2. 铁器文物的除锈

铁器上的有害锈主要是氯化物$FeCl_2$、$FeCl_3 \cdot H_2O$、$FeCl_3 \cdot 6H_2O$和铁器上酥松锈蚀 γ—FeO（OH）。铁器文物除锈主要有以下几种方法：

（1）机械除锈法

先用刀子、凿子、锤子、剔针、钢丝刷等金属工具剔、凿、拨、挑、锤、震去除铁器表面较厚的锈层和锈块。对于较硬的锈层可以用煤油和石蜡调成的糊状物，涂敷在腐蚀铁器的表面软化铁层，然后剔除。

（2）试剂除锈法

1）弱酸溶液除锈

常用除铁锈的溶液有醋酸、柠檬酸、草酸等弱酸和碳酸钠、柠檬酸铵、草酸钠、醋酸钠、葡萄糖酸钠等弱酸盐。

去锈液可用10%醋酸溶液，也可用5%～10%柠樣酸液或草酸液，将铁器放入其内浸泡加热，当发生去锈反应时会出现沉淀物，应及时更换新鲜去锈液。去锈后可用氢氧化钠或碳酸钠稀溶液中和酸，并用蒸馏水洗净。

柠檬酸钠、草酸钠、醋酸钠、葡萄糖酸钠等一些弱酸盐类，也可以用来除锈，使用浓度为3%～30%之间。

2）碱性溶液除锈

用10%NaOH或LiOH溶液浸泡铁器，去氯锈后可用蒸馏水清洗。

3）水洗法

用蒸馏水浸泡铁器，一段时间用冷水，一段时间用98℃的热水。这种冷热交替的清洗法可快速将氯锈去净。

（3）等离子体除锈法

20世纪90年代，德国采用了最先进的等离子体除锈机，用以去除古铁锈。其原理是将铁的氧化物和氯化物还原成铁。所谓等离子体就是当气体电离后产生数量相等、电荷相反的离子和电子，这两种离子既相互吸引又相互排斥，存在于一个等离子的统一体中，等离子体呈电中性。在等离子体除锈机中，供气系统供出 H_2 等离子体，就可除去铁锈。

1）除氧化锈机理

$$3Fe_2O_3+H_2 \rightarrow 2Fe_3O_4+H_2O$$

$$Fe_3O_4+H_2 \rightarrow 3FeO+H_2O$$

$$FeO+2[H] \rightarrow Fe+H_2O$$

2）除氯化锈机理

$$2FeCl_3+H_2 \rightarrow 2FeCl_2+2HCl$$

$$Fe^{2+}+2[H] \rightarrow Fe+2H^+$$

用等离子体机处理过的铁器能保留器物原始表面上原有的痕迹和图案，甚至用手工方法也无法保留下来。等离子除锈还不会引起器物结构上的变化。

（4）电化学去锈法

电化学去锈法分为电化学还原和电解还原两种方法。

1）电化学还原

采用锌皮或铝皮包在铁器的表面，置于 10% 氢氧化钠溶液中，并适当加热以加速反应，直到没有气体逸出为止，取出器物用蒸馏水冲洗干净，除去残渣，如此反复。由于在反应中会有大量的刺激性气体产生，所以此法一定要在通风橱中进行。

2）电解还原

电解还原去锈法就是用被处理的铁器作为阴极，用不锈钢作为阳极，以 10% 氢氧化钠作电解液，通入直流电，控制电压和电流密度进行除锈。

（5）激光除锈

激光除锈机理主要是基于物体表面污染物吸收激光能量后，或汽化挥发，或瞬间受热膨胀而克服表面对粒子的吸附力，使其脱离物体表面，进而达到清洗的目的。大致包括激光汽化分解、激光剥离、污物粒子热膨胀、基体表面振动和粒子振动四个方面。国内外研究结果表明波长 1064nm、能量 10J、脉宽＜ 20μs 的激光能有效清除金属制品污物、锈蚀物等，具有高度可控性和选择性。

3. 铁器文物的缓蚀封护

出土的铁器文物经过干燥后，经检测无有害锈的情况下，即可使用缓蚀剂来进行缓蚀处理 . 存在有害铁锈的，先进行除锈处理，然后再进行缓蚀封护。

铁器缓蚀处理是指通过化学方法在铁器的表面形成一层致密的保护膜，以隔绝O_2、SO_2、H_2O、O_3等有害气体及霉菌、灰尘等污染源，同时这层保护膜不能影响文物的质感和外观。这层膜又叫钝化膜，铁器表面生成完整的钝化膜的过程叫做钝化过程。

铁器缓蚀剂要求无色透明、常温下干燥并且涂层要薄、耐气候性和老化性要好、有较强的附着力、对人体和环境无公害等。

（1）复方缓蚀剂保护法

先涂缓蚀剂酒精溶液，配方如下（体积比）：

亚硝酸二环己胺	10	碳酸环己胺	10
水	1	乙醇	100

干燥后，再涂缓蚀剂树脂溶液，配方如下（体积比）：

亚硝酸二环己胺	10	碳酸环己胺	10
水	5	乙酸	100
聚乙烯醇缩丁醛	5		

这样就能在铁器表面形成一层致密的保护膜。

（2）磷酸盐保护法

将铁器文物浸泡在8.5%H_3PO_4—0.15%ZnO—1%$NaNO_3$的水溶液中，磷化处理后铁器表面生成一层不溶性的磷酸盐（磷酸铁、磷酸锌）。铁与磷酸盐作用可生成一层致密的表面保护膜，防止铁器进一步被腐蚀。由于磷酸是沉淀型缓蚀剂，和金属结合力较差，所以一般在磷化处理后还要再涂一层树脂型封护剂。

（3）鞣酸盐保护法

鞣酸是一些多元酚的混合物，由于酚基容易氧化，常作为强抗氧剂，而且分子中的酚基和羧基又可以和金属形成配合物，生成一层不溶性的保护膜，从而起到防止铁器锈蚀的作用。此法PH值范围在2 ~ 3之间。鞣酸溶液的配方为鞣酸200g，乙醇150ml，水100ml。如果铁器锈蚀非常严重时，在上述配方中还可加上100ml80% ~ 85%的磷酸。多次涂刷效果会更好。

（4）硅酸盐保护法

硅酸盐是一种环保型缓蚀剂。上海博物馆专家研究用硅酸盐水溶液处理铁的锈蚀物，发现硅酸盐能吸附位于锈蚀表面的FeO（OH），反应生成新的物质，形成了较为致密的缓蚀膜，并且对电化学的阴极反应有较强的抑制作用。

硅酸盐水溶液中主要的存在形式：

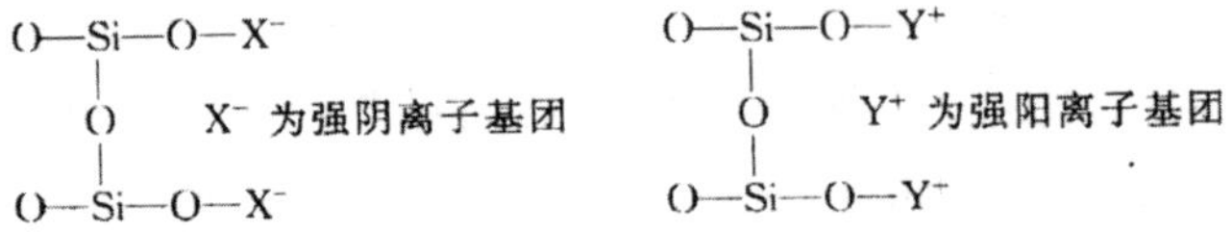

1998 年，专家曾对两件铁质文物（界碑）进行脱盐清洗。这两件文物一直暴露于大气中，锈蚀十分严重，界碑表面文字模糊，覆盖着大量的硬质污垢物。机械除去浮锈和松散污垢物后，在清洗液中加上硅酸钠缓蚀剂，反复清洗多次，将锈蚀物除尽，再用无水乙醇干燥，效果十分明显。

（5）表面封护

经过表面处理过的铁器，最后应进行表面封护处理。传统的方法是把铁器浸入熔融的微晶石蜡中，待不再冒气泡时取出，用毛刷蘸石墨粉擦拭铁器表面，以除去多余的石蜡和消除反光现象。还有一种方法就是用微晶石蜡 5 份，三乙醇胺 1 份，石油溶剂 100 份配成溶液，在 50℃时浸泡铁器 10 ～ 20 分钟。

目前常用的表面封护剂还有聚醋酸乙烯酯、聚乙烯醇、三甲树脂、聚乙烯醇缩丁醛、B—72 丙烯酸树脂等，它们都能在铁器表面形成有效的隔绝空气的高分子膜。

丙烯酸树脂无色透明，使用方便，常温下固化迅速，耐光、耐热，耐腐蚀，在大气中及紫外光照射下不易发生断链、分解、氧化等化学变化。因而丙烯酸涂料能有效地防止大气中的有害物质腐蚀文物，能基本上使文物保持原有的面貌，如果封护膜长期暴露在空气中遭到破坏后还可以重新涂刷。

4. 铁器文物的加固与粘接

对于脆弱的铁器，因强度小而不利于保存和展出，可用合成树脂来渗透加固，如用 30% ～ 40% 丙烯酸酯类乳液浸渗，通常采用降压渗透法（10 ～ 20mm 汞柱）。

如树脂浓度较高，可能会在器物表面留下光泽，这时可在器物表面裱上吸水能力很强的美浓纸或滤纸，纸层可以吸附器物表面多余的树脂而不在器物表面留下光泽，可以保持艺术品的原有风貌。

破碎成碎块的铁器需要整形时，可用粘合剂（如硝基纤维素、环氧树脂等）拼对粘接。整形时，常在一细砂箱中进行，以便使各个残片按照需要的角度保持其形貌，待粘合剂午燥后粘接即可告成。腐蚀较轻的残片还可用软焊锡焊接。

第二节　金银器文物保护技术

一、金银的理化性质

1. 金的理化性质

（1）金的物理性质

金在自然界中以游离单质状态存在，金在地壳中的含量约为 5×10^{-7}%。纯金为黄色，光彩夺目，硬度低，相对密度高（19.3），质地细密柔软，晶体结构为面心立方。

在所有金属中，金的延展性和可塑性是最好的。1g 的金能抽成 3.4km 长的金丝，也能碾成仅有 2.3×10^{-9}mm 厚的金箔。金的熔点固定，熔化温度为 1063℃，在熔化时不会被氧化物污染，也不会改变自己的凝固点。金的这种物理性质使它的纯度能达到 99.99%。

（2）金的化学性质

金的化学性质极为稳定，所以从古到今人们将纯金制成金条、金砖作保值储存之用。

1）耐氧化

一般认为，金是惟一在高温下不与氧起反应的金属。

2）耐腐蚀

块状金在低温和高温下均不与 S、Se、H 和 N 反应。

在中等温度和无水存在时，也不被卤素腐蚀。

金在中等温度下，耐 H_2SO_4、$HN0_3$、HC1、H_3PO_4、HF 等酸的腐蚀。

金的耐碱性好，甚至在熔融碱溶液中也不产生显著腐蚀。

3）金只在王水中才能被溶解

虽然强酸强碱对金毫无腐蚀，但金却溶于王水中。王水是按照体积比为 3：1 的浓 HC1 和浓 $HN0_3$ 混合溶液。金在王水中溶解的机理如下：

$Au+3HC1+HNO_3 \rightarrow AuC1_3+NO\uparrow +2H_2O$

2. 银的理化性质

银在自然界主要以辉银矿（Ag_2S）和铅矿共生，很少以游离态存在，白银熔点低（960.8℃），容易冶炼，我国古代史书记载的较为成熟的吹灰法炼银过程大致如下：

辉银矿 + 方铅矿→精矿石→熔焦烧结成银铅混合物→吹去上层密度较小的氧化

铅→分离出纯度较高的白银

（1）银的物理性质

纯银（Ag）为银白色，光润洁白，非常柔软，硬度只有 2.7，富有延展性和可塑性，仅次于金。1g 银可以抽成 1.8Km 长的细丝，也能碾成 0.1×10^{-4}mm 厚的银箔。

（2）银的化学性质

纯白银的化学性质十分稳定、对多数酸类尤反应。银在空气中无论常温或加热都不被氧化，银在室温下不与氧和水作用。但如果有 O_3 的存在，在常温下也能被氧化，生成 Ag_2O。在室温下银与卤素反应较慢。似是在潮湿含氯化物的土壤中，会生成 Ag_2O 很多含硫化合物会对银产十硫化作用，最具有腐蚀性的就是气体，当 H_2S 的含量为 $0.2\times10\%$时就足以对银腐蚀，湿度越高腐蚀速度越快，硫化物对银的腐蚀在大气中有 O_2 的参与下更为明显，使银的表面发黑，影响美观。

$$Ag+H_2S \rightarrow AgS+H_2\uparrow$$

二、金银器文物的保护

金银器文物有的纯度很高，但也有的是以合金形式出现，因而性能也各不相同。对于金银器的保护应区别对待

1. 金器文物的保护

金的化学性质非常稳定，不产生电化学腐蚀和微生物腐蚀现象，有的纯金器物，虽然在地下埋藏千余年，只是受泥土挤压而变形，仍里现黄色，不需要特别的除锈和保护。对于合金来说，情形就有所不同，金的合金中含何一定比例的 Ag、Cu、Fe 等金属，金的合金在硬度、色泽等理化性质方面与纯金有不同程度的差别，因此金的合金是容易腐蚀的。

（1）纯金文物的保护

发掘出土的纯金器物，体质很柔软，通常与泥垢、石英和沙砾等结合一起，金质并没有被腐蚀。但观察到的器物表面往往覆打红色锈，这是由于下铁的氧或者埋藏地点附近铁器氧化的影响，很容易清除。

1）去除金器表面石灰质沉积物，可用一根棉签蘸 5% 稀 HNO_3 作局部涂布来去除。

2）去除金器表面有机类的污垢，可用 2% 的 NaOH 溶液浸泡几分钟，使其软化酥解，再用牙签、软刷或剔刀小心除去。

3）去除金器表面灰尘，可用软毛刷刷除，也可用乙醚、苯、中性肥皂液或 10% 氨水洗涤，随后用蒸馏水洗净烘干。

（2）合金文物的保护

古代金器文物中掺少量 Ag、CU、Fe 等成分是为了增加金体的硬度和耐磨性，但也改变了金的性能和颜色，产生了腐蚀的可能性。如 Au—Cu 合金会出现绿色的铜锈，Au—Fe 合金会出现红色的铁锈。对金的合金制成的文物，应根据渗入金属的种类进行针对性的处理。常用氨水或者酸类除去绿色的铜锈；用 HCl 去除红色的铁锈。由于金化学性质的稳定性，酸、碱、盐等溶剂除锈后对金质不会造成损伤。

江苏南京板仓出土的明代“云龙纹金带”，出土时污垢堆积，锈迹斑斑，几乎看不到上面精美的花纹。专家们用稀 HC1 将金带浸泡除锈，再经过多次清洗，便出现了原有的黄灿灿本色。

（3）鎏金文物的保护

鎏金文物就是指以其他金属和材料做内胎，在其外覆盖一层金质材料的文物。鎏金文物出土和传世的数量是非常大的。对于鎏金文物，胎质比外层更容易腐蚀，所以处理方法必须谨慎。尤其不能用还原方法进行处理，因为锈蚀产物的还原金属会覆盖到鎏金表面上，有损器物的外观和价值。

例如处理损坏的青铜鎏金文物，可以使用碱性酒石酸钾钠溶液来清除锈层。如果鎏金层的腐蚀物夹杂在中间，就只能用机械方法来去除了 . 即在双筒显微镜下，用钢针挑除锈蚀物，当露出鎏金层时，就用 1% 的稀 HNO_3 将其表面进行清洗，但要谨慎耐心，防止鎏金层脱落。

保护鎏金文物，稳定胎质是一种非常必要的手段，通常的方法是采用青铜或铁的缓蚀剂来防止胎质的腐蚀病变。也可以使用较稀的高分子材料从边缘的缝隙中灌入，从而加固鎏金层和胎质，起到保护的作用。

2. 银器文物的腐蚀和保护

银具有比较好的化学稳定性，但仍然存在着不同程度的腐蚀现象，影响了文物的艺术价值和历史价值。银器的腐蚀与保存环境密切相关。

（1）银器的腐蚀物

银的腐蚀物主要有 AgC1、Ag_2O、Ag_2S 等。

1）银的氯化腐蚀

埋藏在潮湿的含有氯盐的土壤中，银的表面即转化成 AgCl（角银），是一种类似于泥土状的粘附物，微带褐色或紫色。腐蚀的过程中常伴有体积膨胀、强度下降、器物外型和颜色发生变化等现象。

如果银器氯化不严重，只在表面生成薄薄的 AgC1，AgCl 呈现出的一种悦目的古斑，增加了器物的艺术魅力，是年代久远的象征，一般不必去除。

2）银的氧化腐蚀

银在空气中一般不会氧化，紫外光作为外加能源时，既可促使银离子化，加速银与腐蚀介质的反应；也可以分解氧气分子，产生活化态的氧，活化态的氧和离子化的银一起反应形成氧化银。

$$O2 \xrightarrow{\text{紫外光}} 2[O]$$

$$Ag^{+} + [0] \rightarrow Ag_2 0$$

3）银的硫化腐蚀

银在活化态的 O、O_3、H_2S 同时存在的情况下，生成发黑的 Ag_2S，银器失去光泽而变暗。在银器表面上的黑色 Ag_2S 薄膜虽然不足以观赏，但性质比较稳定，可以减缓银的进一步硫化。如果银的硫化过程严重，器物变得又黑又脆，银本体便不复存在。

（2）出土银器锈蚀实例

1）四川彭州金银器文物埋藏环境分析

四川彭州金银器出土时在窖底发现有淤泥，大多数金银器表面都有包裹土。窖藏里的银器受附近水源污染的部位锈蚀严重。另外，窖藏底部的银器多生长有铜锈。经 $AgN0_3$ 溶液反应分析出有氯元素存在。包裹土的 PH 值为 7，呈中性。经 X 射线衍射分析，包裹土中的主要成分为伊犁石、高岭土、方解石等，其中 $Si0_2$ 与 $CaC0_3$ 各占约 40%。

2）锈蚀机理

这批银器的锈蚀是受埋藏环境的影响，由于大多数银器文物生长有角银，据此推断，原始窖藏环境应该偏酸有 Cl^-。银器文物在该环境下（银器本身含有少量的铜），富铜相部位被优先腐蚀生成 AgCl 和可溶的 $CuCl_2$，氯化物的存在降低了银和铜的电极电势，加速它们的电离和腐蚀，这样就有利于角银的生长。随着反应的进行，导致表面 PH 值局部增加，使得银器表面土层中的 $CaCO_3$ 发生沉积。由于大多数银器外层包有麻布和地下水沉积泥土的作用，这种缝隙环境的电化学腐蚀使得外壁较器物内壁腐蚀严重，腐蚀的结果是生成了大量的 AgCl。相对过量的 Cl 则促进 AgCl 的溶解和迁移。这些因素促使了 AgCl 晶体的生成。

$$Cl^- + Ag^+ \rightarrow AgCl$$

$$AgCl + Cl^- \rightarrow [AgCl_2]^-$$

AgCl 在银胎表面生成并不断结晶成为条块状，大量的晶体条块聚集在一起就形成了角银层。由于 AgCl 晶体生长的不连续性，在角银层中就形成了许多孔隙。外界

的水和 Cl^- 通过角银层的孔隙到达内部，使得角银不断生长加厚。加上银器锈蚀生成了大量的氢氧根离子，使得埋藏环境的 PH 值逐渐增大。

当环境接近或到达中性时，富铜相的铜腐蚀后就转化成 Cu_2O 和 CuO。黑色锈层内除了含有银单质外还有 CuO，铜锈的生成只能在裸露的银胎表面，已经生长有角银的表面不会生长出铜锈。

3）彭州出土银器锈蚀层化学成分分析

银器的诱蚀使纯银 Ag 转变为 AgCl，由表 8-4 可以看出，在土层、锈层和角银层中 AgCl 分别达 18.6%、64.8% 和 53.8%，银的质地逐渐减少。

表 8-4 银器的锈蚀层主要化学成分（%）

银器表面结构	Ag	AgCl	$CaCO_3$	CuO	SiO_2
包裹土层		18.6	39.4		41.9
黑色锈层	28	64.8		7.2	
角银层	40.9	53.8	5.4		

（3）银器的保护和修复

银器的保护主要是维持器物的原型和确保银质的稳定性。

对于轻微腐蚀的银器，只在表面形成均匀的 AgCl 或 Ag_2S 薄膜，尽管已影响了器物的颜色和光泽，但鉴于它的稳定性和保护作用，可以不作处理。

有时为了改善外观，使器物的纹饰或铭文清晰再现，这时要采取措施，将锈蚀物去除。从颜色上就可以判断锈蚀物的种类，从而确定不同的处理方法。

1）去除 AgCl 和 Ag_2S

①擦洗法。

去除银的氯化物可用白垩粉加水调成糊状，或者用酒精溶液（加几滴氨水）擦洗；去除银的硫化物一般可用牙膏等磨料擦除，也可用稀的 $Na_2S_2O_3$ 溶液擦洗。

②化学还原法。

将银器和铝皮或锌粉一起浸泡辛 5% 的 NaOH 溶液或 Na_2CO_3 溶液中，发生电化学反应，将 Ag 还原出来。待银器恢复到银白色时取出，用清水清洗，然后用纱布或滤纸将水吸干。

2）去除 Ag_2O

银器在空气中氧化变暗，主要是在银器表面生成 Ag_2O 薄膜。可先将银器放入 20% ~ 30% 的 H_2O_2 中，浸泡 5 ~ 10 分钟，此时银器表面会产生大量的气泡，对此可用清水清洗 2 ～ 3 次，然后用纱布或滤纸吸干。再将器物放入浓 H_2SO_4 中浸泡 3 ～ 5 分钟，使表面活性银微粒膜溶解，取出后用大量的清水洗净，并用纱布或滤纸吸干。

3）提高银器的韧性和强度

对于机械强度很低的脆性银器可以用加温的方法来提高其韧性和强度。但要注意，温度过高，可能会加剧器物的损毁状态，为安全起见，宁可温度低些，时间长些。将器物置于烘箱中，在两个小时内，温度从 250℃逐渐上升到 400℃左右，并保持一段时间就可以达到目的。

3. 金银器的库房保存条件

（1）密闭保存

保存在库房中的金银器，可用柔软的薄连纸包裹好，在外层再包一层可以吸附空气中的 H_2S 的包装纸（这是一种浸有铜化合物、叶绿素等化学试剂的软纸），然后存放于密封的聚乙烯袋子里或者是密闭的玻璃匣内。密闭还可以防止金银器受到紫外线的照射。

（2）稳定保管环境

金银器文物一般要在恒温环境下保存，温度较低为好，湿度控制在 50% 以下。为了使色彩保持艳丽，常用丝绸擦拭。器物不要受到碰撞或挤压，以免机械损伤。

三、金银器修复和保护实例

1. 修复唐代纯金壶

唐代纯金壶出土时被土层严重挤压变形，呈鞋底状，缺少壶嘴，腹部有纹饰，颜色暗黄。文物保护专家对其进行了整体修复。

修复和保护步骤如下：

（1）整形。用锡锤将金器放在铁棍上，轻轻敲打逐步整形，必要时可用木棍支顶撬压。先恢复大致轮廓，然后再细整。整形要有耐心。整形时发现金壶上有裂缝，用环氧树脂补缺，再贴上金箔就看不出裂缝了。

（2）配壶嘴。用红铜叶打制成壶嘴，按照壶腹部纹饰的样形移画在红铜嘴上，灌入錾花胶，雕刻上纹饰。用磨铜炭将壶嘴磨细，鎏上金。

（3）粘接做旧。用环氧树脂将壶嘴粘上壶身后，在粘合处贴上金箔，再做点和壶身相近的土锈色和章丹红锈色。

2. 修复唐代打料银壶

唐代打料银壶高 29cm，腹部最大直径为 18cm，壶壁厚 3mm，出土时没有变形，但壶口残缺三分之二，腹部有孔洞。

修复和保护步骤如下：

（1）补洞

把纸贴在壶的内侧，用铅笔沿洞孔的边缘画出洞的轮廓，剪下多余的纸，贴在3mm厚的银叶上，干燥后将银叶剪下，放在火中烧红，将温度较高的银叶按到孔洞处，用小锉把银叶多余部分锉掉，直到与孔洞吻合为止，还要保证补料不松动。

（2）雕刻花纹

由于壶身有花纹，所以补缺的银叶也要雕刻上同样的花纹。

（3）补壶口

用小锉将壶口破碴处锉上坡口，将银叶剪成缺块的形状并使之上端宽出壶口圈lcm。包住锉平，将接缝焊严，并修整好。

（4）作旧

旧银壶呈暗灰色，但新配的补块均为银白色，必须进行作旧。用等量的 NH_4C1 和 $CuS0_4$ 白酒溶液浸泡 24 小时。溶液的颜色为浅绿色。作旧时可用毛笔蘸溶液在补块和焊缝上涂抹 2 ~ 3 次，清水冲洗干净即可。

3. 特大型鎏金带钩的保护与修复

1996 年 8 月在西安北郊战国墓中出土了一件特大型鎏金铜带钩。器物长约23.5cm，表面覆满绿色的坚硬的锈蚀物。

修复和保护步骤如下：

（1）除泥垢

用软毛刷轻轻刷去器物表面的泥土，并用放大镜仔细观察锈蚀情况。

（2）测锈

用刻刀刮取适量的疏松粉状锈将其浸泡在蒸馏水中，用 HNO_3 和 $AgNO_3$ 测试浸泡液，发现有析出的氯化物锈蚀。

（3）机械除锈

发现刮取的部位已经没有金箔，并呈现出黑色的凸凹不平的蚀坑。先采取机械方法除锈。在 10 倍放大镜下用钢针尖耐心地从边沿剔除小片锈壳，黄色金箔面开始出现。

（4）化学除锈

将 90% 的乙醇与 Zn 粉调成糊状，用小毛笔将糊状物点涂在锈蚀部位，用刀尖压实封闭，然后连续用乙醇点湿，4 小时后 Zn 粉硬结，有灰绿色锈蚀物析出，8 小时后封闭层完全硬化。此时每一小时加一次水连续浸润。10 天后去除锌粉，涂饰缓蚀剂，基本控制器体的腐蚀和恢复原貌。

以上三件名贵金银文物通过文物保护专家的修复，做到了修旧如旧，既能恢复原状，又展现出完美的立体感，使这些名贵金银文物重放异彩。

第三节　锡铅器文物保护技术

一、锡铅的理化性质

1. 锡的理化性质

自然界中没有游离态的锡存在，锡主要是以氧化物矿石——锡石矿（SnO_2）的状态存在。由于锡的熔点（231℃）比铜（1083℃）低得多，所以用木炭从锡石中冶炼出锡比冶炼铜更为容易。因此，我国古代在学会冶炼铜的同时，就已经掌握了炼锡的技术。

（1）锡的物理性质

游离状态的锡是灰白色的柔软金属，比重 6.8 ~ 7.1，具有很显著的晶体构造。通常条件下锡有两种变体：白锡和灰锡。

白锡在 13.2℃以上是稳定的，在 13.2℃以下，白锡就变成灰锡。白锡转变为灰锡的过程，人们称之为“锡疫”。温度越低，转变越快。灰锡的密度远小于白锡，呈现为极细的粉末。

锡是最软的金属之一，锡的可塑性比铜、金、银都小，但是仍然可以制成锡箔，拉成细丝却相当困难。

（2）锡的化学性质

1）锡的氧化

锡在普通条件下很稳定，不与水反应，在空气中也不被氧化。单质锡在常温、潮湿空气和有水的条件下被氧化成灰白色的 SnO_2, 氧化速度很慢。

2）锡与酸的作用

单质锡在稀盐酸中溶解很缓慢，但浓盐酸容易溶解锡，并释放出氢气：

$$Sn+2H^+ \rightarrow Sn^{2+}+H_2\uparrow$$

铅水可以溶解锡，反应生成氯化锡：

$$3Sn+4HNO_3+12HCl \rightarrow 4NO\uparrow +8H_2O+3SnCl_4$$

古代的锡器一般都是锡与其他金属的合金，如铜、铁、铅等。

2. 铅的理化性质

如同锡一样，自然界中没有游离态的铅存在，铅主要是以各种形态的化合物存在的。铅的最主要矿石是铅矿石（PbS，又叫方铅矿），铅金属熔点低（327℃），将铅矿石放在柴堆上烧烤，熔化的液态铅冷却后就能形成一块宽而薄的铅板。

（1）铅的物理性质

铅是淡青白色的重金属，比重 11.3，质地柔软，易于切割。铅的机械性能不是很好，但却有特别大的可塑性。铅块即使经受相当小的压力彼此也能牢固地结合起来。铅的延展性很小，几乎不可能将铅拉成细丝。

（2）铅的化学性质

1）铅的氧化

浸没在水中的铅很少被腐蚀，但是在潮湿的空气中，铅却很容易被破坏，和水发生反应生成氢氧化铅：

$$2Pb+O_2+2H_2O \rightarrow 2Pb(OH)_2$$

$Pb(OH)_2$ 不稳定，在潮湿的地下 $Pb(OH)_2$ 与 CO_2、O_2 继续反应，生成白色粉状的碱式碳酸铅 $PbC0_3 \cdot Pb(0H)_2$，$PbC0_3 \cdot Pb(OH)_2$ 在潮湿的空气中经光氧化分解，生成棕褐色的 $Pb0_2$。

$$PbC0_3 \cdot Pb(OH)_2（白色）\rightarrow Pb0_2（棕褐色）$$

$PbC0_3 \cdot Pb(OH)_2$ 与大气中少量的 H_2S 接触，生成黑色的 PbS：

$$PbC0_3 \cdot Pb(OH)_2+H_2S \rightarrow PbS+PbC0_3+H_2O$$

2）铅与酸的作用

铅一旦与酸接触后，在表面立即形成一层盐膜防止继续腐蚀。

由于硫酸铅不溶于稀硫酸，故反应立即停止。因此硫酸铅形成的膜对铅器具有很好的保护作用。

$$Pb+H_2SO_4 \rightarrow PbSO_4+H_2\uparrow$$

铅和盐酸反应后在铅的表面形成氯化铅保护膜：

$$Pb+2HC1 \rightarrow PbCl_2+H_2\uparrow$$

在春秋战国时期，人们曾用铅熔铸成生活用品，很少用来制造饮食器，说明在长期的生活积累中，已经发现铅与铅的化合物都有不同程度的毒性。因为铅是重金属，人体即使摄入小剂量的铅也无法排出，长期积累在体内导致铅中毒。

二、锡铅器文物的保护技术

1. 锡器的腐蚀和保护

（1）锡器的腐蚀

1）锡疫现象

许多古代有历史文化价值的锡器没有保存下来，据研究，其主要原因是发生“锡疫”。用于制造锡器的白锡（β—锡）对温度非常敏感，当温度低于 13.2℃时会逐渐发生相变，缓慢变成性质非常脆弱的灰锡（a—锡），锡由银白色变为灰色，器物的体积增大，外貌发生变形，机械性能下降，易发生一定的散碎，最后变成粉末状。因此，锡器在保存时，温度绝不能低于 18℃，以防发生“锡疫”现象。

在锡中附加 0.5% 的祕（Bi）可以防止“锡疫”。

2）锡的腐蚀物

出土的锡器，由于长期埋于潮湿地下，锡器表面一般会失去光泽，生成一层粗粒状、暗灰色的氧化亚锡（SnO）。如果继续腐蚀，则进一步转化为白色的氧化锡（SnO_2）。锡器内有铜成分的文物，其锈层上还会，有绿色（碱式碳酸铜、碱式氯化铜）和红色（氧化亚铜）的铜锈。

（2）锡器的保护

1）还原法

对于轻微锈蚀的锡器可采用电化学还原法或者电解还原法进行处理，常用 NaOH 作为电解质溶液，Zn、Pb 或 Mg 作为阳极。

但器物上有铭文或纹饰时，处理要极为慎重，不宜采用电化学还原法，而是用 Zn 粉、NaOH 进行局部还原法处理。

对于“锡疫”现象严重的锡器，先要在热水中处理 1 小时左右，再进行还原法处理。

2）嵌埋法

长期埋藏在地下的合金锡器会受到盐类局部的腐蚀，器物的表面出现肿胀的锈蚀物。锈蚀物如果呈硬皮状，说明锡器还处在相对稳定的时期，此时锈蚀物不宜剔除。

脆弱的锡制品可以使用嵌埋法保存，即将锡器嵌埋在透明的塑料颗粒中保存，或者嵌埋在甲基丙烯酸酯类的树脂里，以隔绝空气中的有害成分。如果锡器需要取出时，可将器物浸泡在四氯化碳（CCl_4）有机溶剂中，将树脂逐渐溶胀除去。

3）密闭法

锡器性质柔软，要尽量避免机械碰撞或挤压，一般需要放在特别的布套或盒子里。

2. 铅器的腐蚀和保护

（1）铅器的腐蚀

铅器在潮湿空气中表面很快氧化，形成一层氧化膜。

$$2Pb+O_2 \rightarrow 2PbO$$

铅的氧化物形成的膜是致密的，可以防止铅器继续被氧化，具有一定的保护作用。而出土的铅器，长时间受到各种盐类、地下水中的 O_2 和 CO_2 等的腐蚀，形成一层白色锈壳（碱式碳酸铅 $PbCO_3 \cdot Pb(OH)_2$）。由于锈壳的自身膨胀而影响器物的原貌，应当除去。

铅器还容易受有机酸（如乙酸、鞣酸等）和油脂等物质的污染而产生腐蚀现象。

$$PbO+2H^+ \rightarrow Pb^{2+}+H_2O$$

（2）铅器的保护

1）HCl—CH_3COONH_4 除铅锈

先将器物浸泡在 50 倍于自身体积的 1.2mol/L 的稀盐酸中，直到不再有气泡出现为止。将器物取出，滤干酸液，用大量的煮沸蒸馏水清洗除酸，反复洗涤三次。然后再将器物浸泡在 25 倍于自身体积的 1.2mol/L 的乙酸铵中，直至铅器表面无锈蚀物为止，用大量的蒸馏水清洗残存的溶液。最后在常温下阴干，也可浸于酒精或丙酮后晾干。

2）离子交换树脂除锈

一些小型的铅币、铅章等文物，可与离子交换树脂放在一起，互相接触，并浸泡在温热的蒸馏水中，更换多次树脂后，铅锈消失，铅本体不受任何影响。

3）封护

对一些有文物价值的铅器可浸泡在石蜡溶液中，进行表面封护。

4）密闭保存

铅器应保存在密闭的盒子或封套中，减少与 O_2、水蒸气、灰尘、有机酸、油脂、空气污染物等接触。脆弱的铅器也可以使用嵌埋法保存，效果很好。

铅器不能放在橡木制的橱柜或抽屉中，因为橡木能分泌出鞣酸会腐蚀铅器，应选用其他木材。

第九章　竹木漆器文物保护技术

第一节　竹木漆器的结构与化学组成

一、竹木漆器的胎质

1. 竹材、木材纤维细胞的亚纤维结构

竹木茎干的主体是由无数个纤维细胞组成，纤维细胞壁中以纤丝为主体。纤丝是由许多微纤丝聚集而成，微纤丝则是由许多纤维素分子有规则地排列面组成的结晶区，木质素匀半纤维素都以种填充和粘结物形态包围在纤丝的周围。无数个厚壁纤维细胞通过胞间层组合成整体与细长柔韧的纤丝和微纤丝，共同决定了胎质的机械强度。

（1）木材的亚纤维结构

若干个 β—葡萄搪脱水聚合—纤维素分子链—纤维素结晶格—微纤丝—纤丝—组成纤维细胞壁的主体—纤维细胞群竹木茎干的主体结构。

（2）植物纤维—厚壁细胞

竹木漆器的内胎主要使用的是树材和竹材的茎干，茎干由亿万个植物纤维细胞构成，这类两头尖、中间空、细面长的厚壁死细胞 . 富有绕曲性和柔韧性，彼此交织后有，定的结合力，使材料有较好的机械强度和耐腐蚀性，竹木材的质量与纤维细胞排列有关，材质中纤维细胞比例越大材质越致密，质量越好。

（3）细胞壁的构造

纤维细胞的细胞壁由胞间层、初生壁和次生壁三部分组成。

1）胞间层

两相邻细胞之间有一层细胞间隙，称为胞间层，胞间层把各相邻细胞粘结起来，使材质具有一定的机械强度。

2）初生壁

初生壁是细胞壁的初生成分，紧贴着胞间层，很难与胞间层分开，与胞间层合称为复合胞间层。

3）次生壁

次生壁是细胞壁的增厚部分，由里向外可分为三层，构成细胞壁主体的是次生壁中层，占胞壁的70%，次生壁中层的微纤维与细胞纵轴几乎平行排列。

2. 竹材、木材的物理性质

（1）吸湿性

不同的竹木材因纤维细胞的种类、排列结构和多糖化合物分子链间非结晶区的疏密程度不同，吸湿性有很大差别。

1）纤维素与半纤维素分子吸水性

竹木漆类文物之所以容易吸水，与竹木材主体成分纤维素和半纤维素的分子结构息息相关。从多糖化合物的化学结构来看，其分子链上有大量的羟基（—OH基团），—OH是较强的亲水极性基团，易于吸附环境中的水分子。但水分子只能进入非结晶区，与非结晶区的游离—OH形成氢键结合力，这部分水称为结合水。当大分子内的—OH被其他基团所置换后，其吸水性会发生变化。

2）木质素吸水性

木质素是以若干个苯丙烷为主体的立体网状大分子结构，分子与分子间不可能靠得很近，排列疏松，容易吸水。

3）毛细管吸水性

竹木材的吸湿能力除了取决于亲水性羟基的多少以外，还与纤维结构的各个单元，如微纤维之间、原细纤维之间乃至大分子之间有大量毛细管有关，由于毛细管作用所吸附的水，称为毛细管水或游离水。

（2）收缩性与膨胀性

1）材料的吸水膨胀性

由于材料内含有的游离水和结合水的含量受周围环境的水分和相对湿度控制。当环境中湿度过大时，材料吸水膨胀，被吸附的水分子存在于毛细管内、非结晶区的线形纤维素分子链之间和结晶区的表面。在材料的微纤维多糖分子中，其羟基吸附水分以后，引起相邻分子的分离，使微纤维之间的间隙过大，产生横向膨胀。

2）材料的失水收缩性

当环境干燥时，所吸附的水分就会散失，产生收缩，一般来说，竹木材遇到非常干燥的环境，先失去游离水，再失去结合水。

材料所含水分的减少必然会使纤维素分子链之间的距离缩短，从而导致收缩现象。

（3）滞后性

在同一相对湿度下，吸湿时水分吸着量低于解吸时水分的蒸发量，也就是吸湿时的平衡含水量总比解吸时低，这种现象叫滞后现象。滞后现象是由于吸湿时同时发生润胀，从而破坏氢键，使分子链之间的距离增大；在解吸时发生收缩，分子链之间的距离缩小。这两种分子链的运动变化都会遇到阻滞，在吸湿时，由于内部的游离羟基少，即吸着中心少，也就是纤维素本身的结合点较多，所以本身吸着的水分就少；而在解吸时，由于内部的游离羟基（—OH）多，即吸着中心多，也就是纤维素本身的结合点较少，所以吸着的水分就多。

（4）易劈性

竹质是由维管束的基本组织组成，维管束不均匀地分布在基本组织当中。维管束的主要细胞是木质纤维，其壁厚，腔极窄，形狭长，纵向排列。因此它纵向强度大，横向强度小。基本组织由薄壁细胞组成，细胞壁薄而柔软，强度不高，由于维管束分布在基本组织中，因此易于开裂。

二、竹材、木材的化学成分

竹、木材都是天然高分子的有机物，主要由纤维素、半纤维素和木质素构成。纤维素、半纤维素、木质素等分子的结构和性质以及它们之间各自所占比例，决定了竹、木材具有各种不同的性质，并深刻影响着竹、木材的加工工艺和产品特性。

木材绝干材平均含C50%、H6.4%、042.6%、N1%，组成木材的物质主要有四大类:

多糖类—纤维素和半纤维素；

芳香族类化合物—木质素；

可提取物—树脂、挥发性油类、单宁、色素等；

矿物质—灰分。

竹子中也还包括果胶、淀粉和少量的蜡质。竹子纤维的性能受品种、地域和季节等因素的影响较大，竹子自身的质量和性能对竹器的寿命影响也极大。

1. 纤维素

纤维素主要分布在材质次也壁的中层和内层。纤维素足出若干个 β－葡萄糖脱水聚合形成的直链高分子化合物。纤维素分子式为 $(C_6H_{10}O_5)n$ ，其中 $-C_6H_{10}O_5-$ 为葡萄糖基，n 为聚合度，即纤维素分子内葡萄糖基的数。n 越大，链越长，甙键越多，纤维耐腐蚀性越好。

纤维素分子结构单元的化学式为 $C_6H_{10}O_5$, 这说明纤维素是由 44.41% 的 C、

5.17% 的 H 和 43.39% 的 O 组成的碳水化合物，属于多糖类。根据最近的资料报道，每－个木材纤维素分子平均约含 7000 ～ 10000 个葡萄糖基，所以木材为高分子化合物。

纤维素大分子链之间的连接是由于范德华力和氢键力的存在而形成的。每一个葡萄糖基的 2、3、6 位 C 原子上，存在三个极性强的—OH，当两个大分子链靠的很近（0.28 ～ 0.5nm）时，相互之间便产生了引力，即范德华力；另一方面羟基上的 O 原子是负电性很强的原子，当它与相邻分子中羟基上的 H 原子靠得很近（0.24 ～ 0.27nm）时，大分子极性原子闭之间将因氢键而结合，形成氢键力。范德华力的能量在 8 ～ 12kJ/mol 之间，氢键的能量为 20 ～ 30kJ/mol（是范德华力的 2 ～ 3 倍）；C—0—C 键是主价键，能量为 335 ～ 377kJ/mol。

氢键结合力对于竹木材的物理化学性质、耐久性和竹木胎的修复保护均有很大的关系。

2. 半纤维素

半纤维素是由两种以上的五碳单糖和六碳单糖脱水聚合形成的非均一多糖化合物，单糖有木糖、甘露糖、葡萄糖、阿拉伯糖等，这些单糖结构相似，都含有一定数目的—OH。

半纤维素分子与纤维素相比，聚合度小得多，分子链短，并在直链上带有较短的支链；半纤维素分子间间隙大，难以靠近，不容易形成氢键结合力；游离—OH 基多，吸湿能力和润胀能力比纤维素高，含半纤维素高的竹材及木材，其机械强度和耐腐蚀性能都比较差。

3. 木质素

木材中含有大量的木质素，木质素主要分布在复合胞间层和次生壁的外层。

木质素不是指某单一化学结构的物质，而是代表植物中某些具有共同性质的一群物质的总称。木质素的结构比较复杂，其大分子由若干苯丙烷单元构成，具有芳香族化合物的特点。木质素不是线型分子，而是一种立体网状结构的大分子。这种结构使木质素的溶解性很差，木质素不溶于水、有机溶剂及一般的酸碱。木质素是木材细胞胞间层的主要成分，容易被氧化，在潮湿状态下会逐渐塑化，导致木材软化，使木材纤维之间失去结合力，强度下降。

4. 灰分

竹木材的主要成分先有机物，但也含有少量无机物，即燃烧后的灰分^灰分的含量约占绝干材重量的 0.3% ～ 1.0%。

灰分可分为两种类型：溶于水的碳酸盐类——主要成分为 K、Na，占全部灰分的 10% ~ 25%；不溶于水的碳酸盐、硅酸盐和磷酸盐类——主要成分为 Ca、Mg，占全部灰分的 90% ~ 75%。

三、竹木漆器的漆膜

古代的漆是天然漆，又叫生漆、国漆、土漆等，是漆树的树汁。漆树属漆树科，为落叶乔木。漆树原产中国，现广泛分布于亚洲温暖湿润地区。在我国以陕西、四川、湖北、贵州、云南、甘肃省较多，河南、安徽、浙江、福建等省也有少量分布。

漆树自然分泌树汁，在潮湿的空气中充分氧化后，表面呈栗壳色，干固后变成褐黑色，非常牢固，具有耐酸、耐热、防腐、绝缘的性能，在器物表面形成坚硬光亮的涂层，这一现象被中国先民所发现，利用它来涂抹、装饰包括竹器、木器、陶器在内的许多器具，这是生漆利用的开始。考古发现我国的先民利用生漆最早在 7000 多年以前，在周代已有对生漆课税的记载。

1. 漆的种类

从出土的竹木漆器的漆膜进行鉴定发现，古人按照历史顺序使用的漆有三种：

（1）生漆。从漆树上采割得到的漆液除去水分和杂质后即为生漆，如：1978 年在浙江余姚河姆渡遗址第三文化层中发现一件朱漆涂饰木碗，是中国迄今所知年代最早的漆器。

（2）熟漆。生漆经过搅拌加热精制而成熟漆。熟漆可与颜料混合调制成天然色漆。如：长沙五里牌 406 号楚墓出土了一件皮胎漆盾，其两面均以黑漆为地，绘赭红及黄色龙凤纹，制作精美。

（3）油漆。油漆是桐油和生漆的混合物。以油漆涂饰的器物在春秋战国时期就已经出现。桐油的主要成分是桐油酸（$C_{17}H_{29}COOH$），具有很强的结膜性能，而生漆具有很好的保护功能和粘合能力，二者的结合可以说是我国先人在化学史上的一项具有民族特色的创举。

2. 漆的化学成分

天然漆为白色粘稠液体，其主要成分是漆酚、漆酶、含氮物质和树胶质，此外还有一定量的水分和少量其他有机物质。各种成分的含量，随漆树品种、生长环境和采割时期等因素的不同而有所差异。我国生漆中各种成分的含量一般为：漆酚 40% ~ 80%，含氮物 10% 以下，树胶质 10% 以下，水分 15% ~ 30% 以及少量其他有机物。

（1）漆酚

漆酚是生漆的主要成分，不溶于水，但溶于乙醇、乙醚、丙酮、二甲苯等有机溶剂和植物油，主要是几种具有不同饱和度的脂肪烃的邻苯二酚及间苯二酚的混合物。

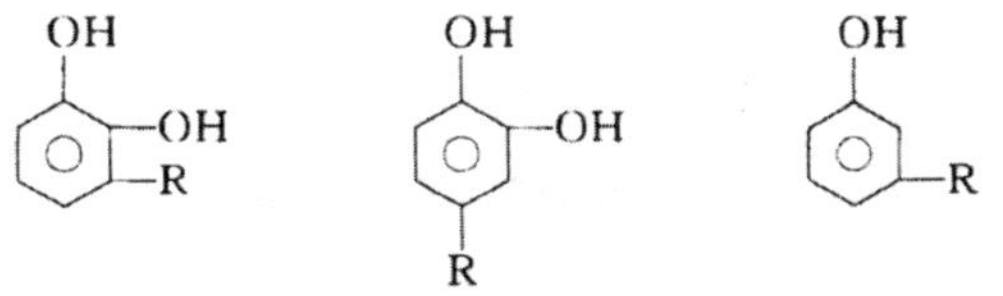

其中，R 为烷烃或烯烃长链，烃内的碳原子数目为 15 或 17。在烃链上，若碳碳之间全是单键的称饱和烷烃链，如碳碳之间有双键的称不饱和烯烃链。烯烃链中可带有 1 ~ 3 个双键。

R 链可有五种类型：

R_1：—（CH_2）$_{14}CH_3$（饱和烷烃链）

R_2：—（CH_2）$_7$—CH=CH—（CH_2）$_5CH_3$（单烯烃链）

R_3：—（CH_2）$_7$—CH=CH—CH_2—CH=CH—（CH_2）$_2CH_3$（双烯烃链）

R_4：—（CH_2）$_7$—CH=CH—CH_2—（CH=CH）$_2$—CH_3（三烯烃链）

R_5：—（CH_2）$_7$—CH=CH—（CH_2）$_2$—CH=CH—CH=CH_2（三烯烃链）

一般来说，天然漆中的漆酚含量越高，天然漆的质量越好。我国天然漆漆酚主要成分是三烯漆酚。漆酚是一种粘稠液体，是天然漆结膜的主要物质。但漆酚必须在催化物质（漆酶）的作用下才能干燥结膜。

（2）漆酶

漆酶俗称生漆蛋白质、氧化酵素，是一种氧化还原酶，存在于天然漆的含氮物质和树胶质中。漆酶的分子量为 12 ~ 14×10^4，含有 4 个铜原子，为含铜糖蛋白。它不溶于水和有机溶剂，但溶于漆酚。漆酶能促进漆酚的氧化，使干燥结膜的进程加快，因此它是天然漆在常温下干燥时不可缺少的天然有机催干剂。

（3）树胶质

树胶质属于多糖类物质，含有微量的 Ca、Al、K、Mg、Si、Na 等元素，溶于水但不溶于有机溶剂。从天然漆中分离出来的树胶质呈黄白透明状，具有树胶的清香味。树胶质主要是增强漆与器物的粘合，并影响漆的干燥性能。它还是一种表面活性剂，可起到很好的悬浮剂和稳定剂的作用，能使得生漆中的各种成分成为均匀分布的乳胶体，使其稳定而不易变质，便于涂刷，形成的漆膜也非常细密，稳定性大为增强。

（4）水分

水分在漆中占有的比重不但与漆树的品种、产地环境有关，还与采割、加工技术有关。一般来说，天然漆中的水分越少，其质量也就越高。水分是形成乳胶体的主要物质之一，也是漆在干燥过程中漆酶发挥作用的重要条件。即使在精致的漆中，含水量也在4% ~ 6%左右，否则很难干燥结膜。

（5）其他有机物质

天然漆中含有的其他有机物质相对较少，如植物油（含量约为1%）、甘露糖醇、葡萄糖和乙酸等，这些成分对天然漆的质量没有显著的影响。

3. 漆的结膜

漆的结膜就是漆的干燥过程，也是天然漆中各种成分发生物理、化学变化的过程，即漆酚中酚羟基被漆酶催化与烃链中双键氧化聚合的过程。成膜的过程中必须有H_2O和O_2的存在，且与温、湿度有关，在适宜的温、湿度条件下干燥成膜的速度快，膜的质量好。

天然漆干燥成膜有氧化聚合成膜和缩合聚合成膜两种不同的方式。结膜机理和方式不同，漆膜的结构和耐腐蚀性能也有所不同。

（1）氧化聚合成膜

在常温下天然漆的自然干燥就属于氧化聚合成膜的过程。在这个过程中不但要有氧气的参与和适宜的温、湿度（一般温度为20 ~ 30℃，湿度为80% ~ 90%），还特别依赖漆酶的催化作用。

1）酚型化合物氧化成醌型化合物

天然漆的漆酚在漆酶的催化作用下，酚基被氧化生成酚醌，如乳白色的漆液接触空气以后，其表面立即变为红棕色，就是因为酚基被氧化成酚醌，即漆酚在氧化的过程中，吸氧变成醌型的化合物。

漆酚醌的反应性很强，一次反应生成的漆酚醌又与未反应的漆酚进行二次反应，生成两种不同的二聚体，这时漆膜的颜色便由红棕色转变为褐色。

酿型化合物的出现，仅仅是一个过渡阶段。醌型化合物还要进一步氧化聚合生成长链状或网状高分子聚合物。漆酚二聚体与漆酚醌会循环连续反应生漆酚多聚体，此时褐色进一步转变为深褐色。

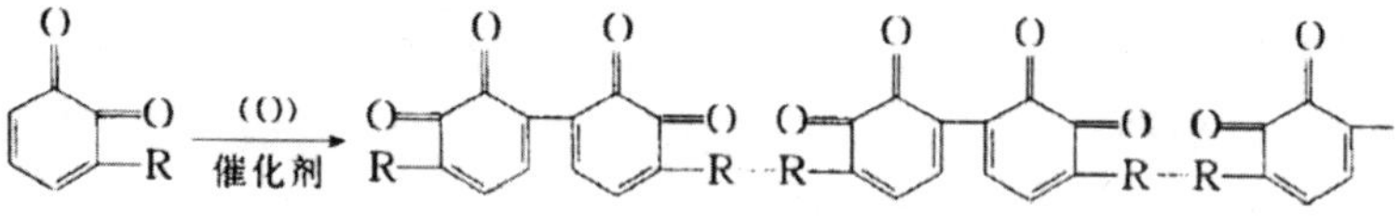

或者是：

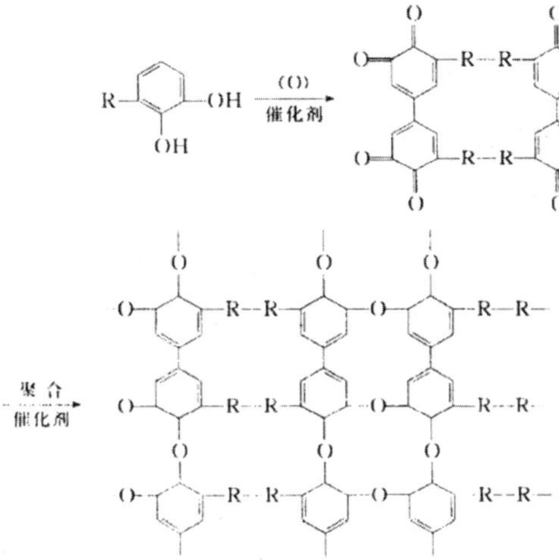

2）烃链的氧化

当漆酚形成多聚体时，R 基（烃链）也能被氧化，氧化聚合方式与一般干性油的氧化聚合方式相同，通过氧桥键连结成为网状高分子化合物。由于共轭双键的存在和分子量的增加，漆的颜色逐渐由深褐色转变为黑色，粘度也进一步增大。但是此时漆酚的分子量还不是很大。键的长度也没有达到形成固化膜时的长链或网状聚合度，漆膜也只是处于指触干燥程度。由于漆酚烃链含有的双键不止一个，因此在氧化聚合反应的过程中，漆酚的烃链还会进一步形成三维空间体型结构的高分子化合物，最后达到固化成膜。

烃链的氧化聚合反应为：

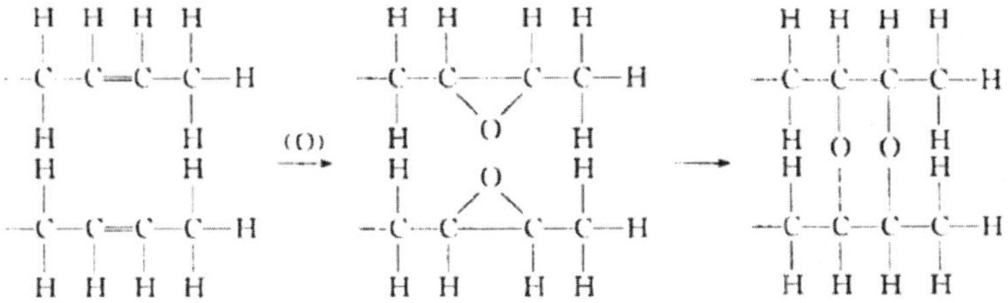

上述反应过程是生漆在常温的近似反应过程，如果温度过高或过低（如盛夏和寒冬），漆的干燥过程显著减慢，这时需要以人工的方法加以促进。物理的方法是人工调节温、湿度，没有副作用；化学的方法是使用干燥剂，有一定的副作用。

用于漆液干燥的化学药剂有二氧化锰、草酸铵、硫酸锰、氢氧化锰、硼酸锰、氢氧化铝、氨水和甘油环烷酸等，用于底漆漆灰的填料有二氧化锰、铅丹、密陀僧、乙酸铅、铅白、石膏、石灰粉、碳酸镁等。

（2）缩合聚合成膜

缩合聚合成膜是一种人工干燥的方法。它是在隔绝空气和高温（100℃）的条件下使漆液干燥成膜的。它以不吸氧的缩合反应和不吸氧的聚合反应为主要形式，由于漆酶在温度超过 70℃时已经失去活性，所以在高温下形成的漆膜没有醌式结构的出现，漆膜的颜色比常温条件下也要浅的多，硬度也比较大，最后的生成物是网状体型结构的高分子聚合物。其反应过程可由下列反应式代表：

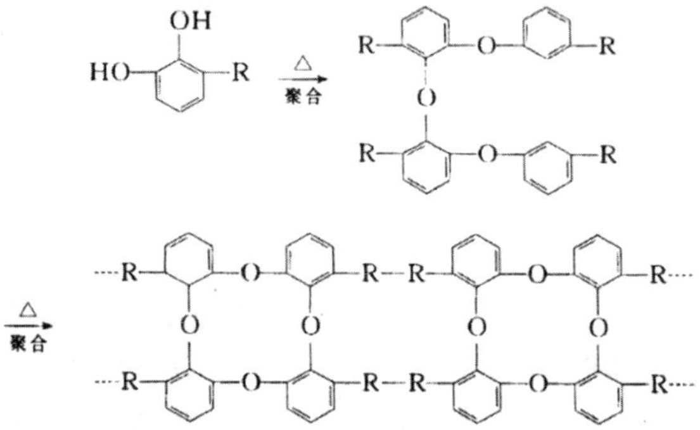

这种干燥方法关键在于温度的控制，低于 100℃效果不好，高于 180℃以上又会导致漆膜炭化，130 ～ 180℃时硬化效果最好。采用高温硬化法的优点就是漆层的附着力非常强，几乎不能剥离，漆色透明，颜料不易变色，干燥后没有漆味，最适宜于金属胎或陶瓷胎的表面涂饰。

4. 影响结膜的因素

漆酶的活性决定着漆的干燥结膜的质量。漆酶的活性主要受以下因素的影响：

（1）大气的温度、湿度

生漆需要在一定的温、湿度（20 ～ 30℃，70% ～ 80%）下才易干燥，过冷或者过热、过干或者过湿的环境都不利于生漆的干燥。温度在 75℃以上，漆酶的活性在一小时内会被完全破坏，无法促进漆结膜。

（2）介质的酸度

最适合漆酶的 PH 值为 6.7, 当 PH 值在 4 ～ 8 以外时，漆酶的活性会消失。酸、过氧化氢、氢氰酸、羟胺、硫化氢、氰化钾、重氮化钠等物质会部分或完全破坏漆酶的活性，影响结膜质量。

（3）漆的含铜量

漆酶是一种含铜的多元酚氧化酶，含铜量为 0.24% 时漆酶活性较大。漆酶能促进多元酚和多氨基苯的氧化，而不能促进一元酚类的氧化。

出土漆器漆膜中分离出的漆酶呈白色，活性较低，所以膜的牢度会退化。

5. 漆膜的作用

漆是一种保护器物表面免受腐蚀侵害、装饰美化的化学材料，漆经过一定的方法被涂饰在器物表面上，干燥以后形成牢固附着的坚实的膜。漆的作用主要体现在以下方面：

（1）保护作用。古人已经知道，由竹材或木材所制造的各种器具和工具，长期暴露在空气中，很容易受到水分、光线、氧化剂、微生物、害虫等因素的破坏而逐渐腐蚀毁坏。在这些物体表面涂上漆而形成的漆膜具有耐久、耐腐、耐热、耐油、耐溶剂等优良性能，能使材质与空气隔绝，起到防腐、防污、防潮、防虫等作用，并延长了器物的使用寿命。

（2）装饰作用。生漆的涂膜坚硬而富有光泽，具有光亮美观、鲜明艳丽、色泽悦目等特点，如明代宫廷用来盛放点心的剔彩春寿宝盒，式样典雅美观，色彩富丽鲜明，雕工纤细精美，纹饰寓意吉祥，花纹繁密清晰，既是实用的盛器，又是珍贵的艺术品。

第二节　竹木漆器腐朽的原因

一、漆膜的腐朽和损坏

1. 漆膜化学降解老化

（1）漆膜老化的概念

天然高分子聚合物漆膜在外界不利环境的作用下会发生不可逆的降解反应，降解老化主要是聚合键断裂、网状聚合物解离，烃链分裂也会引起老化。降解包括分子链的断裂和交联，两者都改变了漆膜原有的性质，使其性能下降。断链使漆膜变得脆弱，交联使漆膜失去弹性，生漆漆膜降解的快慢是由漆膜的自身性质和外部环境因素综合决定的。

（2）漆膜化学老化的机理

漆膜化学老化是一系列复杂反应的结果，常常伴随着分子量的很大变化，漆膜中的化学键在各种机械力、热、光和化学反应物的作用下断裂，并产生自由基，这些自由谈或重新结合，或在有氧条件下，与氧结合在一起形成过氧自由基。过氧向由基有时相互加成，有时与自由烷基加成，而不再加成的就会发生断链。断链是一种无规则反应，在链的仟意位置上叫以发生，但多始于链的弱键部分。

（3）漆膜老化的化学成分改变

少漆漆膜的降解和其他的聚合物一样，通过氧化、水解、断链的过程，主要生成醛、酮、羧酸等以及可挥发性物质，降解活期的漆膜孔洞增加河以容纳水分。而且因为降解，漆膜分子中极性键特别是—OH 和—COOH 的增加使吸水性增强。这时的漆膜具有类似木材的性质，会受水的影响发生膨胀、收缩和卷曲。

漆膜的老化降解通常从表面开始，然后再深入内部，因此，在膜的体积和件质末发生明显变化之前，表面上就可能出现各种老化现象，如龟裂、变色等。

2. 漆膜物理形变过程

（1）膜内水分不均匀蒸发

在外界环境相对干燥的情况下，漆膜中的水分开始蒸发。山于漆膜的透水性较差，从而膜中水分的蒸发为一种不均匀状态，蒸发遞大的部位收缩量也大，反之亦然。因此，最终会导致漆膜的物理形变。

（2）漆膜张力不均匀开裂

在干燥环境中，漆膜外表酣首先千燥收缩，并由含水率较高的较菜软状态逐渐硬化。这一过程使外表具有一定的力量向中心拉扯，当拉扯力达到，定程度时，漆膜的自身强度和柔韧性也发生改变，表现为漆膜首先硬化，然后漆膜从原有的肉眼不可见的细微虚弱处断开。

（3）漆膜的翘曲

开裂后的漆膜内侧与空气接触面增大，水分的蒸发随之加强，内表面在干燥过程中也逐渐趋向于收缩，但这个收缩力是随水分的蒸发缓慢产生的，不可能一下大于外表面已产生的预应力，所以内表面水先蒸发的部位无法产生应有的收缩，而难以干燥固定形状，千燥后的漆膜就产生翘曲。

对于那些较薄漆膜的竹器文物，翘曲现象比较明显；而对漆膜较厚的木器文物，由于漆层中间老化降解度略小，漆层强度相对较大，就不容易发生卷曲。

二、胎质的腐朽和损坏

我国绝大多数的出土漆器绝对含水量都很高，水是胎质损坏的最重要的原因，如河南信阳楚基出土的木钟残片，分析结果表明：

绝对含水量：比正常木材饱和含水量高出几十倍。水分是一切有害化学反应的介质．又能造成胎质的损坏开裂。

木质素含量：80.4%，比正常含厭高 3 ～ 4 倍，导致胎质吸水量增加。

纤维素含量：10.5%，比正常含量下降 40% ～ 50%，说明大多数纤维索已波降解，这是造成出土竹木材千燥后收缩形变的主要原因。

1. 胎质的物理损坏

（1）胎质的胀缩向异性导致变形开裂

木材的胀缩叫异性是指纤维素分子和半纤维素分子—OH 基吸附水后，就会引起相邻链的分离，产生膨胀；反之，吸附水散失就要收缩，但木材的这种干缩湿胀在各个方向（经向、弦叫、端向）上不一致，加上木材闪部和外表的水分分布不均匀，因此在环境湿度急剧变化的情况下，就会造成木材各种表画和端而的裂隙和多形态的扭曲和翘曲，如此反复，就会使胎成变形、汗裂和剥落，并不断加剧，严重的就会造成崩溃解析。

（2）材质细胞结构发生变化

竹木器文物由于长期吸水膨胀和失水收缩会引起细胞结构发生各种变化，加速胎质损坏。根据福建泉州出土的宋船古松木细胞切片分析，细胞结构的改变主要表现为：

1）细胞膜明显分离。

2）松木管胞的次生壁、初生壁和胞间层均有明显的分离和薄壁组织破损及穿孔。

3）许多细胞结构失去正常形态：细胞壁坍塌、破碎，有的管胞腔变得异常窄小或成为很不规则的扭曲形态，多数严重萎缩和变形。

4）古木组织空虚率大为增加，其胞壁体积只有 11.57%，而普通木材的松木胞壁体积率为 26.95%。

5）许多古木组织内孔隙呈现增多和扩大的趋势，其毛细管平均孔径加大，使得木材中一些原来属于微毛细管系统的吸着水区域变为实质上的大毛细管的自由水区域。

（3）材质的物理性质发生变化

组织结构的变化必然会引起物理性质的变化。木材的紧密度、强度、干缩率都是木材稳定性的依据．（由于受外界环境的影响，材质的物理性能和耐久性下降。

表 9–1　福建泉州出土宋船古木和现代木材的部分物理性质比较

取样		基本密度（g/cm^3）	硬度（kg/cm^2）			最大干缩率（%）	
			经向	弦向	靖向	经向	弦向
松木	现代材	0.414	299	330	409	4.21	10.18
	古松木	0.180	30	26	32	7.46	33.45
杉木	现代材	0.275	164	169	264	2.85	7.76
	古杉木	0.248	130	124	216	6.10	11.89

从表 9–1 可以看出，出土古松木的基本密度不到现代普通木材的二分之一，其单位体积内细胞壁物质数量大为减少；硬度指标与现代普通木材相差很大，是数量级之差，其机械强度大为下降；弦向干缩率远大于普通木材，说明其稳定性相当差。

2. 胎质化学成分的改变

（1）纤维素、半纤维素分子的化学降解

在环境中的水和酸的作用下，多糖分子发生水解反应，氧桥断裂，聚合度下降，而且分子上的氢氧基增多，分子吸水性增强；还原性醛基增加，铜值提高，受到弱碱作用会变黄；纤维强度和耐久性均下降。

（2）纤维素、半纤维素、木质素分子的氧化降解

在环境中水和氧化剂的作用下，胎质的三种有机化合物内活泼基团都可氧化，生成醛基、酮基和羧基，使化学成分改变，耐久性变差。

（3）出土木船化学成分改变实例

福建泉州出土的松木船，由于长期经受地下水和地面渗透水，特别是带有酸性水的化学水解，古木的化学成分发生了很大的变化，主要表现在古木成分中的纤维素和半纤维素显著下降，主体纤维素成分仅为现代松木的三分之一，而木质素的百分比含量则大幅度提高（见表 9–2）。

表 9–2　古松木与现代松木化学成分比较（重量%）

分析项目	古松木	现代福建马尾松
水分	14.09	11.25
灰分	14.47	0.49
热水抽出物	2.60	3.61
1%NaOH 抽出物	17.47	14.61
苯一醇抽出物	1.26	3.82

续表

分析项目	古松木	现代福建马尾松
硝酸纤维素	15.39	46.62
木质素	61.89	28.69
多戊糖	9.46	11.69

3. 质材的生物腐蚀

（1）微生物的危害

竹、木材料的主要成分是多糖类有机化合物，容易受到真菌、细菌、放线菌等微生物的侵蚀，其体内产生的胞外酶将不溶于水的高分子多糖化合物酶解成溶于水的小分子单糖化合物，作为生物的养料，使制成材料发生不可逆的损坏变质过程。如木腐菌类的菌丝能分解纤维细胞的细胞壁作养料，造成木材组织呈筛孔状或粉状。

腐蚀竹材和木材的真菌主要有三大类：木腐菌、着色菌和霉菌。

1）木腐菌的危害

木腐菌的破坏性最为严重。木腐菌分为白腐菌和褐腐菌，白腐菌主要破坏细胞中的木素或改变木素的性质；褐腐菌主要破坏纤维素结构，打断分子氢键，降低聚合度，使木材变成褐色，成粉末状。木腐菌从根本上改变了木质文物的理化性质，造成了颜色变化、气味改变、强度明显下降，使文物寿命大为缩短。

2）着色菌的危害

着色菌的菌丝分泌的大量色素会导致文物变色。与木腐菌不同，它的菌丝通过木材的细胞纹孔进入木材内部，一方面破坏纤维素强度，另一方面又使文物表面和内部浸染上绿、黄、粉红、红、褐、黑、灰蓝色等各种颜色。

3）霉菌的危害

霉菌也是使文物染色和纤维素分解的重要菌类：、根据专家对湖南长沙走马楼出土的竹简进行鉴定发现，表面着生的爾菌主要为桔青霉、黄曲你、黑曲霉等。

（2）昆虫的危害

危害竹、木质文物的昆虫有很多，常见的軒白蚁、天牛、小蠹虫、扁蠹、象鼻虫、竹大象、竹长蠹、竹厂肩小蜂等。不同的害虫带来的危害也有所差异，有的只伤及表层，有的会蛀人内部，这些有害昆虫都是咀嚼式口器，消化道内消化纤维素和木质素的能力很差，因而，食量大，对文物破坏严重。较则形成虫孔虫道，重则器物千疮百孔，不堪入目，丧失科学研究和艺术价值。有些害虫虽然不取食器物，但以器物为巢，它们的幼虫孵化后反而在内部取食器物。此外，害虫的排泄物和携带的细僦也增加广对器物的危害。

三、地下环境对古代竹木漆器的影响

1. 土壤含氧量高对漆膜的影响

对于埋藏什地下的漆器，土壤中的含氧撤、水分、盐和酸碱度会使漆器发生降解。氧气是漆膜氧化、降解的一个十分重要的因素。土壤中的含氧量取决于器物埋藏的深度、水位高低和土质等。水位变化较大的区域，土壤忽干忽湿，并且由于水的活塞作用，会使土壤在某一个时期的含氧量极高，造成保存状况的不隐定，不利于漆膜的保存。土壤环境对出土漆器漆膜成分的影响，见表 9–3。

表 9–3　土壤环境对出土漆器漆膜成分的影响（与现代漆膜比较）

漆器年代	保存状况	出土地点	漆膜成分的化学基团变化				土地土壤状况
			羟基 –OH	羰基> C=O	亚甲基 $-CH_2$	羧酸盐	
商代	差，表面无光	河北藳城	增加	未见	减少	增加	潮褐土，地下水位 3m，PH 为 7.6 ~ 8.0
战国	好，表面光亮	河南信阳楚墓	减少	未变	未变	未见	黄棕壤（PH5.0 ~ 6.0）和黄褐土（PH6.0 ~ 7.0），弱富铝化土壤
西汉	较好，表面光亮	马王堆汉墓	略增加	未变	未变	未见	红壤（中度脱硅富铝化土壤，PH4.5 ~ 6.0）和赤红壤（强脱硅富铝化土壤，PH4.5 ~ 5.5）
三国	较好，表面光亮	安徽朱然墓	未变	增加	未变	未见	酸性土壤黄褐土，PH6.0 ~ 7.0
北魏	一般，表面无光	山西大同	增加	未变	减少	增加	水云母 – 蒙脱石为主的土壤，PH7.5 ~ 8.5, 地下水普遍含有 NaOH
唐代	一般，表面无光	陕西关中	增加	增加	减少	增加	PH 值为 7.5 ~ 8.5
宋代	很好，表面光亮	湖北江陵	减少	未变	未变	未见	黄褐土（PH6.0 ~ 7.0 > 和黄棕壤（PH5.0 ~ 6.0）

研究发现，出土的商代、北魏、唐代漆器的漆膜状况较差，羟基、羧酸盐成分增加，因其土壤均为碱性，而出土的战国、西汉、三国、宋的漆膜情形较好，与现代漆膜

相比成分基本没有变化，因所埋藏的土壤均为酸性。所以我们可以得出一个初步的结论：漆器埋藏土壤的酸碱度是影响漆膜保存状况的最主要因素之一。

第三节　古代竹木漆器的脱水定形

一、古代饱水竹木漆器的特点

古代的竹木漆器长期在地下水中浸泡，含有大量的水分。由于材质经过水解、氧化、纤维素分解酶和微生物的作用，其大分子结构遭到破坏变为小分子材料，有些通过漆膜破裂处流失，有些则与水以氢键方式结合。水的浸入占有了原有的木质素、半纤维素和纤维素的位置，支撑着木材原有的外形结构，使器物出土后仍保持着原有的器形。主要特点如下：

1. 含水最离

古代饱水竹木漆器的一个最重要的特征就是含水量很高，一般绝对含水量都会超过 150%，有的甚至高达 700% ~ 1900%。而砍伐下来的新鲜竹木材的绝对含水量只有 40% 左右。古木含水率与浸泡时间的关系，见图 9–1 所示。

绝对含水量 =（湿材重 – 干材重）/ 干材重 ×100%

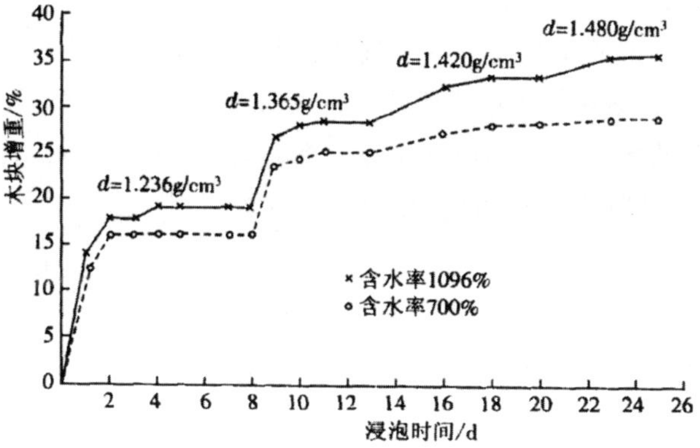

图 10–1　古木含水率与浸泡时间的关系

2. 机械强度低

饱水竹木漆器内胎的主要化学成分是纤维素，纤维素结构又分为结晶区和非结晶区，它们维持着器物的外形。但是这些器物在地下埋藏了千百年的漫长岁月，地下水使纤维素遭到破坏,成链状的多糖物质内的糖成键发生断裂,纤维素大分子变小,使器物在宏观力学性能上大为降低。同时，器物内部的木质素、半纤维素、可溶性胶质等成分由于解离而增加了溶解度,这使得纤维束与纤维束之间(微纤维和细纤维)的氢键结合力大大减弱，所以出土的古代饱水竹木漆器在外力的作用下很容易破碎或成为粉末。

3. 漆膜起皱脱落

古代漆器的漆膜是由生漆与油类混合后涂刷而成。在千百年的地下环境影响下，化学性质比较稳定的漆膜网状结构破裂，发生老化；加之内胎质地的老化，从而使漆膜出现开裂、皱缩、胶化、脱落等现象。

二、古代饱水竹木漆器脱水加固

古代出土饱水竹木漆器由于制作工艺不同，使用材料的质量各异，加之出土前地下环境、出土时代的不同以及地区差异等方面因素的影响，因此不同的竹木漆器出土时的饱水情况及破坏程度也不相同。对此，只能根据不同的对象和情况，采用不同的脱水定形处理方法。

1. 干燥脱水

所谓干燥是指将饱水竹木漆器的含水量降到对器物本身无害的标准，并非不含任何水分。在空气正常相对湿度 50% 左右条件下，质胎的平均含水量以 12% 为好，但竹胎的正常含水量应相对高于木胎。

在古代饱水器物的脱水处理中，一定要遵循循序渐进的原则，每一次的处理工作都应先用与器物类似的残片进行实验，若没有残片时可用同时出土的其他器物作实验，在取得一定的数据（如绝对含水量、平均收缩率等）后，再制定出最佳的脱水处理方案，对于特别重要的器物更要慎重进行。

（1）自然干燥法

自然干燥法就是将饱水器物密封在一个湿度比较小的环境中，使器物内部的水分极其缓慢地蒸发，以达到脱水的目的。具体的做法可将饱水器物放在干燥沙子中、密封的玻璃器皿内或用塑料薄膜包裹放在地下室阴干。

这些方法简单易行，特别适合于质地较好、含水量不是很高的器物。对那些体积大、材质厚的器物，也只能用自然干燥法，但要注意定期检查，一旦发现干裂、霉变或腐烂时要及时处理。

（2）硅胶干燥法

硅胶是无色半透明至乳白色的固体，多制成颗粒状，无臭，无腐蚀性，不溶于水，

化学组成成分是 $mSiO_2 \cdot nH_2O$。硅胶空隙率为 70%，吸湿能力为自重的 30%。硅胶可分粗孔、细孔、原色、变色等类，粗孔硅胶吸湿速度快，易饱和；细孔硅胶吸湿速度慢，但维持的时间长，一般在文物保护上都用变色细孔硅胶。变色硅胶为蓝色颗粒，内含无水 $COCl_2$，吸饱水分后，水合 $CoCl_2$ 为粉红色，所以根据硅胶颜色的变化可以判断吸水程度。

硅胶干燥法就是将小型竹木器物与硅胶密封在同一个玻璃干燥箱内，利用硅胶的吸湿性来吸附器物内的水分，硅胶要不断更换。饱水硅胶经过干燥处理后还可以重新使用，硅胶干燥处理饱水器物的方法不仅操作简单，而且费用低廉。安徽省文物保护机构的专家曾用此法脱水处理了几件两汉时期的木胎漆器，效果较好。但是腐朽严重的饱水竹木漆器采用此种方法进行脱水的效果很差，需要采用其他方法进行处理。

（3）加热真空干燥法

加热真空干燥法是在真空环境下控制影响木材内部脱水的三个主要因素，加热和减压都能提高蒸发速度，温度以 45 ~ 70℃为好。

由于古代饱水竹木漆器的含水量很高，在此条件下可以使器物表面水分的蒸发和吸附处于平衡状态，但器物内部的水分会因外部的高温而向外移动，当器物内外温度相近时，再对真空室内进行减压抽湿，同时停止加热，使饱水器物内部和外部再次形成温度差，加上压力差和水分梯度，从而使饱水器物内部的水分比较均匀地向外蒸发。合理把握温度、湿度和压力三个条件，反复多次地进行以上操作，最后就能达到脱水的目的。与前两种方法相比，加热真空干燥法成功率较高。

（4）冷冻真空干燥法

将饱水器物放置于低温条件（-40 ~ -20℃或者更低）下冷冻，使器物内部的水分全部结成冰，然后在真空状态下使冰不经过液态情况下直接气化，变成水蒸气，再用真空泵将水蒸气抽出，从而使器物脱水。

（5）醇 – 醚联浸脱水法

这是目前我国多数文博单位对古代饱水竹木漆器进行脱水处理的常用方法，它是用一种可以与水互溶的醇类有机溶剂浸泡器物，将器物内部的水分逐渐置换，然后再用醚类的有机溶剂将醇类置换。其基本原理是由于第二种有机溶剂（如乙醚）具有低沸点和表面张力较小的特性，因此，它在饱水器物质材内部与纤维束之间的结合力较弱，挥发后不会引起纤维之间的强烈收缩与破损。

此法由于脱水处理效果很好，所以被广泛采用。但需要有机溶剂的量较大，要做好防毒、防火措施，以防出现意外事故。

国外的文物保护工作者在采用一种有机溶剂浸泡器物脱水后，再进行冷冻真空处理，使渗入器物内部的有机溶剂气化，再把蒸气柚出，也可位饱水器物脱水。

（6）超临界液体干燥法

超临界液体干燥是近年来迅速发展起来的一种新技术，此种技术也开始应用于饱水文物脱水。它是利用气体在临界温度以上无论加多大压力都不能液化的特性，控制饱水文物内部的液体在临界点之上，使气、液界面消失，在无液相表面张力情况下进行的干燥过程。

与前面五种传统脱水方法相比．这种技术具有消除干燥应力、缩短处理周期、提高脱水效率、消除填充剂、降低对文物的远期损害等优点，还能使系菌和干燥同时完成。这种技术虽然目前仍处于对小体积饱水文物干燥的探索性应用和针对具体干燥过程的经验积累阶段，但具有良好的发展前景。

2. 加固定形

加固定形是指在一定条件下使用一些有机或无机材料逐步渗入饱水器物内部起填充加固作用，使得饱水器物在脱水时能保持其外形的稳定。

（1）无机盐渗透法

利用明矾等无机盐在较高温度的水溶液中溶解度大的特点，将器物浸泡在无机盐的热水溶液中，使盐类逐步渗入器物内部起填充作用。但使用明矾填充后，由于空气中的温、湿度变化，可能有少量盐分析出，需要加以改进或结合其他方法并用。

（2）单体树脂浸透法

将饱水器物浸泡在单体树脂溶液中，因单体树脂液分子量小，渗透性强，很快渗入器物内部。通过 γ 射线照射，使单体在器物内部聚合，生成热固性聚合物，从而起到对饱水器物内部填充加固作用。如用甲基丙烯酸甲醋，渗入器物内部，γ 射线照射后，器物内部空隙中填充物为聚甲基丙烯酸甲酯。

（3）聚乙二醇充填法

1）聚乙二醇（PEG）的特点

PEG 是一种水溶性的小分子聚合物，平均分子量在两百到几千不等，其机械强度一般随分子量的递增而加大，熔点也随之升高。PEG 不受微生物的侵害，易溶于水和其他有机溶剂，无色无臭，蒸气压低，是一种稳定的水溶性聚合材料。用 PEG 溶液浸泡脱水过的竹木器，是目前国内外常用的一种方法，而且评价较高。

在较高温度下，PEG 在水中有较高的溶解度，所以可采用各种不同分子量、不同浓度的 PEG 水溶液浸泡或喷涂不同器物，使 PEG 渗入到器物内部，从而起到加固作用。聚乙二醉的物理性质，见表 9–4。

表 9-4　聚乙二醇的物理性质

种类	平均分子量	熔点 /℃	相对密度	水溶性	外观
PEG-300	285 ~ 315	-15 ~ 8	1.125	全溶	粘稠无色液体
PEG-400	380 ~ 420	4 ~ 10	1.125	全溶	透明液体
PEG-600	570 ~ 630	20 ~ 25	1.126	全溶	软膏体
PEG-1000	950 ~ 1050	38 ~ 41	1.117	溶解度 70	软体
PEG-1500	500 ~ 600	37 ~ 41	1.200	70	软膏体
PEG-1540	1300 ~ 1600	43 ~ 46	1.210	70	块状固体
PEG-2000	1900 ~ 2100	50 ~ 53	1.210	62	块状固体
PEG-4000	3000 ~ 3700	53 ~ 55	1.212	50	白色片状固体
PEG-6000	7800 ~ 9000	60 ~ 63	1.212	50	白色片状固体

PEG 充填法又分为 PEG 浸渍法和 PEG 浸渍冷冻干燥法两种常用的方法，对于漆皮脱落或漆皮开裂的器物有着明显的作用，对于漆膜完整的饱水漆器来说，渗透作用比较缓慢。

2）PEG 法的操作要点

先将待处理的器物作必要的表面清理，根据器物重量、尺寸、腐蚀情况选择不同平均分子量的 PEG 溶液进行处理；溶液的选择要由小分子量的 PEG 渐次过渡到大分子量的 PEG，以便逐步缓慢填充。

第一次处理用 5% ~ 15% 的 PEG400 溶液浸渍 2 ~ 3 周；

第二次处理用 5% ~ 15% 的 PEG1500 溶液浸渍 2 ~ 3 月；

第三次处理用 5% ~ 15% 的 PEG4000 溶液浸渍 6 ~ 12 月；

此法浸透直到器物重量不变，溶液不能再渗入为止，最后进行真空冷冻法干燥。

经过较严格的 PEG 浸渍和真空冷冻干燥的漆器，器形能得到良好的控制，漆膜与胎木之间渗入的 PEG 固体还有一定的粘结作用。为了防止漆膜受外界的温、湿度变化的影响而起翘卷曲，一般还需要对器物内外表面进行封护处理。

（4）蔗糖浸透法

采用蔗糖法对木质文物进行保护已经有很多年的历史，最早由德国科学家在 1903 年提出，现在得到各国研究学者的广泛认同。

1）蔗糖的特性

蔗糖属于二聚糖，由一分子葡萄糖和一分子果糖脱水聚合而成，分子量为 342.3，是糖类中使用最多的一种。蔗糖对木材来说是非常理想的填充剂，无毒、不挥发、无腐蚀性、易溶于水且廉价易得。

2）蔗糖法的机理

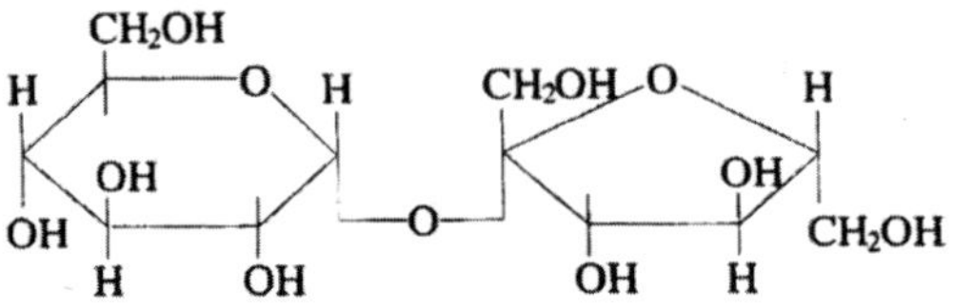

将蔗糖或其他二聚糖溶液渗入胎质内部，与胎质中已经降解的水解纤维素、纤维糊精等分子通过氢键力结合，加固胎质。随着成键蔗糖分子数量的增加，胎质内游离的—OH大量减少，材质的吸湿性也随之下降。

此外，大量蔗糖分子在胎质内浓缩结晶，也可以起到支撑器物的作用，不会因为水分的丢失而改变尺寸的稳定性。

3）蔗糖法的操作要点

蔗糖法的具体做法是：将器物在室温条件下放在5%的蔗糖溶液中，然后慢慢地升温至50℃，且一直保持这种状态，每隔两个星期按5%的比例递增浓度至45%为止，不断地称量器物的重量直到器物的重量不再增加为止。然后按10%的比例递增浓度至100%，两个星期后将器物从溶液中取出放在空气中进行自然干燥。

4）使用蔗糖法的注意事项

由于蔗糖是霉菌和害虫的营养体，尤其是在对蔗糖溶液进行加热的情况下糖溶液很容易滋生霉菌，这会给本已腐朽的文物带来致命的危害。因此在采用蔗糖法对饱水木质文物进行保护处理时，一定要选择合适的防虫．防霉措施，一般在处理过程中可在蔗糖溶液里加入适量的防霉剂。

除蔗糖外还可使用葡萄糖水溶液和其他二聚糖，如麦芽糖、乳糖等。

3. 脱水加固综合法

综合法就是将几种脱水加固的方法综合起来使用，对于一些饱水器物往往能达到比较好的效果。

（1）醇——乙醚——树脂法

此方法又叫溶剂——填充法。对古代饱水竹简的脱水处理较好，这是因为若竹简腐烂程度很严重，仅采用溶剂法是不够的，还必须与树脂填充结合起来。

所用树脂一般以天然树脂为主，如松香、乳香胶等。为了能使树脂渗入器物内部，浸泡液的树脂浓度必须由低向高增加（间隔时间视器物质地情况而定）。树脂的用量应控制在10%以下，常用的树脂量是浸泡液重量的3%～5%。加入过量的树脂会使浸泡液的粘度增大，影响渗透效果，反而达不到填充加固的作用。

（2）冷冻——真空——树脂法

也是常用的一种综合法。当器物内部脱水和有机溶剂挥发以后，在真空状态下加入含有树脂的溶液，使树脂渗入器物内部，达到脱水加固的目的。

4. 古代饱水竹木漆器脱水处理实例

（1）汉代漆奁的脱水加固处理

1996 年，青海出土了一件漆奁，呈潮湿而非饱和水状态，器表漆膜脱落严重，由于长期的腐蚀作用，盒与盖两部分都十分疏软，胎木层化明显，而漆膜与胎木呈离析状态。

文物保护专家对这件出土精品进行了如下脱水修复处理：

第一阶段用 5%PEG400 喷涂或从木质素处渗滴，喷涂以不流挂为度，喷完后放入干燥皿内用硅胶吸湿，并控制硅胶的吸湿量，使器物基本保持在一个稳定的环境下。

第二阶段用 5%PEG4000 处理。用 20% 丙二醇喷涂漆膜表面软化漆膜，使漆皮保湿回软且防霉。在观察基本稳定后，每周进行两次涂渗，控制干燥平衡，每次都必须仔细观察，并称重。

第三阶段用 10%PEG4000 处理，内加少量尼泊金乙酯防霉。

第四阶段用 20%PEG4000 处理，内加少量五氯酚钠防霉。

第五阶段用 30%PEG4000 处理，内加少量五氯酚钠，同时，在干燥皿中用小烧杯放置一些麝香草酚防霉。

进行以上脱水后，将漆奁直接放入真空干燥器中，用真空泵抽真空。

脱水后，漆奁的盒和盖重量分别从 331.5g 和 362.0g 降至 230.5g 和 280.8g。从外观上看，脱水后盒盖两部分基本保持原状，色泽令人满意。

（2）竹笛的脱水加固处理

广西贵县罗泊湾汉墓竹笛出土时处于饱水状态，已断为两截，呈深褐色，质地柔软，比较糟朽。

专家们采用“醇—醚—树脂”联浸法：

第一阶段将一根外径与竹笛内径相近的竹管插入笛管，将断损笛管对接，外面用塑料带绑捆固定。

第二阶段将竹笛浸入无水乙醇溶液内浸泡，将饱和水置换出来，直至测出乙醇浸泡液的比重与新无水乙醇在同一温度下的比重相同。

第三阶段将竹笛放入乙醚溶液中浸泡，直至测得乙醚浸泡液比重与新乙醚溶液比重相同。

第四阶段将竹笛放人 30% 乳香胶乙醚溶液内进行渗透。一周后，取出自然通风干燥。

第五阶段用乙醚溶液擦去竹笛表面多余的树脂，再用蜂蜡、松香、乳香胶配合而成的混合剂粘合和修复竹笛断裂部位。

用此方法处理后的竹笛，色泽正常，保持了竹笛原有的形状。

三、竹木漆器文物的修复

1. 除污和脱色

（1）除污

一般出土竹木漆器都会带有泥污和霉斑，可先用蒸馏水洗去污泥，再用较稀的 $H_2 0_2$ 溶液或 2% 的草酸溶液清洗暗黑的斑点，用清水多次漂洗干净。

（2）脱色

有时候出土后的竹简因为不适应外界条件变化而发生变色，导致字迹辨认不清。要使器物色泽变浅，字迹清晰，可在修复开始前先用蒸馏水将竹简清洗干净，浸入 5% 的草酸溶液中，等到竹简色泽变浅、字迹清晰时，再用蒸馏水将竹简上留存的酸溶液漂洗干净到中性。

2. 竹木胎的补缺

对已残碎的木器和断裂的竹简的修补主要是补洞和粘接。

（1）补洞：用环氧树脂调拌木屑填补空洞。木屑须预先经高温消毒，或用諷化铝等杀虫灭菌剂处理。修补后可再适当作旧，做到新补的部分同旧物原貌一致，浑而一体。

（2）粘接：可用溶于甲苯或丙酮的聚醋酸乙烯酯溶液，或聚醋酸乙烯乳胶液将碎片小心对接在一起。

若内胎较为糟朽，先用4%的乙二醇聚乙烯醇水溶液，将器物里外两面进行涂刷，待干燥时，器物便具有良好的弹性和光泽。

3. 漆膜的修复

漆膜必须在干燥情况下进行修复，修复漆膜要根据膜的损坏程度分别采取相应的有效方法：

（1）漆膜的回软

漆膜是漆器彩绘图案的载体，也是文物精华的所在，由于保存不妥，许多竹木漆器漆膜发硬发脆，一触即破，也有些漆膜翘曲卷边。在不改变漆膜化学性质的前提下，可选用水、乙醇、丙三醇、丙二醇作回软剂。这些溶剂具有极大的吸湿性和热稳定性，与许多化学物质不起作用、不水解、不变质、不变色，可用作增塑剂和软化剂。经过比较，将温度控制在 40 ~ 60℃，以水、乙醇、丙三醇的回软性最好。处理过的漆膜有很好的塑性和弹性。

（2）漆膜的补缺

1）细小裂纹可用树脂胶乙醇溶液灌注填充，也可用硝基清漆加稀料稀释后渗入裂缝直到饱和为止，还可用稀释的树脂渗入灌注，溢出的液体要及时擦掉。

2）粘接残破漆膜和填补较大裂缝可用环氧树脂。漆膜上残缺的花纹图案，需用中国漆修补，每涂刷一遍，干固后用砂纸打磨，再打蜡抛光。

3）对木胎糟朽严重、漆皮尚存的器物，可采用更换木胎的办法，即先将卷曲残碎的漆膜从朽烂的旧胎上剥离下来，按旧物形状和大小仿做一个新胎骨，再采用粘接剂或蜂蜡、树脂液将漆皮粘上复原。

4）内胎尚好、漆皮脱落的器物，可采用乳香胶、松香、石蜡或蜡 90 份、聚环乙酮树脂 9 份、橄香树脂胶 1 份配比后，加热熔化，作为胶粘剂，再把脱落的漆皮热贴到破损部位。在漆皮上放几张棉纸，在棉纸上加热加压，待粘合剂冷却，漆皮便牢牢地贴在胎骨上。

除了小型的竹木漆器外，还有许多大型的涂漆木质文物，在保管条件较好的情况下，寿命很长。例如北京天坛的祈年殿，建造已经 400 余年，木结构的屋顶和六根圆柱依然完好无损。故宫的太和殿作为目前我国现存最大的木结构殿宇，至今仍是金碧辉煌，光彩夺目。最为有名的就是建在北岳恒山下金龙口悬崖峭壁 h 的悬空寺，整个寺院建筑全是在陡崖上凿洞穴插木质悬梁为基，参差错落，迂回曲折，布局别致；该寺建于北魏晚期（约公元 6 世纪），距今已经 1400 余年了。建于 1056 年的山西应县木塔，高达 67 米，至今仍然保存完好。可见，木质文物如果保存环境适宜，寿命可以长达成百上千年之久，反之如果环境恶劣或者保管不善，在短时间内就会毁于一旦。

第十章　骨角牙器和琥珀文物保护技术

第一节　骨角牙器的化学组成及性质

一、骨器文物的化学组成及性质

骨器在我国考古发掘的古代文化遗址中，是最为常见的遗物种类之一，尤其是在春秋以前的遗址中，在全部文化古物中占有很大的比例。骨器的出现是因为当时人们对金属尚没认识，还不能将其广泛运用到生产和生活领域，而骨器却材料丰富，质地坚硬，易于加工，经久耐用，因此在早期人类社会骨器大量出现是很符合当时的生产力发展状况的。随着社会的进步，人类认知的不断提高，骨器也慢慢地退出了历史舞台被金属取而代之。从表 10–1 可以发现，骨器最初是作为生产和生活用具而出现的，到后期，工艺品却占了主导地位，它由生产和生活用具变成了供人欣赏的工艺品。

表 10–1　古代部分出土骨播文物

文物名称	所属年代	出土地点	材料来源
骨铲、骨锥，骨针、骨刀、骨棍	旧石器时代	云南保山塘子沟遗址	动物的肢骨、肋骨
骨校、骨耜、纺轮	新石器时代	浙江河姆渡遗址	动物的肩胛骨，肢骨
骨虎	商周时期	河南安阳妇好墓	动物的四肢骨、肩胛骨、下腭骨
错金骨管	春秋战国	山东临淄郎家庄 1 号墓	动物的肢骨、肋骨

1. 骨器文物的原料结构

骨器所用材料是动物的骨骼，主要有牛的肩胛骨，龟的背甲和腹甲及其他动物的骨骼。这些骨骼都属于动物的硬骨。硬骨结构分为骨松质和骨密质。

（1）骨松质

骨松质包含一个疏松的、由骨组织交织成网状的结构，它使骨在承受正常压力和拉力中达到最大的强度，其骨质并不厚，细胞也没有排列成层，而在骨质之间往往有很多的中间空隙，像海绵似的组织。

（2）骨密质

骨密质是在骨骼的外部，尤其在长骨外围的骨干差不多全是骨密质组成的，此外它内部的骨腔中还有骨髓和一些海绵状骨松质。

骨密质是组成骨板的主要成分，每层骨板是由骨细胞和基质交互组成的，每个骨细胞本体在细胞室中，而它的分枝则在骨微管里面；硬骨细胞在骨的最外层，或者靠近骨膜的部分，细胞和骨的表面是并行排列的，组成外骨扳。骨密质是致密坚硬的，肉眼观察完全呈坚硬状态的硬骨。

2. 骨器文物的化学成分

硬骨主要由羟磷灰石和胶原蛋白组成，前者为无机盐，后者为有机蛋白质。

（1）无机盐

1）无机盐的化学组成。无机盐结晶占硬骨比例的65%，形成羟磷灰石（$Ca_{10}(PO_4)_6(OH)_2$矿物一样的结晶，羟磷灰石主要成分为磷酸钙$Ca_3(PO_4)_2$（84%）、碳酸钙（$CaCO_3$（10%）、柠檬酸钙（2%）、磷酸氢二钠（2%），还有少量氟化钙CaF_2、Cl离子，Na离子等。

2）无机盐的晶体结构。这些成分以结晶的羟磷灰石（$Ca_{10}(PO_4)_6(OH)_2$）和无定形的非结晶胶体磷酸钙的形式分布于骨胶质中。

羟磷灰石化学性质稳定。骨骼中的羟磷灰石结晶度较差，除晶体羟磷灰石以外，骨骼中还含有一定量的非晶体羟磷灰石。随着埋藏年代的久远，环境使骨骼发生污染时，非晶态羟磷灰石逐渐转变为晶体结构，导致结晶度增加。羟磷灰石的晶体结构因发生离子取代等作用，其晶体微结构会发生改变，结晶度的变化是分析骨质文物损害的主要依据之一。

（2）胶原蛋白质

骨蛋白是不溶性的动物纤维蛋白，由数条紧密相连的螺旋氨基酸肽链所构成，属于纤维蛋白中的胶原蛋白，此外还有一些油脂类化合物。

1）胶原蛋白分子一级结构。胶原蛋白纤维可以由不同类型多肽链构成，多肽链是由若干个氨基酸脱水聚合而成的高分子化合物。骨上胶原纤维排列成片层状，在同一层中，胶原纤维互相平行而邻近的二层胶原纤维的排列方向则是相互垂直的。

在胶原蛋白里，氨基酸的数量、种类、排列顺序决定了蛋白质的一级结构。α

肽链是特殊的左胶原螺旋，螺距很宽，每圈仅 3.3 个氨基酸残基。胶原 α 肽链的螺旋结构中含有的五元环氨基酸使形成的肽链具有刚性，并有转角的倾向，使肽链得以绕成一体，形成稳定而特殊的胶原三股超螺旋。

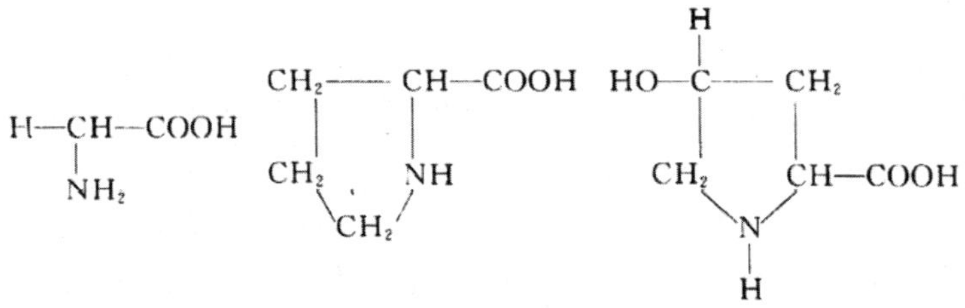

甘氨酸　　　　脯氨酸　　　　羟基脯氨酸

凡胶原蛋白，其氨基酸组成有一与其他蛋白不同的特征，即甘氨酸占胶原氨基酸残基的 1/3, 脯氨酸约占 1/4, 尚有一定比例的羟基赖氨酸和羟基脯氨酸。

2）胶原蛋白分子的二级结构。胶原蛋白分子是由 3 条 a 肽链绞合而成，每条肽链借甘氨酸残基中的肽键之间形成的氢键交连在一起，成为超螺旋体空间结构，外形呈棒状排列成束。形成的胶原蛋白纤维具有高度结晶性。胶原蛋白的这种结构使骨器很坚硬并且不容易被破坏。

3. 胶原蛋白的理化性质

骨器损坏主要是从其中的有机物质即胶原蛋白的散失开始的。因此胶原蛋白的分子结构和理化性质直接决定骨器的耐久性。

由于胶原蛋白是由氨基酸组成的高聚物，因此其物理化学性质和氨基酸相似，如两性电离、等电点、呈色反应等。但它又有与氨基酸不同的性质，如高分子量、沉淀反应、变性等。

氨基酸的化学性质取决于其分子中的羧基、氨基、侧链基团以及这些基团的相互影响。

骨器文物中胶原蛋白的某些理化性质与文物保护密切相关。

（1）蛋白质酸碱两重性

氨基酸的羧基具有酸性，能与碱作用生成盐，与醇作用生成酯。

氨基酸的氨基具有碱性，能与酸作用生成盐，与亚硝酸作用放出氮气，与酰卤或酸酐作用，反应生成酰胺。

以上的任一种化学反应都会引起胶原蛋白一级结构改变。有些骨器在出土之前已在地下埋藏了几千年，它们长时间浸泡在地下水中，受地下水酸碱度的影响，骨器中的胶原蛋白会慢慢被析出来。

（2）蛋白质特殊空间结构变性

蛋白质分子具有复杂而有规律的结构，表现出一定的物理化学性质。在外界理、化因素的作用下,蛋白质严格的空间结构受到破坏,从而引起蛋白质理化性能的改变，这种现象称为蛋白质的变性。蛋白质发生变性时，肽链并不发生断裂，而是蛋白质的二级结构和三级结构发生了改变或破坏。能引起蛋白质变性的因素很多，如紫外线辐射、加热、干燥等物理因素，重金属盐、乙醇、丙酮等有机溶剂作用的化学因素等。变性后的蛋白质最显著的特点是溶解度降低、粘度增高、结晶性破坏，蛋白质变性对骨器的性质影响很大。一旦胶原蛋白变性，骨器的强度就会降低。

（3）蛋白质的酶降解

胶原蛋白质中的氨基酸含有霉菌营养所需要的碳源和氮源，骨器文物一旦滋生霉菌，霉菌所分泌的胞外酶会降解胶原蛋白。蛋白质分子聚合度下，机械强度也随之下降。

许多有害昆虫也会蛀食骨质文物。

4. 骨器文物的腐蚀

骨器的吸附表面积极大，易于吸附外来的可溶和不可溶物质。具体地说，骨器的吸附物质，可分为两部分：①吸附在羟磷灰石晶体表面上，不影响晶体结构；②吸附物质的原子、离子或离子团等与晶体中的原子、离子或离子团互为置换，使羟磷灰石产生晶格畸变。

吸附物质可与骨器内的各种化学成分发生反应。长时间的环境影响，可能会使骨器受到各种侵蚀而发生物理和化学变化，通常称之为骨骼的污染和腐蚀，也被叫做成岩作用。被污染的骨器，将丧失其原有的化学组成和特性。对古代骨器文物污染程度的鉴别，已成为文物保护的一个组成部分。

（1）骨器中有机物变性

除了胶原蛋白的化学降解和酶降解等引起蛋白质变性以外，20 种氨基酸的侧链上有许多活泼基团，在不同的理化因素作用下能引起氧化、还原、取代、加成、重排等反应，这些反应也引起胶原蛋白的变性，如弹性下降、颜色发黑，骨中的有机物质消失。

（2）骨器中有机物的矿物

由于骨组织中有特殊的孔隙，又长期埋在地下，受到盐和水的侵蚀，骨中的有机物会逐渐被矿物所取代，特别是二氧化硅（SiO_2）和碳酸幸丐（$CaCO_3$）填入到骨组织内能使骨质矿物化，如果时间特别长便形成骨化石。

（3）骨器中无机物的风化

骨组织中的磷酸钙、碳酸钙等无机盐使骨头具有很好的抗裂、抗压、抗折等机械性能。长期在不利条件的侵蚀下，大部分无机物都会受到破坏，尤其是羟磷酸钙结晶度的改变使骨器变得非常酥脆。

$$2Ca(PO_4)+6SiO_2 \rightarrow 6CaSiO_3（可溶性盐）+P_4O_{10}$$

（4）骨器文物的形变

骨器文物山骨密质和骨松质组成，中间还有海绵状的填充组织，结构不一致，遇热或受湿后，出于膨胀系数的不同容易引起翘曲和形变。

二、角器文物的化学组成及性质

角器文物的发展历史也经历了一个从实用到欣赏的过程，最初人们创作角器的_的是为了满足生产和生活的需要，材料也是易得的鹿角等，随着陶器、青铜器、铁器等多种材料制成的生产和生活工具的出现，角器用材的选择史为讲究，雕刻精美，工艺欣赏价值大为提高，如珍贵的犀角。

1. 角器文物的化学组成

角器文物所用的原料为哺乳动物的角，即犀角、牛角、羊角、鹿角等。哺乳动物的角由头部的表皮或膜成骨形成，或由表皮和膜两者组合而成；角分永久角和脱换角两大类。

最珍贵的角器文物由罪牛角为原料，雕角由表皮产生的角质纤维交织形成，无骨心，固着在鼻骨的短结上、不脱换、侃断落时能长出新角。

2. 角器文物的化学成分

犀角的主要成分为 β—角蛋白，此外尚含胍衍生物、鋭醇等。

（1）β—角蛋白的分子结构

β—角遣由也旗于蛋白质中的纤维蛋白 . 它是角组织中的坚硬成分。在这些硬蛋白中，一级结构仍然是由若干个氨基酸脱水聚合形成的肽链，而二级结构则有数条相邻的肽链以锯齿状折叠排列，并通过肽链之间的說键相互结合，多条肽链相互平行，形成 β—角蛋白片层结构（见图 10–1）。

（2）胍衍生物和留醇的分子结构

胍也称亚胺脲，普遍存在于动物体内，它在 160℃时分解，溶于水和乙醇。角器中含有胍的衍生物。胍有极强的碱性，能吸收空气中的二氧化碳（CO_2）和水分（H_2O）。

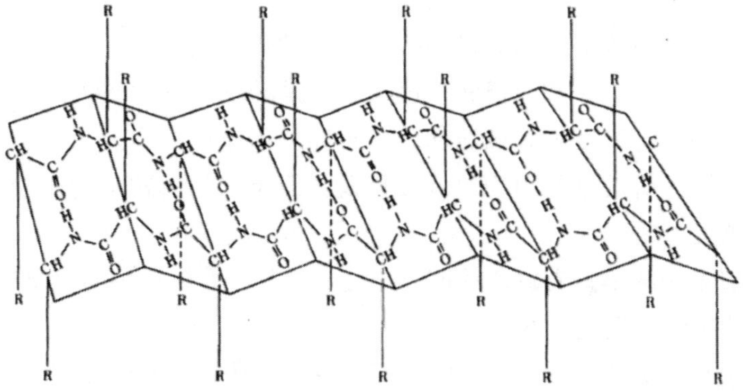

图 10–1　β—角蛋白的折叠结构

甾醇是含羟基的留类化合物。留类化合物也叫类固醇化合物，广泛地存在于动物体内。这类化合物的特点是都含有一个环戊烷与氢化菲并联的骨架。骨架上有两个角甲基和一个烃基。R_1、R_2 是甲基，R_3 是烃基。甾类化合物的立体化学结构十分复杂，包括三个环连结（A/B，B/C，C/D）。在发生化学反应时角甲基有空间阻碍作用，即化学反应很少从角甲基介入，但它较容易发生 B 环开环反应。留类化合物对光很敏感，当它受到紫外光照射时就会发生 B 环开环反应。因此角器最好避光保存。

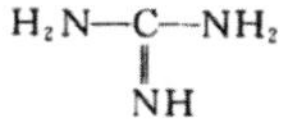

胍

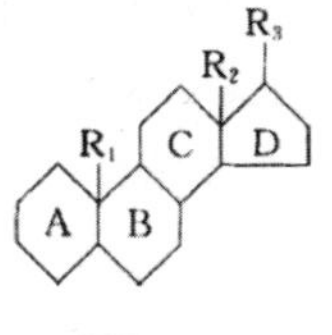

甾族化合物

角器文物与骨器文物相比质地更为紧密，内部不含无机成分，物理化学性质更为稳定，不容易受到外界环境的侵蚀而损坏。

三、牙器文物的化学组成及性质

牙器是指用象牙或其他动物的牙齿为原材料精心加工雕琢所形成的工艺品。一般所讲的牙器主要是指以象牙为原材料的牙雕工艺品。

牙器也有着和骨角器相同的发展历程，从生产和生活用具发展到工艺品，甚至到后来发展成为身分的象征，为王公贵族所占有。

1. 象牙的结构

象牙的主要成分为一种似骨的质料 * 称为“象牙质”，其化学成分几乎与硬骨相似，由磷酸钙、蛋白质和荷机物构成《象牙是动物牙齿中最大的，随年龄的增会继续增大，长到一定程度就开始弯曲，其整体外形应适一个月牙形。但象牙与硬骨的组织细胞不同，骨的细胞组织纹理较粗糙，面象牙的齿质结构比较紧密，呈中心辐射的网状纹理。

牙器一般采用的是整支象牙的前三分之二部分、尤以牙尖质材最好，质地紧密，结构细腻。牙尖约占整支牙的 1/3 强。

每只象牙自牙尖的顶端开始，中心都有一小黑孔，一直延伸到空心的牙根部分，称之为“牙心”。牙心的形态大致可分 3 种：太阳心、中心只有一个小黑点；芝麻心，中心有数粒小黑点；糟心，中心像豆腐脑。太阳心最好，芝麻心次之。

2. 象牙的性质

（1）象牙的不耐磨性

象牙的质地细腻，硬度适中 * 光泽柔和，有牙纹，它是制作高档工艺品的天然材料。象牙有白、黄、浅棕色等，硬度为 1.5. 比重在 1.7 ~ 1.9，具有较高的韧性，即使是软磨擦都会使象牙呈现极好的光泽。因此象牙的耐磨性很差，较硬的磨擦可破坏牙器表面的花纹。

（2）象牙的不耐酸性

象牙与其他兽牙不同，其表面没有珐琅质覆盖，不耐酸，强酸可以将它腐蚀，弱酸可以使它软化变脆。如果将象牙放在醋酸中浸泡，就可使之变软。无论强酸或弱酸都会对牙器造成损害，严重的可使牙器折断。

（3）象牙的吸附性

象牙能吸收蒸汽和液体，当牙器处在湿度较大的环境中时，水分子就会进人牙器，削弱大分子之间的结合力；当环境湿度很低时，牙器又会失去水分，变得干燥脆化，有机大分子之间的结合力会大大加强，而牙器中的无机成分不溶于水很稳定，这样整个器物各部分张力不同，如此反复就会导致牙器开裂或翘曲。

象牙还能吸附油脂、有机溶剂或香水，这些物质渗入能使象牙变质。

（4）象牙的风化

象牙埋在地下受水、盐、酸碱的侵蚀，羟磷酸盐分子结构遭到破坏，与土壤中的 $CaCO_3$ 和 SiO_2 结合形成象牙化石。

第二节　骨角牙器的损坏及保护

一、骨角牙器的损坏原因

文物制成材料的损坏既有内部原因也有外部原因。内因主要取决于文物制成材料的质地结构、分子组成、理化性质和制作工艺等。外因主要取决于文物所处的外部环境和保护条件，即围绕文物空间中影响文物耐久性的各种自然因素，如：温度、湿度、光线、化学污染物、有害生物等。

1. 骨、角、牙器的损坏内因

（1）骨、角、牙器质地结构的不一致性

骨器的结构包括骨密质和骨松质，骨松质内含有海绵状孔隙，骨蛋白属于 α—螺旋蛋白；角器中的角蛋白是 β—折叠蛋白，形成片层结构，角器文物中的牛角、鹿角都是多孔质脆的物品，这类结构都具有一定的吸附功能。如马王堆汉墓的镇墓兽头的鹿角是一种神像的装饰，出土时中心海绵组织由于年久已经烂空，只剩下痕迹和空洞。

（2）骨、角、牙器中化学成分的改变

骨角牙器文物的主要成分中都含有一定比例的无机物磷酸轉（$Ca_3(PO_4)_2$）、碳酸钙（$CaCO_3$），磷酸钙为不溶性的盐，质地较坚硬。骨角牙器的有机物为骨蛋白、角蛋白及填充于骨内的油脂类物质。有机物的许多活泼基团容易发生各种化学变化。由于长期埋在地下，文物的结构会发生破坏，骨中的有机物消失，甚至有的无机物成分也会改变。在考古发掘中，常常会遇到表面看来似乎是很完整的器物，但却拿不起来，一触即碎，文物质地完全酥化。如四川金沙遗址出土的骨角牙器在几千年的埋藏过程中，由于地下水、泥土等不断侵蚀，其中的有机成分已丧失殆尽，只剩下疏松多孔的无机盐。

2. 骨、角、牙器损坏外因

骨、角、牙器损坏的快慢还与外部环境条件的优劣有密切关系。损坏骨、角、牙器的外因常常是由多种因素综合作用的结果。

（1）温度、湿度变化

骨、角、牙器长期埋在地下，所处的环境是低温高湿，出土后，温度升高、湿度降低，突然性的温、湿度变化使器物干燥失水，形成翘边、开裂等，造成形状的改变；温度的升高又会引起有害化学反应的加剧。

（2）化学污染

出土前的骨、角、牙器长期受地下水中盐、酸、碱等有害物质的侵蚀，造成器吻材料风化；出土后的骨、角、牙器由于自身材料结构中含有孔隙的原因，容易吸附空气中的水分和有害气体 SO_2、NO_2、O_3、CO_2 等，这些、有害因素对出土骨、角、牙器中的碳酸盐有进一步的风化腐蚀作用。

腐蚀机理可简单归纳如下：

$$CaCO_3 \xrightarrow{SO_2.H_2O} CaCO_3 + \frac{1}{2}H_2O + CO_2(1)$$

$$CaSO_3 \xrightarrow{H_2O.O_3} CaSO_4 \cdot 2H_2O(2)$$

$$CaCO_3 + H_2O + CO_2 \rightarrow Ca(HCO_3)_2(3)$$

从（1）和（2）式可知，器物中的 $CaCO_3$ 遇到 SO_2 和 H_2O 时就会生成 $CaSO_3$，$CaSO_3$ 又进一步与 O_3 和 H_2O 反应生成 $CaSO_4 \cdot 2H_2O$。$CaSO_4 \cdot 2H_2O$ 是溶于水的，器物如发生上述反应，无机物的硬度、溶解度和化学性质也就会改变。（3）式表明 CO_2 和 H_2O 对器物中 $CaCO_3$ 的腐蚀作用，即生成可溶性的盐 $Ca(HCO_3)_2$。

（3）光线辐射

骨角牙器为有机化合物，有机化合物分子是由碳氢原子以共价键的形式相互连结而成，若键断裂就会造成有机物的分解；紫外光具有足以使有机物化学键断裂的能量，使骨角牙器中的有机质受到破坏。

红外光是热辐射线，骨角牙器被红外线照射后，表面及内部温度会急剧上升，产生内应力，出现翘曲、龟裂现象。

可见光对骨角牙器也有一定的破坏作用。

（4）生物危害

当温度大于20℃，湿度大于60%时，寄生在器物表面的霉菌孢子容易滋生蔓延。霉菌对藏品的危害，主要表现在霉菌分解有机质，分泌各种色素污染藏品。骨角牙器为有机质地藏品，很容易遭受生物危害。害虫对骨角牙藏品的破坏作用是蛀食。在骨角牙器表面若出现霉点、霉斑和虫孔，其文物价值就大大下降。

二、骨角牙器的加固与处理

骨、角、牙器的损坏主要表现为翘曲开裂、发黄变色、酥解粉化、生虫长霉、表面结成风化物等，对此需要进行加固和处理。

1. 清洗漂白

（1）清洗

骨器、象牙雕刻品出土后的洁除，可用软毛刷沾清水洗去沾染的污物和泥土，如污物难除，稍加一些肥皂水，清洗时间不宜过长，清洗后可用 95% 乙醇溶液浸上三次，然后用纸巾或吸墨纸吸干。

（2）漂白

骨、角、牙器主要由于蛋白质的变性一般都会发黄或变黑，若要恢复其本来面目，对泛黄的骨角牙器漂白，可分三种情况来处理。

1）对泛黄不严重并不影响器物欣赏价值的不需漂白。因为没经过漂白的骨器比漂白过的骨器更耐久。特别是象牙制品，自来旧的黄色对器物无害，不要轻易去除，以免伤害器物。

2）如需要漂白的，可用 10% ~ 15% 的 H_2O_2 来清洗漂白。并多次用清水将残留液除去。

3）对于颜色变得很厉害的褐黑色器物，可用 2% 的草酸溶液或 2% ~ 5% 的次氯酸钙溶液来漂白清洗。

2. 去锈除霉

（1）去锈

所谓骨角牙器的锈是指器物表面粘结的复合无机矿化物。

1）除去骨器风化物。出土骨器，包括甲骨文物，如质地尚好，可先在热水中浸泡加热（100℃以下），后浸入冷水中，以热胀冷缩原理使诱壳松动自动脱落，也可小刀细针轻轻剔除。如有锈点可用 1% ~ 2% 的稀盐酸（HC1）或甲酸（HCOOH）使其软化，再用竹刀剔除，并用蒸馏水和乙醇反复冲洗，直到器物的酸碱度呈中性为止。

2）除去牙器风化物。象牙雕刻品如生有土锈必须先在蒸馏水中瞬间浸泡 4 ~ 5 次，然后用 80% 乙醇浸泡 30 秒，再用 90% 乙醇浸洗二次各 30 秒，最后放在乙醚中浸 1 分钟，整个过程不宜超过 3 分钟。避免有机溶剂浸入牙质内部对器物造成损坏。

（2）除霉

骨、角、牙器表面上的霉斑，可用 2% ~ 5% 的草酸溶液或柠檬酸液清洗，再用稀氨水中和，并用蒸馏水冲洗。霉斑清除后应将器物放在玻璃器皿或塑料袋中，使器物缓慢均匀干燥，以免变形或开裂。

3. 整形

对于尚有一定弹性的变形骨、角、牙器，可在 3% ~ 5% 的醋酸溶液中浸泡，软化后用蒸馏水冲洗，并放在预先准备好的模具内，使其干燥定形。如果质地比较脆弱，可在蛋白胶液中煮过再整形。弯曲变形过大的器物，需逐步间歇进行整形，以免造成断裂。

4. 加固粘合

（1）加固

对于质地疏松脆弱、表面酥粉的骨、角、牙器，可用2% ~ 3%的三甲树脂（MMA）、甲基丙烯酸丁酯（BMA）和甲基丙烯酸（MA）的共聚体的甲苯、丙酮溶液渗透加固，也可用15%聚醋酸乙烯酯的甲苯、丙酮溶液作渗透加固剂。加固要多次进行，以获得一定强度和表面不显光泽为宜。表面残留的树脂流痕，可用丙酮溶液去除。此外还可用2% ~ 5%聚乙烯醇缩丁醛、乙醇溶液渗透加固。一般用滴渗或注射法加固。若用减压渗透法加固，效果更好。

我国考古专家对古人类头盖骨化石进行加固后，用有机硅树脂为主的GSB—5化石保护材料进行封护，取得较好效果。

（2）粘合

对饱水的破裂骨、角、牙器，可用较稠的三甲树脂、聚胺酯漆以及硝基清漆等进行修补粘合。对干燥的破裂折断骨、角、牙器》可用502粘合剂或聚醋酸乙烯乳液粘合。

对牙器进行加固时，为提高象牙表面的透明度，可将其浸入用松节油和乙醇溶解的白蜂蜡中，进行渗透、加固，然后用细布揩擦。

5. 修复脱层与残缺

已经出现脱层和残缺的骨、角、牙器，可用蜂蜡、松香、乳香胶的混合物加热修复，也可用稀释的聚醋酸乙烯乳液调和石膏修补。为了使补配

部分与原有部分协调一致，可以在以上两种材料中填加适量的颜料。

第三节　琥珀文物的损坏原因及保护

一、琥珀的形成及化学成分

1. 琥珀的形成

琥珀是中生代白垩纪至新生代第三纪松柏科植物的树脂经过地质作用后形成的一种有机化合物的混合物。琥珀的形成一般经过三个阶段：第一阶段树脂从松柏树

上分泌出来；第二阶段树脂脱落被埋在森林土壤当中，在此阶段内发生了石化作用，石化作用使化石树脂的成分、结构和特征都发生了强烈的变化；第三阶段是石化树脂被冲刷、搬运和沉淀的过程，通过成岩作用形成了琥珀。

2. 琥珀的化学成分

琥珀是一种植物树脂的天然化石，通常呈黄色、褐色或白色，绿色和蓝色极为罕见。主要化学成分为 $C_{20}H_{32}O_2$，碳、氢、氧比例不定，一般来说 C 占 79%、H 占 11%、O 占 10%，此外还含有 0.04% 的 S 及一些灰分。琥珀形状成不规则的、大小不一的块状或颗粒状。琥珀透明而有树脂光泽，是非晶质结构。

（1）双环萜类化合物

许多琥珀是以松树树脂分泌物为主要成分（$C_{20}H_{32}O_2$）。松脂的主要成分为两个双环 α—蒎烯，每个 α—蒎烯都是一种双环萜，是一种胶状物质。这类化合物属于异戊二烯类化合物，都含有一定的香味。

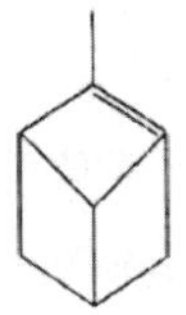

α—蒎烯分子结构简式

（2）有机酸

有些琥珀中还含有一定量的琥珀酸，松香酸，左旋海松酸等。

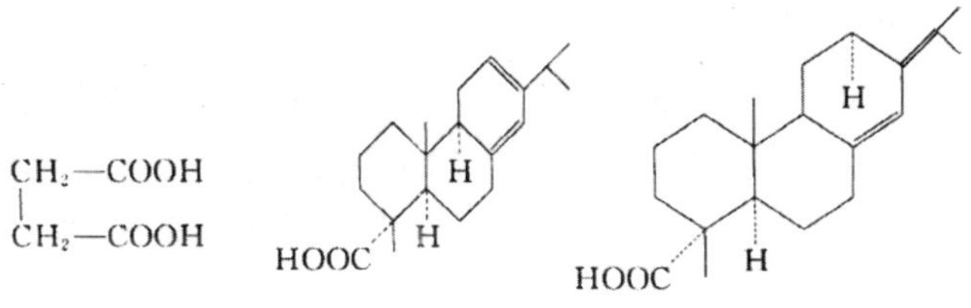

琥珀酸　　左旋海松酸　　松香酸

二、琥珀的性质

1. 琥珀的物理性质

（1）琥珀的密度及熔点

琥珀的相对密度为 1.06 ~ 1.07，在盐水中可漂浮，用这种方法可鉴定真假琥珀。琥珀的软化温度为 175℃，熔融温度在 280 ~ 315℃之间。

（2）琥珀的硬度

琥珀的硬度较小，一般不含琥珀酸的琥珀硬度在 1.5 ~ 2.0，含琥珀酸的琥珀硬度在 2.0 ~ 2.5 之间。琥珀断裂口呈贝壳状，由于琥珀的莫氏硬度低，韧性小，内部结构脆弱，因此特别怕机械损伤及热力破坏。

（3）琥珀的带电及荧光现象

琥珀经过强烈摩擦带有负电荷，能吸引纸肩。几乎所有的琥珀都有紫外线辐射荧光现象，长波紫外光下显浅白色、浅蓝色或浅黄色荧光，短波紫外光下显弱荧光。只有某些琥珀有可见荧光现象。荧光现象随琥珀的老化明显减弱直至消失，因此年代久远的琥珀，色泽都显得比较暗淡。

（4）琥珀的颜色

琥珀的颜色众多，可以说绚丽纷呈。琥珀之所以有那么多种天然颜色，是因为受不少复杂因素的影响：

1）内含成分对颜色的影响。不同地域的松柏科树木分泌形式和分泌物成分不同会造成琥珀颜色存在差异。如含琥珀酸还是不含琥珀酸，琥珀颜色就会不同。

2）埋藏地质环境对颜色的影响。埋藏琥珀的地层深浅、天然地热、冰冻、压力、温度骤变等环境因素不同，琥珀内坚实疏松程度、气泡含量多少就不同，琥珀就会有不同的颜色。一般来说，埋藏越深，形成琥珀化石的外界因素变化越多，琥珀颜色也就越深。

比外，埋藏琥珀的地层的土质、湿度、酸碱度和所含的化学成分的不同，琥珀也会有不同的颜色。如有些早期从地层冲刷到海中漂浮的海珀长久浸于海水中，色调变成透明的金黄色或品质柔滑细腻的透水绿。

3）腐蚀物对颜色的影响。渗入琥珀内部的侵蚀物化学成分不同，琥拍就会有不同的颜色。例如渗入石灰石或氧化钛可使琥珀变成蓝色；渗入硫或硫化物可使琥珀变绿，同时带有荧光。有些地层中含有大量的腐殖土，富含硫磺酸，能使琥珀色调变深，甚至外层变成近乎黑色或墨绿色。

（5）琥珀的不溶水性和易燃性。

琥珀本身就是一种天然复合有机树脂，因此不溶于水且易燃。

2. 琥珀的化学性质

琥珀作为有机树脂，以挥发性的固态芳香烃为主要成分，其化学性质不稳定。

（1）琥珀中有机酸的中和反应

琥珀的几种主要化学成分中都含有羧酸，羧酸对琥珀的性质影响很大，耐碱性较差，NaOH 能溶解琥珀，一般弱碱也能使琥珀损坏。

（2）琥珀的氧化性

琥珀的各有机成分中都含有大量双键，双键是不稳定的，容易发生氧化反应，因此琥珀暴露在空气中容易被氧化，失去光泽变得灰暗，好比一层污渍，难以除去，有时亦会开裂。因此琥珀类文物应避光除氧保存。

（3）琥珀中有机酸的取代反应

琥珀中含有琥珀酸、松香酸、左旋海松酸等，酸中的羟基能与各种化合物发生反应，形成酰卤、酸酐、酯和酰胺等羧酸衍生物，其化学性质改变。

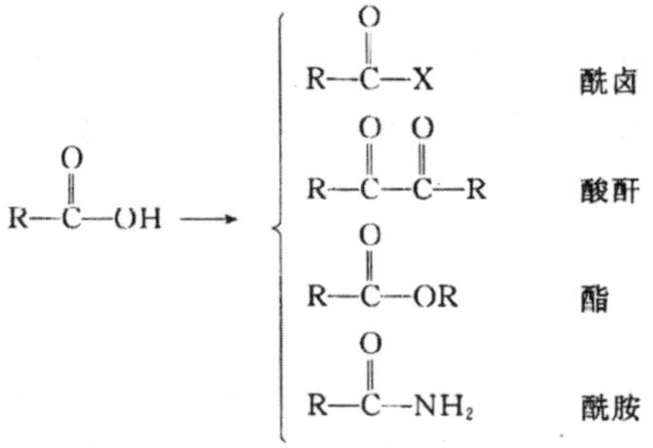

三、琥珀文物的损坏及保护

1. 琥珀文物的损坏原因

琥珀的损坏一般也叫琥珀的退质，退质主要表现为重量损失、颜色变暗、表层形成变质层、密度改变、琥珀酸含量增加、溶解度增加等。

琥珀退质的主要原因是在外界条件的影响下，琥珀内部的化学成分发生改变；此外加工工艺的不合理性也会造成琥珀的退质。

（1）化学成分的改变

琥珀所含的有机物质会随着时间的推移而发生改变。德国学者罗兰德尔经过研究后发现，琥珀发生退质作用时，琥珀中琥珀酸的含量会增多。

埋藏于墓葬中的琥珀，由于受墓葬中碱性环境的影响会引起琥珀退质。

出土后的琥珀在空气中会发生氧化作用，英国学者贝克用红外线光谱测定法分析琥珀在氧化时发生的化学反应，结果发现，C=O 双键增多，C–H 和 C–C 单键减少，有机物化学成分结构发生改变而退质。

紫外线也会诱发琥珀的退质，它促使有机分子形成自由基，这些自由基很容易同空气中的氧起作用。

（2）加工工艺引起质地改变

古代琥珀文物一般都是经过加工后才制成的珠宝首饰（项链、耳环、手镯）和其他物件（小盒、小瓶、小雕像等）。琥珀加工工艺可分为两个相迂联系的方面：制坯和热处理。

1）制坯。也称连续减少过程，它是将粗原料刮去表层由于千年风化而变质的部分，再经切割、磨平、磨光，从而使原料成形。

2）热处理。热处理是用沸腾的油脂对琥珀进行高温处理，使琥珀变得透明或使琥珀变色。

由于琥珀文物制作中经过机械磨损和热处理，会在内部形成裂缝，这样大气中的氧会从裂缝处进入到琥珀内部发生氧化作用。在热处理过程中，瞬间的高温对琥珀也有一定的损伤。

2. 琥珀文物的修复

（1）清洗

琥珀文物在出土后或日常保管中，容易沾染污渍、油垢等，必须进行清洗。

对于保存完好的琥珀，去污可用蒸馏水浸泡，再用稀盐水或柚叶将琥珀清洗干净，必须用柔软白布抹干以免液体渗入裂缝在材料内部形成物理张力，不能用刷，以防磨损表面。对于表面光滑但轻微变质的琥珀可用非离子清洁剂清洗。

若琥珀表面有钙质硬壳物质，可用10%EDTA—乙二胺四乙酸水溶液清洗．在清洗后必须用蒸馏水冲掉残留的混合液。

（2）加固

琥珀的加固主要用合成材料。日前加固琥珀的最有效材料是溶于有机溶剂的合成树脂中的丙烯酸树脂三氯乙烷溶液，浓度从1% ~ 3%不等。另外溶解于矿物松香油的微晶蜡效果也不错，但它只适用于保存完好的琥珀。在溶于水的合成树脂中，尚在使用的加固剂是10%的丙烯酸乳剂（PRIMAL AC33）蒸馏水溶液，主要成分为乳化的丙烯酸盐和乙丁烯酸盐。

（3）粘接与修补

琥珀是天然树脂类有机物，若有裂缝最好的修复材料应采用与琥珀相似成分和性质的物质（天然树脂或合成树脂）。树脂是热塑性材料，可以用来粘接和修补琥珀。

修补断裂琥珀最好的胶粘剂是加拿大香脂（一种天然树脂），它的折射率同琥珀相同。

修补表面已退质的棕黄色的琥珀，可采用如下配方：松香2%、白蜂蜡（$C_{15}H_{31}COOC_{30}H_{61}$）9%、地9%、石错（从石油中得到的含20个碳以上的高级烷烃）

10%。这些成分在 671 时熔化，然后加 35% 的生石膏融合为一体，这种混合物是较好的修补材料；对于形状完好的透明琥珀可用松香油或者乳香树脂加松香进行修补。

对于考古发现的琥珀来说，琥珀已破坏比较严重，不再透明，内部布满裂缝。这类琥珀可用意大利一家修复公司提供的一种溶液，主要是由玻璃粉末（微球体）、微量的氧化硅和浓度为 30% 的 Paraloid B—72 构成的混合物，可添加修复所需的油漆颜色，获得希望的色调。

此外，为了减缓琥珀的氧化速度，可以在琥珀的表层涂盖二甲苯溶液或甘油溶液进行封护，但日久会在外表层形成一层不透明体，影响琥珀的美感。

3. 琥珀的日常保养

（1）防热、防紫外光

阳光中的紫外光和热能会加速琥珀表层的氧化和干裂，使琥珀质地变得粗糙，甚至不透明，失去原本的宝光和温润。库房照明光源不得超过 150 个勒克斯，特别不能使用含紫外线的日光灯。

（2）防干燥

冬季空气干燥，相对湿度可能经常在 50% 以下，故附近可放一小杯清水，以防琥珀发生龟裂。同时，环境的相对湿度应当维持在 50% ~ 60% 之间，浮动范围不超过 5%。

（3）防机械损伤

琥珀性脆，硬度低，在日常保养过程中要防止琥珀之间的碰撞以及失手的跌落。对硬度较低的琥珀要特别防止人的指甲划伤。因为这些都有可能导致琥珀的脆裂。

（4）防尘

可用聚乙烯盒包装，盒内填满不含酸的物质，避免沾染任何灰尘。若沾染了灰尘，应以温水清洗，再用柔软的布吸干水渍，最后以少量的纯净橄榄油轻拭。此外，琥珀是有机宝石，应远离酸碱；挥发性、腐蚀性的物质会产生不利作用，使用后可用湿布轻轻擦拭；避免接触喷雾型产品，如发胶、杀虫剂、香水等。

第十一章　纸质文物与纺织品保护技术

第一节　纸质文物的结构和化学组成

一、古代纸张及造纸工艺

1. 纸的概念及构成要素

（1）纸的概念

什么是纸？不同的著作和不同的人有不同的定义。如，1951 年版《大苏维埃百科全书》中认为“纸是基本上用特殊加工、主要由植物纤维层组成的纤维物，这些植物纤维加工时靠纤维间产生的连结力而相互交结”。1963 年版《美国百科全书》中将纸理解为“从水悬浮液中捞在帘上形成由植物纤维交结成毡的薄片”。1966 年版《韦氏大词典》中则认为“纸是由破布、木浆及其他材料制成的薄片，用于书写、印刷、糊墙和包装之物”。1979 年版中国《辞海》对纸的定义是“用以书写、印刷、绘画或包装等的片状制品。一般由经过制浆处理的植物纤维的水悬浮液在网上交错组合，初步脱水，再经压榨、烘干而成”。上述各种著作虽然说法不同，但归纳起来，仍有共同之处，最主要的是指出纸必须由植物纤维制成薄片状。因仅凭此还不能将纸与其他物质相区别，故还要对纸的定义作附加的规定，有的在定义中概括了纸的形成过程，有的补充了纸的用途。这样，才能将纸与其他物质区别开来。

本书采用研究我国古代造纸科学技术的著名专家潘吉星先生对纸的定义：传统上所谓的纸，指植物纤维原料经机械、化学作用制成纯度较大的分散纤维，与水配成浆液，使浆液经多孔模具帘滤去水，纤维在帘的表面形成湿的薄层，干燥后形成具有一定强度的由纤维素靠氢键缔合而交结成的片状物，用作书写、印刷和包装等用途的材料。此定义虽然文字较多，却将构成纸这一概念的各种因素都考虑在内了。若要更简洁些，可以简化为：纸是植物纤维经物理—化学作用所提纯与分散，其浆液在多孔模具帘上滤水并形成湿纤维层，干燥后交结成的薄片材料。

在此定义中有两点需要特别加以强调：一是造纸是机械过程和化学过程的结合；

二是纸是纤维素大分子靠氢键缔合交织而成，也就是说纤维间产生的连结力不是物理学上的力，而是化学力，且这种连结可用化学结构式表示。

（2）纸的构成要素

由上述纸的概念可以看出，要成为传统意义上的纸，须具备以下四个方面的要素：①原料：必须是植物纤维，而非动物纤维、无机纤维或人造纤维，用植物纤维以外原料所制成的纸，不是传统意义上的纸。②制造过程：植物纤维原料经化学提纯、机械分散、成浆、抄造及干燥定型等工序处理而成者为纸，未经这些工序，用另外途径而成者，也不是传统意义上的纸。③外观形态：表面平整，体质柔韧，基本由分散纤维按不规则方向交结而成，整体呈薄片状。④用途：书写、印刷及包装等。只有同时满足这些条件的，才能称为纸，否则，不是传统意义上的纸。

2. 古代造纸的工艺流程

我国古代造纸均为手工造纸，造纸的原料主要是麻、树皮和竹等植物纤维。2000余年的手工造纸方法，经过人们不断改进提高，已经形成了一整套的操作工艺。由于采用的原料和条件要求不同以及随着时代的发展 .. 造纸工艺越来越精，造纸过程会有差别，但生产工艺流程基本如下：

选料→浸泡→发酵→蒸煮→洗浆→ ^ 堆晒→碾浆→抄帘→压榨→焙干→成纸

制造优质的手工纸必须具备以下五个要素：

（1）选择合适的原料

选用纤维较长、拉力强、有利于交织的优质麻、竹、树皮等原料，除去根、梢、叶、穗和杂草等杂质。选料要根据季节时令。

（2）将原料初步解离成造纸纤维

把原料投入清水池中浸泡数天。浸泡过程中，水中的微生物分解植物纤维中的胶质，从而达到脱胶的目的，并使其中的水溶性物质溶出。捞起后蘸石灰乳露天堆置发酵，进一步去除果胶、色素等。发酵后的原料放人倒扣在一口大铁锅上的木桶内，和石灰（或草木灰、碱）一起蒸煮。蒸煮后的原料在水池中反复清洗，把残灰、残渣、残碱等去除，在向阳的空地上摊开，通过日晒雨淋来自然漂白。通过这样的过程，造出的纸为中性偏碱，纯度较高，原料纤维损害较小。

（3）纸张纤维经捶捣后进一步细化帚化

漂白后的浆料用石碾或杵反复捶打，纸张纤维在水中进一步解离而细化和帚化，然后加入杨桃藤等植物胶质，用木棒搅拌。通过这样的过程，纤维较均匀。

（4）纤维均匀交织

纸张纤维均匀分散在水中，即可用竹帘抄纸。手工抄作技艺好，纤维能在纵横方向均匀交织，有利于提高纸张强度。

（5）纸页干燥

抄起的湿纸反扣在潮湿的细白布上，待重叠近千张，以杠杆重力压榨，挤去多余水分而成湿纸饼。将湿纸饼一张张揭起，用毛刷轻刷到火墙（焙坑）上干燥即可得到平整的纸张。

手工造纸知生产周期长，劳动强度较大，工具设备简单，生产数量有限，但长期积累的抄纸工艺技术使植物纤维在纵横方向均匀交织、杂质少，能较好地满足书写、绘画等需要。

陕西长安县北张村有我国目前惟一现存的汉代手工纸作坊遗址，曾出土造纸器物，如纸槽、捣纸浆的石皿、踏压穰的杠杆、石碓等。

二、纸张原料的结构与化学成分

1. 植物纤维细胞的结构

（1）植物纤维细胞形态

造纸棺物原料内有一种两头尖、中间空、细而长、细胞壁厚的死细胞，这类细胞呈纺锤状，富有挠曲性和柔韧性，彼此有很强的交织结合力。一个细胞就是一根植物纤维。

（2）植物纤维细胞壁结构

植物纤维的细胞壁妨一定厚度，分为初生壁、次生樓（外、中、内三层）。两个相邻纤维细胞之间的细胞间隙质，称为胞间层，胞间层把各个相邻细胞连接起来，使植物有一定机械强度，胞间层与初生壁在一起合称复合胞间层。

不同种类的造纸纤维原料，其纤维的长度、宽度、细胞壁厚度均不相同。一般来说，长宽比越大，对纸张强度越产也有利的影响；越是壁薄腔大的纤维细胞—越富有柔韧性和弹性，相互之间交织越好，造出的纸强度越大。

2. 植物纤维细胞壁化学成分

无论何种原料的植物纤维，其细胞壁的主要化学成分都是纤维素、半纤维素和木质素。纤维素和半纤维素主要在次生壁的中层和内层，木质素主要在复合胞间层和次生壁外层。

古代手工纸制造过程中、选料后用净水浸泡就能去除少量杂质成分，如果胶、灰分和无机盐等，用弱碱液蒸煮、洗浆可使大多数木质素去除，将纤维素和半纤维素成分解离出来。从出土的古代手工纸分析来看，非植物纤维细胞（杂细胞）的比例很小。

（1）纤维素

纤维素是由若干个 β—葡萄糖脱水聚合形成的直链高分子化合物，在聚合过程中，前一个葡萄糖分子 C_3 上的羟基（—OH）和后一个葡萄糖分子 C_4 上的羟基（—OH）脱去一个分子的 H_2O，并以 1，4—β 甙键（即氧桥—O—）构成分子链。纤维素的分子式为（$C_6H_{10}O_5$）n，其中—$C_6H_{10}0_5$—为葡萄糖基，n 为聚合度，n 表示纤维素分子长度。n 越大，直链分子越长，纤维强度越大。

葡萄糖分子脱水聚合为纤维素分子的结构反应式如下：

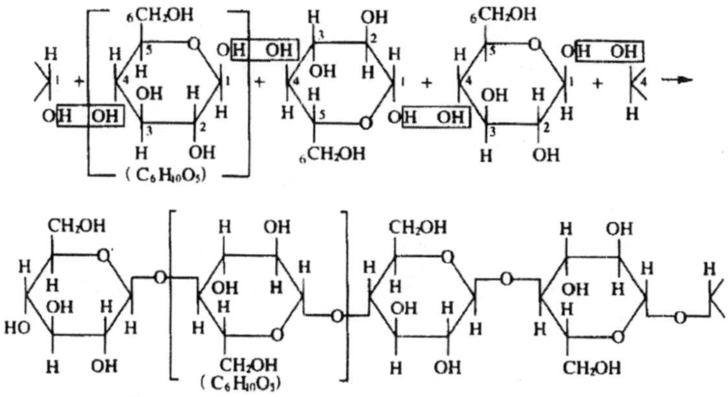

当纤维素分子间成千上万个羟基靠得很近（0.24 ~ 0.27nm）时，一个纤维素分子链上羟基（—0H）中的 H 原子与另一个纤维素分子链上羟基（—0H）的 0 原子互相吸引形成氢键。分子链越长，氢键结合越多，键能总和越大，纸张强度也越大。

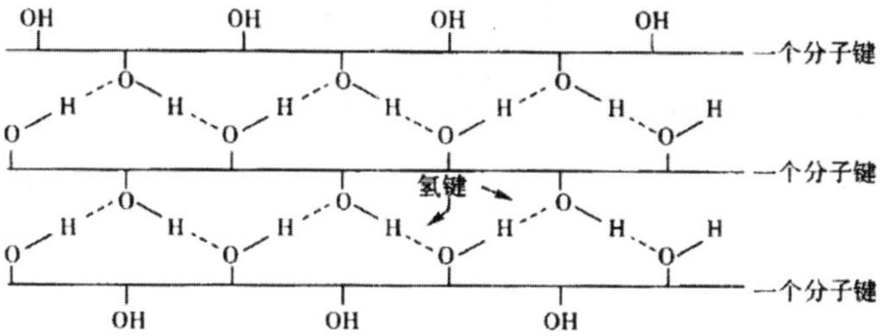

由于氢键的作用，若干个纤维素分子排列整齐有序，相互靠的很近，形成的结晶状态区域称为结晶区。结晶区内有害物质和水分难以侵入，纤维素分子不易产生有害反应，有利于提高纸张寿命。

（2）半纤维素

半纤维素与纤维素共生于植物纤维细胞壁中（主要在次生壁的中、内层）。半纤维素是由木糖、阿拉伯糖、甘露糖、葡萄糖等非均一单糖脱水聚合形成的高分子化合物。由于半纤维素分子聚合度小，且带有支链，造成分子间间隙大，分子间难以形成大量氢键，故耐久性和稳定性都较差，表现为容易发生水解反应、容易吸水润胀。半纤维素含置过多引起纸张发脆。但纸浆中含有适量的半纤维素．既有利于纤维纵向分细，便于打浆，又能保护纤维，使之不易被横向切断，从而提高纸张的机械强度。

（3）木质素

木质素也是由碳、氢、氧组成的高分子化合物，但分子结构很复杂。总体上来看，它是一种以苯基丙烷为结构单元，具有网状的空间立体结构的高分子化合物，分子结构上存在许多活泼基团，如—OH、—CH_3O、—CHO、—COOH、—C=C—等。因此，木质素的稳定性非常差，容易氧化，尤其在光照条件下，氧化更快，从而使纸张发黄变脆。

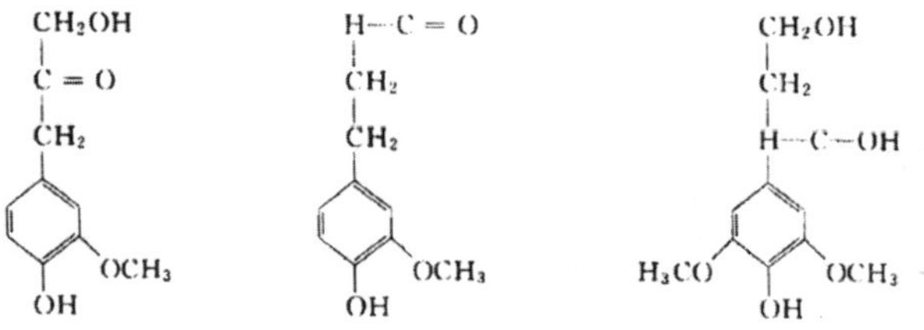

第二节　纺织品文物的分类和化学组成

一、纺织品文物纤维原料的分类及理化性质

1. 毛纤维

天然动物毛的种类很多，以绵羊毛数量最多，是古代毛纺织品的最主要原料，绵羊毛简称羊毛。

（1）羊毛纤维的分子结构

羊毛纤维是天然蛋白质纤维，它的主要组成物质是角朊蛋白质，组成其大分子的单元是 a—氨基酸剩基。a—氨基酸的通式是：

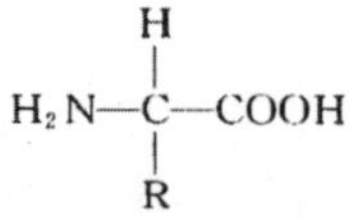

羊毛角朊蛋白质由近 20 种 a—氨基酸组成，氨基酸的种类因侧基 R 的不同而不同，角朊蛋白质中的每一个氨基酸剩基以肽键—CO—NH—连结，其中以精氨酸（二氨基酸）、松氨酸、谷氨酸（二烃基酸）、天冬氨酸和胱氨酸（含硫氨酸）的含量较高。

羊毛分子结构的特点是蛋白质大分子之间除了依靠范德华力、氢键结合外，还有盐式键、二硫键相结合，从而使大分子具有网状结构。羊毛角朊大分子的空间结构可以是直线状的曲折链（β 型），也可以是螺旋链（a 型）。在一定条件下，拉伸羊毛纤维，可使螺旋链伸展成为曲折链，去除外力后仍可能恢复。如果在拉伸的同时，给予一定的温、湿度条件，使二硫键（—S—S—）拆开，大分子之间的结合力减弱，a、β 型的转变就较充分，再回复到常温条件时，形成新的结合点，外力去除后不再回复，羊毛的这种性能称为热塑性。

羊毛角朊蛋白中含有相当数量的胱氨酸，这使得角朊蛋白质中除了碳、氢、氧和氮外，还含有硫，硫的存在和含量的多少将影响到羊毛纤维的物理化学性质。

（2）羊毛纤维的形态结构

羊毛纤维的截面形态因细度不同而有变化，一般细羊毛截面近似圆形，粗羊毛截面呈椭圆形。羊毛纤维截面从外向里由鳞片层、皮质层和髓质层组成。

1）鳞片层

鳞片层像鱼鳞或瓦片一样重叠覆盖在羊毛纤维表面，对羊毛纤维起保护作用。鳞片在羊毛纤维表面覆盖的形式基本上有环状覆盖、瓦状覆盖和龟裂状覆盖三种。各种羊毛的鳞片大小基本相同，而鳞片在羊毛上覆盖的密度因羊毛的品种和羊毛的粗细不同而有较大的差异。鳞片的形态和排列密度对羊毛光泽和表面性质均有很大影响。细羊毛的鳞片呈环状覆盖，排列紧密、对光线反射小，因而光泽柔和；粗羊毛的鳞片呈瓦状和龟裂状，排列稀疏，表面光滑，反光强，光泽亮。此外鳞片层使羊毛纤维具有了特殊的缩绒性。

2）皮质层

皮质层是羊毛纤维的主要组成部分，它决定了羊毛纤维的物理化学性质。皮质层一般由两种不同的皮质细胞组成，一种称为正皮质，一种称为偏皮质，它们的性质有所不同。正皮质结构较疏松、含硫较少，对酶及化学试剂反应活泼；结晶区较小，易吸湿。偏皮质结构较紧密，含硫较多，对化学试剂反应较差，这两种皮质细胞在羊毛中分布情况随羊毛的品种和粗细而异。羊毛皮质层发育完善，所占比例大时，羊毛纤维的品质优良，表现为强度、卷曲、弹性都比较好。此外，皮质层中还含有天然色素。

3）髓质层

髓质层是由结构松散和充满空气的角朊细胞组成，它的有无和在纤维中所占比例的大小因羊毛的品种而异，它的存在使纤维强度、弹性、卷曲变差。

（3）羊毛纤维的理化性质

1）卷曲性

羊毛纤维沿长度方向有自然的周期性的卷曲，卷曲的形状和多少一般随羊的品种或纤维类型不岗而不同。

2）强伸性

羊毛纤维在拉伸外力的作用下有天然的伸长能力，是一种重要的机械性能，其断裂伸长率为 25% ~ 35%，并且具有优良的弹性回复能力，因此羊毛织物比较坚韧耐久。

3）吸湿性

羊毛纤维大分子中，亲水基团的数目和种类影响吸湿能力的大小，如羟基（—OH）、酰氨基（—CONH）、胺基（—NH）、羧基（—COOH）等都是较强的亲水基团，它们与水分子的亲和力很大，这类基团越多，纤维的吸湿能力越强。在一般大气条件下，羊毛的含水量可达 16%，羊毛纤维的吸湿性能在 4 种纺织纤维中占首位。

4）非溶解性

羊毛纤维的主要组成物质是非水溶性角朊蛋白质，羊毛角朊蛋白质中含有一定比率的胱氨酸，胱氨酸中二硫键在毛纤维的结构和性能方面起着重要的作用，这种化学键使毛纤维的空间结构稳定，从而有助于纤维变形后的回复，使毛纤维在一些溶剂中不易溶解。

5）酸碱两重性

由于其化学成分决定，蛋白质是一种两性化合物。在蛋白质大分子中存在着羧基（—COOH）及氨基（—NH_2）基团，在酸性溶液里，蛋白质带正电荷；在碱性溶液里蛋白质带负电荷，当溶液在某个 PH 值时，使蛋白质所带的正电荷和负电荷恰好相等，即总电荷为零，在此 PH 条件下，蛋白质化学结构最为稳定。

在羊毛的大分子中，酸性基团和碱性基团的数量并不相等，也就是羊毛的耐酸碱性并不相等。羊毛对碱的作用非常敏感，耐碱能力远低于耐酸能力；羊毛抗酸能力较强，但高温、高浓度的酸也会使羊毛受损，受损程度视酸的种类、浓度高低、温度高低和处理时间的长短而不同。碱对羊毛的作用比较剧烈，碱使羊毛变黄，使二硫键断开，含硫降低，以及部分溶解。将羊毛放在 5% 氢氧化钠溶液中煮沸 5 分钟，羊毛即全部溶解。

6）氧化还原性

氧化剂对羊毛损伤较大，特别是在碱催化时更显著。卤素族类的漂白粉或其他含氯的漂白剂对羊毛纤维均有强烈的破坏作用，尤其是对于羊毛的鳞片具有特别强烈的破坏。温度为30℃的1N次氯酸钠（3.6% ~ 5%浓度）溶液能使羊毛破坏，以致溶解。对于3%浓度的过氧化氢（即双氧水 H_2O_2）稀溶液，温度为50℃时，羊毛在短时间不产生直接的显著变化，但纤维的抗碱能力下降。

还原，剂对羊毛损伤较小，特别是在酸性条件下，破坏更小；但在碱性介质中，还原剂对羊毛的作用也是明显的。

2. 丝纤维

中国是闻名于世的丝绸之国，据历史文献记载，早在4700年前我国就已经开始养蚕。我国现存最早的、载有2000多年前五大行星历象的《五星占》就记载于丝帛之上。1973年长沙马王堆出土的《慧乐图》、《地形图》、《驻军图》是我国现存最早的地图，也均记载于丝帛上，而且每幅面达96×96cm，说明当时的缣帛拼接技术和托裱技术已达到了相当水平。秦汉时代除了利用家养蚕丝制作衣物外，还从未间断利用野蚕丝，特别宋元以后柞蚕丝的利用更有所推广，开始用来制作坚韧牢固而且价格低廉的丝织品。

1987年，文物部门在清理法门寺倒塌的塔基时，意外发现封闭了1000多年的唐代地宫，并挖掘出土了大量皇宫遗留的珍贵文物，其中丝绸文物数量之大、等级之高、种类之全极为罕见。根据地宫中出土的《使随真身衣物帐》记载，仅武则天、唐懿宗、惠安皇太后等的丝绸服饰就达700余件。其中数量众多的织金锦属存世最早的实物，而捻金丝最细的直径则只有0.1mm。地宫发现的这批丝绸织品无论质地还是制造水平都体现了皇家风范，代表了唐代宫廷丝绸制造业的最高水平，是唐代丝织方面的一次具有划时代意义的发现。

天然丝是指由蚕分泌的粘液所形成的纤维。可作纺织品原料的主要有桑蚕丝、柞蚕丝和蓖麻蚕丝，其中以桑蚕丝为主。

（1）蚕丝的物质组成和化学结构

蚕丝主要由丝素和包覆在丝素外的丝胶组成，此外还有少量的蜡质、脂肪和灰分等。这些物质的含量并不固定，常随蚕丝的品种及饲养情况而有变化，一般桑蚕丝和柞蚕丝的物质组成见表11–1。

表 11–1　蚕丝的物质组成（%）

蚕丝种类	丝素	丝胶	蜡质、脂肪	灰分
桑蚕丝	70 ~ 75	25 ~ 30	0.70 ~ 1.50	0.50 ~ 0.80
蚕丝	80 ~ 85	12 ~ 16	0.50 ~ 1.30	2.30 ~ 3.20

在这些物质中，丝素是丝织品的主要物质，丝胶有保护丝素作用，在煮茧制丝及织绸过程中丝胶及其他成分会全部或部分去除。丝素是纤维状蛋白质，大分子链为线形 β 曲折链；丝胶是线形肽链弯曲盘绕而成的球状蛋白质。蚕丝和羊毛一样都是天然蛋白质纤维，丝蛋白聚合物是由二十多种不同的 a—氨基酸缩合而成。丝蛋白中 80% 以上的氨基酸是甘氨酸、丙氨酸和丝氨酸，其分子单体结构为：

甘氨酸：$H_2N—CH_2—COOH$

丙氨酸：$CH_3—CH—CQOH$

$\quad\quad\quad\quad |$

$\quad\quad\quad NH_2$

丝氨酸：$HO—CH_2—CH—COOH$

$\quad\quad\quad\quad\quad\quad\quad |$

$\quad\quad\quad\quad\quad\quad NH_2$

天门冬氨酸：$HOOC—CH_2—CH—COOH$

$\quad\quad\quad\quad\quad\quad\quad\quad\quad\quad |$

$\quad\quad\quad\quad\quad\quad\quad\quad\quad NH_2$

蚕丝的化学结构和羊毛的化学结构有许多相同或相似之处，因而它们具有一些共同的特性。但由于丝朊蛋白和角朊蛋白内所含的氨基酸种类、数目、排列组合不同，所以两类蛋白质的结构也有差异。丝朊蛋白质分子结构的特点是不含硫或含少量的硫（少量的硫主要存在于丝胶中）。蚕丝蛋白质大分子间仅靠范德华力、氢键和盐式键相结合，基本少含二硫键。丝朊大分子中的 R 基团较小且为直线状的曲折链，大分子侧基大多体积小，结构简单，大分子排列较为规整紧密，能形成较完整的结晶，结晶度较羊毛大，因而蚕丝的强度比羊毛大 3 倍，一般断裂长度在 22 ~ 23km。据分析水解老化时，丝织品的强度损失与天门冬氨酸含量的降低呈线性关系。

（2）蚕丝的形态结构

桑蚕茧丝的横截面如图 11–2 所示，一根茧丝由两根丝素外包覆丝胶而成，带有丝胶的茧丝呈不规则的椭圆形，除去丝胶后的单根丝素截面呈圆三角形。柞蚕丝的横截面较桑蚕丝扁平，如图 11–3 所示。分析这一点，可以帮助我们判断出丝织品文物的纤维原料是桑蚕丝还是柞蚕丝。

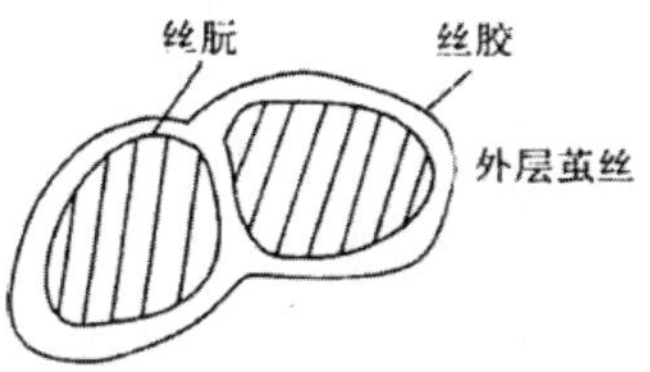

图 11-2　桑蚕丝截面

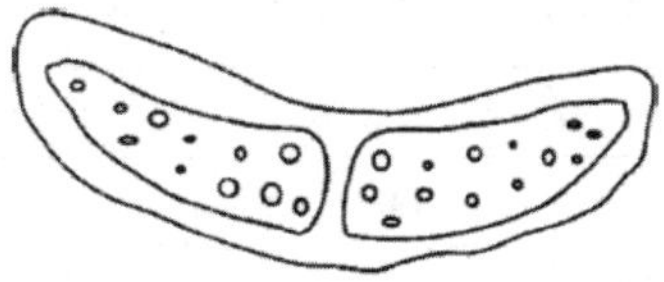

图 11-3　柞蚕丝截面

（3）蚕丝的理化性质

1）吸湿性

蚕丝的吸湿能力较强，在一般大气条件下，含水量可达 9% ~ 13% 柞蚕丝截面的椭圆形比桑蚕丝更为扁平，并带有大小不等的毛细孔，所以在同样条件下，含水量要高于桑蚕丝。

2）溶解性

丝纤维内含有较多的极性氨基酸，所以水溶性比毛纤维强。

3）酸碱两重性

蚕丝蛋白也是两性化合物，在一定条件下既能与酸作用又能和碱作用。由于蚕丝的两性性质，酸和碱都会促使丝素纤维水解，其水解的程度随酸碱的种类、浓度、温度以及作用时间不同而异。在生丝中，丝胶较丝素反应剧烈。柞蚕丝对酸碱的抵抗能力比桑蚕丝强。

蚕丝对酸的抵抗能力较强，但比羊毛差。强无机酸的稀溶液，在常温下，对蚕丝无明显破坏。在高温情况下，可引起光泽、强度、伸长率降低。当无机酸浓度提高后，丝素膨胀，溶解成淡黄色的粘稠物。弱无机酸及有机酸对生丝无明显破坏作用。

蚕丝的耐碱性较差，对强碱稀溶液，即使在常温下，也可引起丝素蛋白质的水解。碱溶液的浓度越大、温度越高，其水解程度越高。弱碱溶液如碳酸氢钠、碱性肥皂液等在短时间内只能溶解丝胶，不会破坏丝素，但长时间沸煮，将引起丝素缓慢水解。

4）氧化性

蚕丝对氧化剂作用比较敏感，特别是在高温下长期处理会使蚕丝彻底破坏，还原剂对蚕丝的破坏作用较小。

3. 棉纤维

（1）棉纤维的物质组成和化学结构

棉纤维的主要组成物质是纤维素，占94%左右，其余为纤维素伴生物。棉纤维的组成物质见表11–2。

表11–2　棉纤维各物质含置（%）

组成物质	纤维素	蜡质与脂肪	果胶	灰分	蛋白质	其他
含量范围	93.0 ~ 95.0	0.3 ~ 1.0	1.0 ~ 1.5	0.8 ~ 1.8	1.0 ~ 1.5	1.0 ~ 1.5
一般含量	94.5	0.6	1.2	1.2	1.2	1.3

纤维素是一种天然高分子化合物，其化学分子式为（$C_6H_{10}O_5$）$_n$，是一种多糖物质，每个纤维素大分子是由n个β葡萄糖剩基彼此以1,4甙键（C_1—O—C_4）连结而形成的。纤维素大分子中的基本单元是葡萄糖剩基，为不对称的六环形结构。相邻两个葡萄糖剩基彼此的位置扭转180°，依靠甙键连成一个重复单元，长度为1.03nm，是纤维素大分子结构的恒等周期。

（2）棉纤维的形态结构

1）纵向

棉纤维具有天然卷曲，可见中腔；其成熟度不同，形态和可纺性不同。

2）截面

棉纤维沿长度方向截面的形状和面积都有很大变化。纤维截面形状随成熟程度不同而不同，正常成熟的棉纤维横截面呈腰圆形，并可见中腔；未成熟的纤维横截面呈扁环状，胞壁薄，中腔长；过成熟的纤维截面为近圆形，中腔圆而小。

3）棉纤维截而构造

锦纤维的横截面由许多同心层组成，目前已可区分出六个层次，主要的有初生层、次生层、中腔三个部分。

初生层：是棉纤维的外层，即棉纤维在伸长期形成的纤维细胞的初生部分，初生层的外皮是一层极薄的蜡质与果胶，蜡质对棉纤维有保护作用。能防止外界水分的侵入，还能增润棉纤维的光泽。初生层与棉纤维的表面性质密切相关。

次生层：是棉纤维在加厚期淀积纤维素而形成的部分，是棉纤维的主要构成部分，几乎全由纤维素组成，由外向内又可分为 S_1、S_2、S_3、三个层次。次生层决定了棉纤维的主要物理机械性质。

中腔：是棉纤维生长停止后遗留下来的内部空隙，中腔内留有少数原生质和细胞核残余物，对棉纤维颜色有影响。

（3）棉纤维的理化性质

1）溶胀性

纤维素大分子的官能团是羟基和甙键。羟基是亲水基团，使棉纤维具有一定的吸湿能力；吸湿后的棉纤雒膨化，但不溶解，横截面增大 40% ~ 50%，长度增加 1% ~ 2%，脱脂棉纤维吸水性增强。

2）酸碱性

酸对纤维具有腐蚀作用，在酸性水溶液作用下纤维水解，强力下降。无机酸如硫酸、盐酸、硝酸对棉纤维均有腐蚀作用，热稀酸和冷浓酸能使纤维溶解；有机酸如甲酸等作用较弱。酸对棉纤维的作用随温度、浓度、时间的不同而改变。棉纤维耐碱性比耐酸性强。

3）氧化性

棉纤维经氧化剂如过氧化物，次氯酸钠等漂白剂长时间处理后，分子链断裂，强力下降以至纤维素分解。

4. 麻纤维

（1）麻纤维的物质组成和化学结构

麻纤维的主要化学组成物质为纤维素，除纤维素外还含有半纤维素、木质素、果胶、水溶性物质、脂蜡质、灰分等物质。

纤维素的性质在棉纤维部分已作过介绍。麻纤维大分子的聚合度一般在 1 万以上，其中亚麻纤维的聚合度在 3 万以上，从而决定了麻纤维具有较大的强力及湿态强力。麻纤维的结晶度和取向度很高，使纤维的强度高、伸长小、柔软性差，一般硬而脆。

半纤维素：半纤维素也是由单糖脱水聚合而成的聚糖类高分子化合物，但与纤维素不同的是半纤维素是由许多不同的单糖，如木糖、甘露糖、葡萄糖等脱水聚合而成的“不均一单糖”。半纤维素的聚合度很小，分子链很短，并且有支链。半纤维素的分子结构决定半纤维素难以产生氢键和结晶区，从而易溶于碱溶液中；易吸水膨胀，呈现粘滑性；比纤维素更易发生水解反应，氧化和光解的反应速度也较快。因此，半纤维素的稳定性要比纤维素差。

木质素：木质素是一种以苯基丙烷为结构单元，具有网状空间立体结构的高分子化合物。木质素不溶于水，在常温下不溶于稀碱、稀酸溶液：在高温下一定浓度的酸或碱可与木质素作用而使其溶解。木质素容易氧化，尤其在光照条件下，氧化更快。在纺织前脱胶过程中木质素会部分去除。

果胶物质；麻皮中含有果胶物质，它是一种含有酸性、高聚合度、胶状碳水化合物的混合物，化学成分较为复杂，与半纤维素一样属于多糖类物质。

其他成分：麻皮中还含有脂肪、蜡质和灰分等。脂肪、蜡质一般分布在麻皮表层。灰分大多为金属和非金属的氧化物及无机盐类，如 SiO_2、P_2O_5、Fe_2O_3、CaO、MgO、Na_2O 以及钙盐、钾盐等。

（2）麻纤维的形态结构

麻纤维大多成束聚集于植物的茎部或叶中，单纤维呈管状，与棉纤维不同的是麻纤维的细胞两端封闭，纤维与纤维之间依靠果胶粘结，经脱胶店纤维分离麻纤维具有初生层、次生层和第三层，其内纤维素分层沉积。

苎麻在麻茎中呈单纤维状，截面为腰圆形并且有裂痕，纤维有纵向条纹且有横节。初生层和次生层中的纤维素呈 S 向螺旋分布，其初生层的取向角约为 12°，次生层的取向角为 9° ~ 10。

亚麻纤维的截面呈不规则的多角形冲间有空腔，纤维纵向表面布条纹，且在某些部位有横节。亚麻纤维的次生胞犧由原纤组成，原纤与纤维的轴心形成 8° ~ 12° 的螺旋夹角。其外层的螺旋角与次生胞壁相同，向内逐渐减小，直至 0°。

大麻中的单纤维末端比较宽粗，或形成分叉，纤维的中腔被甩扁，比亚麻的中腔宽的多。纵向条纹的横向错位也比亚麻更为急剧，而且错位处发生弯曲。初生层和次生层中原纤束呈 Z 向螺旋分布，只是倾斜角度从外层的 20° ~ 35° 逐渐减小为内层的 2° ~ 3°。初生胞壁及次生胞壁的外层果胶含量较多。

黄麻、洋麻、蕉麻、剑麻纤维的横截面形态多为多角形或不规则的圆形，纵向有竖纹和横节。

（3）麻纤维的理化性质

由于麻纤维和棉纤维的主要化学成分均为纤维素，两者理化性质极为相似。但麻纤维比棉纤维祖硬，柔软性差；吸湿性、耐光性、耐热性比棉纤维好。

二、纺织品文物染色成分

1. 矿物颜料

（1）矿物颜料的概念和性质

无机矿物颜料通常是金属的氧化物、硫化物、汞化物，硫酸盐、铬酸盐、铅盐等盐类以及炭黑等，是不溶于水和有机溶剂的有色细小颗粒物，它与被着色材料没有亲和力，是通过颗粒分散于材料表面和中间而着色的。其着色力主要取决于化学结构、晶体结构以及在介质中的分散性。无机矿物颜料的耐光坚牢度较好，一般为5、6级，最高达8级。坚牢度是指有色物质受到外界理化因素的损害，所具有的抵抗能力。矿物颜料还具有耐酸、耐碱、耐热等性能。

（2）古代纺织品常用矿物颜料

据考证，北京山顶洞人已使用天然的赤铁矿粉（Fe_2O_3）涂染串珠贝和筋绳，直至春秋战国时期，仍然用这种红色颜料涂染麻织品，用这种麻布制作的衣服当时称为衣，无领的赭衣则为罪犯的囚衣。从远古到西汉，织物染色除使用红色天然赤铁矿粉（赭石）外，还有其他天然矿物颜料，主要成分如下：

红色：赭石（Fe_2O_3）、朱砂（HgS）；

白色：绢云母［$H_2KAl_3(SiO_4)_3$］、胡粉［$PbCO_3 \cdot Pb(OH)_2$］、蜃灰（$CaCO_3$）；

黄色：石黄（雌黄 As_2S_3 与雄黄 As_4S_4 的混合物）

绿色：石绿［$CuCO_3 \cdot Cu(OH)_2$］

黑色：墨炭（C）

1972年湖南长沙马王堆1号汉墓中出土的汉初的朱红菱纹罗绵袍上的朱红色，经X射线衍射分析，它的谱图就和六方晶体的红色 HgS 完全相同。

2. 植物染料

（1）染料的概念

染料是指采用适当的方法能使纤维材料或其他物质染成具有鲜明而坚牢颜色的有机化合物，其分子中的发色体系结构能保证染料对可见光的吸收特性。一般可溶于水和有机溶剂，或可转变成溶液而染色；化学性质不稳定，不耐酸、不耐碱。

（2）直接染料

1）直接染料的概念

直接染料是指具有水溶性基团的染料，在染纤维素纤维和蛋白质纤维时，不需要媒染剂的帮助即可直接染色，直接染料可溶于水，多以 $-SO_3Na$ 和 $-COOH$ 为水溶性基团。

2）古代纺织品常用的直接染料

据《史记》、《齐民要术》记载，栀子、黄蘖树是使用较早的直接性染料。秦汉时期，古人盛行用栀子浸染天然纤维，栀子中主要成分是藏红花酸，化学式为 $C_{10}H_8O_4S$，是一种黄色色素，用它可直接在纤维上染出鲜艳的黄色。藏红花酸的化学结构式为：

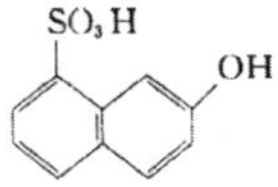

南北朝时期又盛行用黄蘗树来直接染丝帛。这是因为黄蘗树中富含小蘗碱，为多种黄酮类化合物，不但可在丝絹、羊毛等动物纤维上染黄色，还具有杀虫防蠹的功效，小蘗碱属盐基性染料。古代还用鼠李科植物冻绿的浸液染绿，其色素的主要成分为 $C_{42}H_{28}O_{27}$ 和 $C_{15}H_{12}O_6$。

（3）媒染染料

1）媒染染料的概念

媒染染料是一种不能直接在纤维上着色或着色后不耐久，需与不同媒染剂作用生成不溶性色淀而固着在纤维上的染料。所用媒染剂一般为无机盐，例如 $FeSO_4$、$Al_2(SO_4)_3$ 等。

2）古代纺织品常用的媒染染料

①茜素

《诗经》就记载有茜草的媒染方法。茜草根中含有红色的茜素，为红色针状晶体，几乎不溶于水，溶于乙醇和乙醚；具有良好的耐洗性。在长沙马王堆 1 号汉墓中出土的深红絹和长寿绣袍底色，就是用茜素媒染而成的。茜素的分子式 $C_{14}H_8O_4$，结构式为：

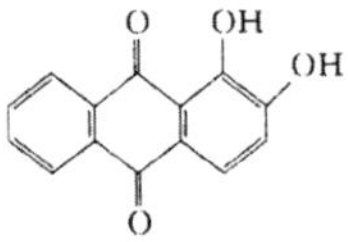

茜草与不同的媒染剂作用，可形成不同的色泽，具体染色条件与所得色泽见表 11–3。

表 11–3　茜草的染色条件及结果

媒染剂	染液	色泽
1.5% $SnCl_2$	15% 茜草液	粉桔色
1%$KAl(SO_4)\cdot nH_2O$	15% 茜草液	红桔色
1% $FeSO_4$	15% 茜草液	紫红桔色
1%$CuSO_4$	15% 茜草液	微黄暗红色

②苏木红素（又名苏木精）

苏木红素由苏木或苏枋树的木材中提取，是一种无色菱形晶体，遇光氧化后变为红色，难溶于冷水和乙醚，易溶于热水和热乙醇、碱、氨和硼砂等溶液。古代常用于丝、毛、棉、皮革的染色，染色的成分主要是氧化苏木精。用不同的媒染剂可得不同颜色。苏木精分子式为 $C_{16}H_{13}O_6$，氧化苏木精结构式为：

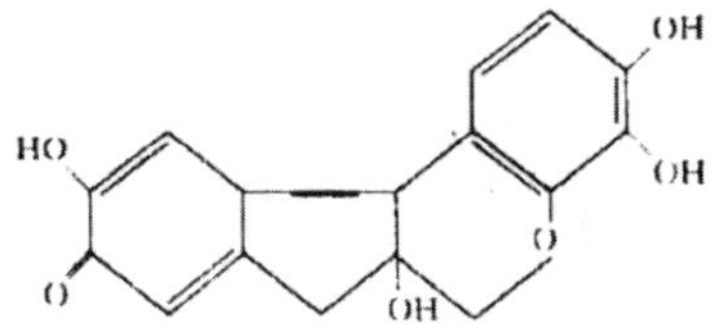

③芸香苷

芸香苷是从槐花中提取的黄色植物染料，为黄色粉末或结晶粉末，略溶于冷水，易溶于热水。分子式为 $C_{27}H_{30}O_{16}$，结构式为：

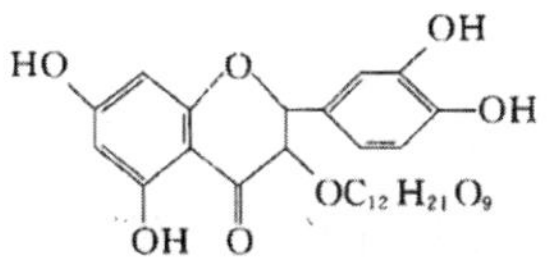

在《天工开物》中描述了槐黄媒染染料的制法，用 Sn 媒染剂得艳黄色，Al 媒染剂得草黄色，Cr 媒染剂得灰绿色。槐黄染料色牢度好，色光鲜艳。

④姜黄色素

从姜黄和郁金香的根中可以提取姜黄色素，为橙黄色结晶粉末，不溶于水，微溶于乙醚和苯，加热时溶于乙醇，易溶于冰醋酸和碱溶液。分子式为 $C_{21}H_{20}O_6$，结构式为：

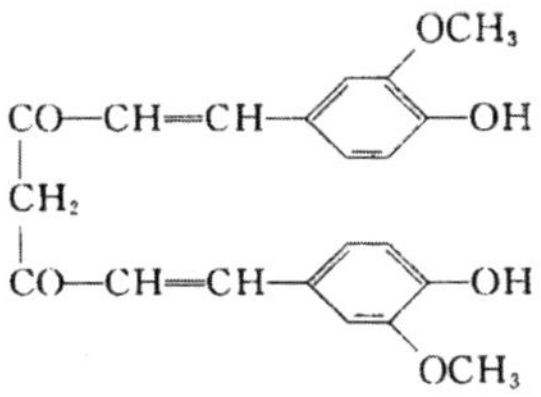

姜黄色素能直接对毛、丝、棉进行染色，用 Al 媒染剂得柠檬黄色，Cr 媒染剂得棕黄色，Cu 媒染剂得黄绿色，Fe 媒染剂得橙黄色。用姜黄染色的织物，色光鲜嫩，但耐光坚牢度稍差。

媒染法使很多色素得到了广泛的应用。染草除了茜草、苏木、槐花外，还有染紫的紫草；染黄的荩草；染褐色的桑树皮，染黑的橡树、柿子、冬青叶、鼠尾草、乌桕叶、石榴皮，还有栌和柘、槐树的花蕾等。紫草根含有紫色的紫草素乙酰紫草宁（$C_{18}H_{18}O_6$），荩草中含有榉草素，橡树、柿子、冬青叶、鼠尾草、乌桕叶、石榴皮中含有单宁异槲皮黄素（$C_{20}H_{20}O_{13}$），栌和柘中含非瑟酮。

值得一提的是，古时服色与人的尊贵地位紧密相关，统治者穿的是当时最高贵的染料服，如非瑟酮染出的织物，在日光下呈带红色的黄色，在烛光下却呈光辉的赤色，这种神秘性光照色差，曾为帝王将相所青睐。《唐六典》记“自隋文帝制柘黄袍以听朝，至今遂以为市”，到明代也是“天子所服”。相反，单宁质和媒染剂硫酸亚铁染出的黑色，成了古时的平民服色。

（4）还原染料

1）还原染料的概念

还原染料是指在碱性溶液中，以强还原剂进行还原才能使织物染色的染料。这种染料对棉纤维没有直接性，上染纤维后的隐色体经空气或其他氧化剂的氧化，转变成原来不溶性的还原染料而固着在纤维上。

2）古代纺织品常用的还原染料

靛蓝是天然还原染料。从蓝草叶子中提取的靛蓝素，俗称靛青，为蓝色粉末或红蓝色糊状物，不溶于水和乙醇。有顺、反式两种结构：

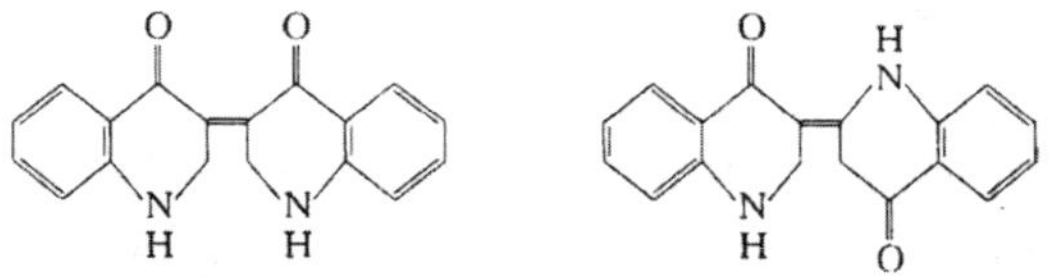

靛蓝的具体染色过程是通过还原反应，将靛蓝素还原成靛白素，使其附着于纤维之上，然后再利用空气中的氧气将其再氧化成靛蓝素而显蓝色。周代以前大量直接用蓝草着色，春秋战国时期，采用了发酵法还原蓝艇成腚白，而得青色染料，故有“青，取之于蓝而青于蓝”。长沙马王堆1号汉墓出土的青罗类染色织物，有棕色等染料套染靛蓝的藏青和藏青黑。

古代用于织物染色的还原性染料还有菘蓝、马蓝、木蓝、蓼蓝等。菘蓝色素的主要化学成分为菘蓝甙，马蓝、木蓝、蓼蓝色素的主要化学成分为靛甙。

第三节　纸质文物的损毁机理

一、古代纸质文物耐久性好的内因

1. 古代手工纸的耐久性

纸张耐久性就是纸张在保存和使用过程中，抵抗外界理化因素的损坏和维持原来理化性质的能力。造纸植物原料的种类、植物纤维的化学成分和生产加工工艺是影响纸张耐久性的三大主要因素。

从古代造纸的生产过程来看，其原料和生产工艺有利于纸张的耐久性：

（1）造纸原料的质量好。

古代造纸的原料主要是麻类、树皮和竹子，其中麻和树皮的纤维长，纤维素含量高，木素含量低，杂细胞极少。

（2）生产过程处理缓和。

生产过程中造纸原料仅仅和石灰、草木灰等弱碱一起蒸煮，对纤维素损害较小，并且纸张呈弱碱性，有利于长久保存。

（3）使用流动水。

古代生产纸张使用的水通常为清洁的天然纯净水，水质好，无污染、无金属离子。

（4）生产工具多为竹、木制品，避免了金属离子的危害。

（5）长期积累的手工抄造工艺使纸张纤维在纵横方向交织均匀。

2. 字迹耐久性

（1）色素成分的耐久性

从汉代直至清末，我国纸质文物的书写方式以毛笔蘸墨为主。古代制墨工艺讲究，以原料不同可分为松烟、桐烟、漆烟和墨灰四种，尤以桐烟墨和漆烟墨为佳品。桐烟墨写成的字迹黑而有光泽，不易脱落；漆烟墨是燃烧桐油和一定数量的漆而制成的，其字迹也较稳定。尤以安徽皖南的胡开文、曹素功等作坊生产的徽墨为上品。

墨的主要成分是炭黑，属于“乱层石墨”型晶体结构，晶体能量低，理化性质稳定，表现为：不溶于水、油和一般有机溶剂；耐热、耐酸碱，不容易与其他物质起反应；耐光性好而不退色，能吸收各种波长的可见光而呈黑色。

古代印刷油墨的色素成分也是炭黑。其特点是黑度高、吸油量低、化学性质稳定。

（2）色素成分与纸张结合的耐久性

当字迹材料转移到纸张上时，干燥后会在纸张的表面结成一层薄膜，通过这层膜把字迹色素成分固定在纸张上的方式，称为结膜方式。这种结合方式是各种结合方式中最耐久的。

古代字迹色素成分与纸张的结合方式为结膜方式，优质块墨成分比例为“三碳二胶”，墨中的皮胶、骨胶的结膜是由于水分蒸发后，胶粒彼此紧密接触，分子间相互渗透扩散，紧密粘合在一起而形成牢固的薄膜，这种牢固的薄膜能将炭黑颗粒牢固地吸附在纸张载体上。油墨中内含植物干性调墨油（如蓖麻油、苏子油等）成分，其结膜是因分子内含较多的不饱和脂肪酸，在空气中均匀吸收氧气而形成的膜。这种物质成膜能力强，与纸张纤维的粘附能力也强，形成的结膜耐摩擦，不易扩散。

从承受信息内容的载体材料——手工纸和反映信息内容的记录材料——墨迹来分析，其化学成分是稳定的，制作工艺是精良的，因而古代纸质文物的耐久性较好。

二、纸张老化

1. 纸张文物损毁的内在因素

纸质文物损毁的内在因素是其载体材料一－纸张的主要成分发生化学变化。

（1）纤维素水解

纤维素水解反应（图 11–4）是纤维素分子在一定条件下，加水发生反应，β—葡萄糖 1，4 甙键断裂，水分子加入，生成比原来纤维素分子链短的一群物质，即水解纤维素的过程。

纤维素水解反应的结果是：纸张纤维素分子聚合度下降，分子间范德华力和氢键作用力减小，纸张机械强度下降，耐久性受损。

影响纤维素水解的因素有：水分（空气湿度或纸张含水量）、酸的催化能力与种类、微生物分泌的胞外酶、温度、纤维的种类等。

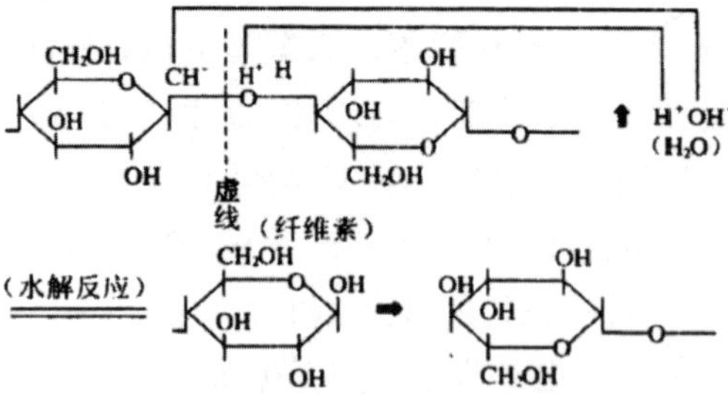

图 11–4　纤维素水解反应式

（2）纤维素氧化

纤维素氧化就是纤维素分子在一定条件下，分子内的—OH 被氧化成为—CHO、—CO、—COOH 等，生成与原来纤维素结构不同的氧化纤维素的过程。

纤维素氧化反应的结果是：纸张发黄变脆，随着—OH 氧化，β—葡萄糖 1，4 甙键容易断裂，聚合度下降，葡萄糖基进一步氧化生成乙醛酸、甘油酸、草酸等小分子物质，纸张耐久性受损。

影响纤维素氧化的因素有氧化剂的种类与数量、光、水分（空气湿度或纸张含水量）、温度等。

（3）半纤维素的水解和氧化

与纤维素分子相比，半纤维素分子聚合度小，有支链，分子间隙大，结晶区比例小，游离的—OH 多，具有较高的吸湿性和较好的润胀性，更容易发生水解和氧化反应。纸张纤维聚合度与机械强度的关系，见图 11–5 所示。

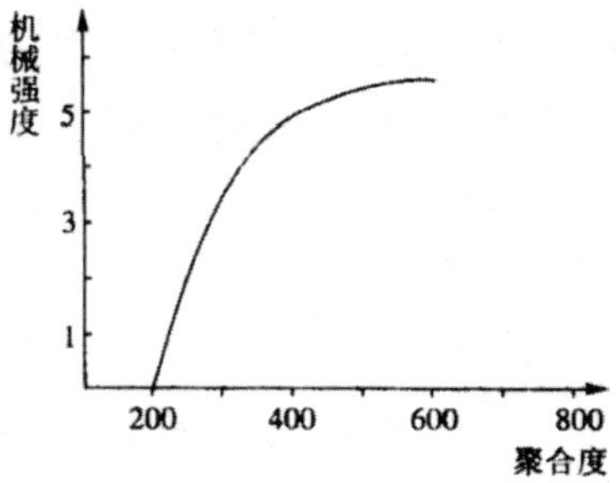

图 11–5　纸张纤维聚合度与机械强度的关系

（4）木质素氧化

木质素分子中的每个苯丙烷上都有许多活泼基团，反应能力很强，化学性质极不稳定。木质素分子中含有发色基团，常常呈黄褐色，木质素还能与某些物质作用，生成新的发色基团，形成特有的颜色反应。因此，木质素含量高的纸张容易被空气中的氧气氧化，降解成大量低分子化合物。氧化木质素又黄又脆。

2. 纸质文物损毁的外在因素

（1）温度的危害

温度是物质分子、原子无规则运动的宏观表现，是用来衡量物体冷热程度的状态参数。

1）高温的危害

在高温条件下，各种有害化学物质对纸张产生破坏作用．且温度越高，化学反应速度越快，破坏性越强，纸张老化速度加速。研究表明，在 38 ~ 989C 范围内，每升高 15℃，纸张老化速度平均增加到原来的 4.8 倍，相当于每升高 10℃，老化速度就增加 1.8 倍。

2）低温的危害

外界温度低于结冰温度时，纸张中含有的游离水会结冰导致氢键结合力减弱，纸张内部结构遭到破坏，强度下降。

（2）湿度的危害

手工纸内纤维交织均匀，但有一定的空隙，当外界相对湿度较大时，纸张吸水，就有可能发生有害化学反应。此外，纸张受潮后 . 纸张四边吸潮较快而伸长，中间部位仍保持原来含水量而尺寸基本不变，会形成“波浪边、当环境湿度降低时，纸张四边缩水较快而紧缩，中间部位尺寸基本不变，会形成“紧边”，纸张就会柔性下降，发硬发脆。因此，纸张过于潮湿或干燥都影响纸张的机械强度和耐久性。

（3）光的危害

光具有一定的能量，能与物质材料之间发生能量传递 , 改变物质内部能级与能量，引起物质结构与性能的变化。光对纸张的破坏是十分显著而严重的，如亚麻、大麻纤维在阳光下照射 100h 强度就降低了一半。

光对纸张的危害主要有三种方式：

1）光辐射热

光向外辐射时会产生热效应，形成高温对纸张造成危害。

2）光氧化反应

在空气中，当光照射在纸上时，纤维素分子活化，发生氧化反应：

$$2O_2+E（光能）\rightarrow 20_2*$$

$$2O_2* \rightarrow O_3+［O］$$

O_3、［O］氧化能力很强，能使纤维素和半纤维素氧化降解，聚合度下降 , 木质素就更容易氧化。

3）光降解

当纸张吸收并积累光能达到化学键的解离能时，就会造成某些化学键的断裂。纸张内含有大量的 O—H、C—H、C—O、C—C，其吸收高峰都在紫外光波长范围内，因而紫外光对纸张的破坏最为严重。

（4）霉菌的危害

霉菌是丝状真菌的总称，霉菌对纸张的危害主要有以下方面：

1）降解纸张化学成分

霉菌新陈代谢中分泌的各种胞外酶能将纸张上含有的纤维素、半纤维素、木质素、骨胶、皮胶、蛋白质、淀粉浆糊等降解成小分子的、溶于水的、能被其细胞膜直接吸收的营养成分，纸张纤维结构遭到彻底破坏。

2）增加纸张酸度

霉菌在代谢过程中产生多种的有机酸，如草酸、乳酸、甲酸、乙酸、丁酸、柠檬酸和琥珀酸等。酸作为催化剂可加速纸张的水解反应，导致纤维素和半纤维素聚合度下降，强度降低。

3）污染纸张

霉菌的孢子一般带有较深的颜色，有些菌类还分泌各种色素，在纸张上面留下黄、绿、青、褐、黑等色斑。色斑影响了文物的原貌，严重时遮盖字迹或图像。

（5）害虫的危害

危害纸张的害虫种类繁多，导致纸张千疮百孔、污迹斑斑、缺边少角、残缺不全等，如对纸张危害最为严重的害虫有书蠹、竹蠹、药材甲、书虱、毛衣鱼等。

（6）有害气体的危害

有害气体主要来源于污染的空气，其中 SO_2、H_2S、NOx、Cl_2 为酸性有害气体，O_3、NOx、Cl_2 是氧化性有害气体，均为纸张化学反应的危害因素。

第四节 纸质文物的保护

一、我国传统纸质文物修裱技术

1. 修裱的概念

纸张在保存和利用过程中会发生强度下降、脆化或部分残缺等现象，修裱就是将破损的文物原纸与特选的修裱新纸进行粘合加固的过程，通过加固能增加纸张强度，恢复原貌和耐久性。

从某种意义上说，中国传统修裱技术并没脱离造纸的基本方法，造纸过程中疏散的植物纤维靠胶粘和加压成为纸张薄页；修裱过程是先用较多的水分浸润文物原纸或修裱新纸，使其纤维疏胀松软，后用胶粘剂使两种纤维紧密粘合，加压排实，最后排除多余水分，恢复纸页的平整干燥。

2. 修裱技术的发展

修裱技术是魏晋南北朝时期在典籍保护技术上的一项重大突破，以后逐步发展成为裱褙和装饰书画、经卷图籍、档案等的一项独特的传统技艺，一直流传使用至今。

（1）起源于魏晋南北朝

修裱技术历史悠久，早在南朝刘宋时，虞和就对书画修裱有过论述，对浆糊制作、防腐、用纸的选择，以及去污、修补、染潢都有见解。

史书记载，梁朝收集王羲之墨迹，用色纸写成，质地很差且有破损，修裱人员对准字迹进行长裱，再裁剪整齐，进行修裱，既补接了残字，又不失体势，而且墨迹更重，证明修裱技术已有相当经验。

（2）成熟于隋唐

唐代宫廷专有修裱工匠五人，装潢一人。唐人张彦远所著《历代名画记》中详载了自古至晚唐的鉴赏收藏印记及装裱情况，文中总结了前人装裱的经验，也进一步叙述了个人对装裱的主张。这是一份研究装裱沿革的珍贵资料，也是一本操作性很强的教科书。

其中有些经验如："凡煮糊必去筋"，"装裱秋为上时，春为中时，夏为下时，暑湿之时不可用勿以熟纸，背必皱起"等名言仍为现代装裱师所学用。

（3）鼎盛于宋

宋代朝廷设有专门的职官主管修裱之事，从流传下来的宋代宣和装等一些装裱成品中可看出当时的修裱技术已达到相当高的水平。从"清明上河图"中可见，装裱作坊已出现在民间。宋代米芾所著的《画史》、《书史》都有装裱经验之谈。

（4）发展于明清

明代周嘉胄《装潢志》总结了当时的修裱技术，如："古迹重裱，如病延医"，"补缀须得书画本身纸绢质料一同者，色不相当尚可染配，絹之粗细，纸之厚薄，稍不相侔，视即两异；故虽有补天之神，必先炼五色之石，絹须丝缕相对，纸必补处莫分"，足见当时修裱技术之精湛。

北京故宫博物院珍藏的西晋文学家陆机（公元261—331年）的《平复帖》，距今已有1700多年，几经修裱，常裱常新，至今保存完好。

3. 胶粘剂的选择

（1）胶粘剂的概念

凡能将两个物体的表面紧密连结起来，并能满足一定物理和化学要求的物质，称为胶粘剂。

胶粘剂必须满足以下条件：①不论何种状态，在涂布时应是液态（液流性）；②对被粘物表面应能充分湿润（浸润性）；③必须能从液态向固态转变（固化）的过程中形成坚韧的胶膜（胶粘性或膜性）；固化后有一定的强度，可以传递应力，抵抗破坏，胶膜有一定的机械强度；④必须能经受一定的时间考验。

（2）胶粘剂作用机理

液态胶粘剂涂布在纸张或丝织物表面后，慢慢扩散并浸润到纤维内，当胶粘剂分子与纤维素分子接近到一定距离时，在分子间范德华力和氢键力的作用下互相吸引而产生粘附力；胶粘剂在固化过程中，慢慢形成的薄膜具有胀紧力，使新材料与原纸粘合为一。

（3）修裱胶粘剂理化性质

修裱胶粘 . 剂的理化性质直接影响着修裱的质量，因此对修裱使用的胶粘剂有如下要求: ①粘性适中，修裱后的纸张要柔软; ②化学性质稳定; ③PH中性或微碱性; ④不易生虫、长霉；⑤无色透明或白色；⑥具有可逆性。

能达到以上要求的最佳胶粘剂是淀粉浆糊，因为纸张是以 β—葡萄糖脱水聚合形成的多糖类高分子化合物，淀粉是以 α—葡萄糖脱水聚合形成的多糖类高分子化合物，两者分子式相同，最容易形成氢键结合力。

古人虽然对以上的现代胶粘理论并不理解，但从一开始就将淀粉浆糊作为粘合加固纸质文物所用，确实具有相当高的科学性。

（4）小麦淀粉浆糊的制作

古人对淀粉浆糊的制作有一套较为科学的方法：

洗粉去筋——泡沉淀——发酵漂洗——干燥——制糊，使用时稀释。

操作时，每一步骤都非常重要，其中去除蛋白质和制糊更为关键。

1）去筋

面粉内含有 8% ~ 15% 的蛋白质成分，不去蛋白质的浆糊，粘性强、浸润流动性差、修裱后纸质文物易起皱、柔性差；蛋白质内含 N 源，更容易生虫长霉；蛋白质内含有许多活性基团，化学性质不如淀粉稳定，在热、酸、碱、氧化剂条件下，容易发生变性。

2）制糊

浆糊制作是淀粉分子受热溶胀产生粘性，由悬浮液转变成胶凝系统的不可逆过程。这个过程在化学上称为胶化，制作浆糊则称为糊化。

淀粉悬浮在冷水中——加热，温度升高，吸水能力增强，直链淀粉溶于热水——温度继续升高，淀粉微粒体积迅速膨胀——体积超过原来的几十倍，微粒在水中相互挤压——支链淀粉分子形成凝聚的网络结构，粘度迅速增大——形成胶粘体系——冷却后在水中呈不溶解、不溶胀的凝胶态。

修裱时要对凝胶态的浆糊进行稀释，修裱一般要求用糊如水，根据纸张的种类、吸水性和厚度对稠糊进行稀释，配制成不同比例的稀糊。

制糊的关键主要控制糊化温度，一般为 70 ~ 75℃。温度过高，糊化过热，粘度太大，不能完全浸润纸张；温度过低，微粒膨胀不足，达不到一定粘度。

另一关键是控制水量，如果水量适合，微粒正好把水分全部吸收，分子间膨胀适当，容易挤压成网络，则粘度适中，此时，浆糊形成的冷凝胶最为稳定，不易形成干膜，也不易产生沉降。

4. 修裱用纸的选择

（1）修裱用纸的质量要求

1）纸张中有害杂质少，有较好的耐久性；

2）纸张纤维交织均匀，纸张轻薄柔软，具有较高的干湿机械强度；

3）纸张 PH 值呈中性或弱碱性；

4）纸张白度在 60% 左右；

5）纸张伸缩性小，遇水浸湿后的膨胀系数小；

6）纸张吸收性低，吸收水分少，容易干燥。

（2）修裱用纸的种类

1）麻纸——白麻纸、黄麻纸、麻沙纸等。

2）皮纸——河南棉纸、浙江棉纸、高丽纸、桑皮纸等。

3）竹纸——毛边纸、毛太纸、玉扣纸、连史纸、夹江纸等。

4）宣纸——罗纹纸、棉连纸、夹连纸等。

一般来说，修裱用纸最好与原件所用的纸质同类。

5. 修裱技术

（1）揭粘

纸质文物在保存过程中，由于种种原因，部分纸张发生粘连，严重的结成砖块，难以逐页分离，影响利用。其原因极其复杂，是纸张、环境、生物、人为等因素综合作用的结果。

揭粘技术有干揭、湿揭（水冲法、水泡法、蒸汽渗透法）、酶解法（淀粉酶、蛋白质酶）、综合法等几种方法。一般对难揭的纸砖可几神方法并用。

无论采用上述哪种揭粘方法，当纸张处于潮湿状态时，都不能马上揭。纸张中含有较多水分，纤维之间距离大，纤维间的氢键力和各种结合力都下降，使纸张强度降低，容易揭烂。此外，揭开后，由于污垢尘土很多，在修裱前需进行清洗。待通风干燥使纸张有一定强度后，进行纸片拼接揭开后，应及时进行修补和托裱，以免丢失只字片语。

（2）修补

修补就是选用与文物原纸的纤维方向、厚薄，颜色、质地基本一致的纸张，对有孔洞、残缺或折叠磨损的部位进行修复。

1）补缺——对残缺或虫孔的部位进行修补，补纸直径比孔洞大 2 ~ 3mm。

2）溜口——在磨损折禨处补上一条补纸，溜口的补纸宽度一般为 1cm 左右。

3）加边——在纸张四周加上补纸，有挖镶、拼条镶、接后背等。

（3）托裱

托裱就是特选整页的新纸（托纸）和胶粘剂，对破损的纸质原件进行粘合加固的过程，以提高纸张的机械强度。托裱有湿托、干托两种。

1）湿托

湿托就是把浆糊刷在原件上，然后再上托纸，适用于字迹遇水不扩散的原件。

方法步骤如下：

铺油纸——铺平原件——刷稀糊——补缺——上托纸——排实——上纸墙晾干——下墙——修整

2）干托

干托就是把浆糊刷在托纸上，再与破损的原件进行粘合，特别适用于字迹遇水扩散和破损严重的原件。

我国古代书画作品是纸质文物的重要组成部分，多为历代皇帝、大臣、名人的手迹，如：故宫博物院和第一历史档案馆馆藏的明清两代御制诗文及画稿，中国第二历史档案馆珍藏的孙中山、于右任等名人书画手迹，大多为卷轴装。其载体材料多为宣纸和丝絹，由于质地纤薄、性质柔软不坚挺，且着墨或着色后，折皱不平，不利于保管和展示，因此需先裱后装。部分时间久远而破损的书画文物也需要揭旧重裱。

对这些文物除托画芯外，还要经过配镶料、覆背、研光、装轴、系丝带等工序，使书画艺术突出色彩美、结构美、艺术美的整体效应。

二、纸质文物的现代保护技术

1. 温度、湿度控制

在纸质文物的保护工作中，控制调节库房的温湿度是最关键、最根本、最有效的措施。温度和湿度是直接作用于纸质文物的两个最普遍的因素，而且是互相关联的两个因素。

实验证明，温度和湿度对纸张耐久性的综合作用大于单因子独立作用之和，表现为协同效应。在温度15℃、相对湿度10%的保管条件下比在25℃、50%条件下，纸张保存寿命增加20倍左右（见表11–4）。

表 11–4 温湿度的协同效应

t（℃） 寿命倍数	一年平均			
	70	50	30	10
35	0.14	0.19	0.30	0.68
25	0.74	1.00	1.56	3.57
15	2.74	5.81	9.05	20.70

纸质文物的库房温湿度要求：冬天室内保持在12 ~ 18℃，夏天不超过25℃；相对湿度保持在50% ~ 65%。24小时内温度的变化不应超过2 ~ 5℃，湿度变化不应超过3% ~ 5%。

（1）防热

1）外围结构防热

室外的热源通过辐射热、对流热、导热传入库内，最好的隔热措施是利用导热系数小、热阻大的建筑材料。此外，还可利用加大墙体厚度、注意门窗密闭、使用遮阳板等防热措施。

2）空调系统降温

空调系统是文物库房取得符合保护要求的气候条件的理想设备，降温效果良好。

（2）防潮

1）外围结构防潮

库内潮湿的因素主要包括地下水通过地面和墙体向内蒸发、雨水通过外围结构向内渗透、潮湿空气通过门窗缝隙浸入库内等。最好的防潮措施是在外围结构层中使用结构紧密、能隔断水分渗透的防水材料。此外，还要注意库房建筑的自身排水和防潮效果。

2）去湿机除湿

库房内使用去湿机，可将空气中的水蒸气降温、结露、析出液态水。冷冻去湿机一般具有不需要冷却水源，使用方便、性能稳定可靠、能连续运行等优点。

2. 杀虫

（1）高温、低温杀虫法

环境温度因子对纸质文物库房滋生的害虫的新陈代谢活动影响很大，温度既可以加速或减缓害虫新陈代谢的速度，也可以使害虫代谢完全停止而死亡。

1）高温法

40 ~ 45℃为昆虫生长的亚致死高温区，又称热休克区。昆虫生活在这一温度区域内，持续数天，就会因代谢失调而死亡。

2）低温法

-10 ~ 8℃为昆虫生长的亚致死低温区，又称冷昏迷区。昆虫生活在这一温度区域内，持续数天，就会使代谢速度变慢，生理功能失调，体液冰冻和结晶，原生质遭到机械损伤而死亡。

（2）γ 射线辐照杀虫

γ 射线是一种波长极短、能量较高的电磁波，对生命细胞的穿透力较强，对各种昆虫（微生物）均有杀伤作用。

（3）气调杀虫

空气是昆虫重要的生态因子，缺少氧气，昆虫便不能正常生长、发育、繁殖。在密闭的条件下，将空气中各种气体的正常比例加以调整，减少 O_2, 充入 N_2 或 CO_2 气体，使昆虫的正常活动受到抑制，窒息而死。

（4）化学熏蒸杀虫

熏蒸就是在密闭条件下，使用化学熏蒸剂以毒气分子的状态穿透到生物体内，使其中毒而死。目前常用的熏蒸剂为磷化铝片剂，释放出来的 PH3 气体主要作用于昆虫的神经系统，使昆虫死亡，对成虫和幼虫均能达到 100% 的杀虫效果。

3. 防光

纸质文物最怕长时间被光照晒，尤其是紫外光对纸张有很大的破坏作用。达到地面的 290 ~ 400nm 的紫外光是引发纸张材料发生光化学反应的主要因素，所以库房防光主要是防紫外光。

（1）合理确定库房照度标准

照度是指物体表面得到的光通量与被照射表面的面积之比，单位是勒克司（lx），一般纸质库房的照度为 30 ~ 501x，库内所用照明灯光不需过于明亮。

（2）限制日光的辐射强度，减少光通量

窗户是日光进入库内的主要通道，对窗户的位置、结构、玻璃、遮阳设备都应有合理的安排。

窗户位置决定光通量：北窗＜南窗＜东窗＜西窗。

窗户结构决定光通量：无窗、小窗、狭长窗、多层玻璃窗、百叶窗都能限制光通量。

窗户玻璃决定光通量：毛玻璃、花纹玻璃、吸热玻璃、茶色玻璃、彩色玻璃能限制光通量。

窗户遮阳决定光通量：厚窗帘、遮阳板（水平式、垂直式、综合式、挡板式）都能限制光通量。

（3）涂布紫外光吸收剂

在窗户玻璃上涂紫外光吸收剂，如二羟基二苯甲酮类可吸收400nm以下紫外光，KH—1型涂料对紫外光的滤光率可达99%以上。

第五节　纺织品文物的保护

一、纺织品文物出土时注意事项

纺织品文物的来源主要有两类。一类是传世珍品，如故宫博物院收藏的御用龙袍、锦被、地毯等，由于所处的温、湿度条件相对稳定，较少暴露于强光下，因此织品的老化速度较缓慢。另一类是出土织品，在中国西北部地区埋葬环境干燥、密闭条件好，织品基本保持古代原貌，易于提取，但污物泥垢仍要暂时保留，对叠压成块状的织品要整体提取。

如果埋葬环境温度高、湿度大，土壤酸碱度对织品腐蚀严重，导致纺织斛维和染料的化学性质和结构改变，发生断裂、酥脆甚至矿化腐烂。在此情况下，从墓内取出纺织品时要掌握时机，防止织物因急剧干燥而更脆弱。方法是：在织品尚潮湿的情况下，于其表面敷帖棉纸，依靠棉纸的强度，将纺织品取出。如织品已腐烂成团，整体取出后，放置在衬有棉纸的木版上，再覆盖棉纸，装入塑料袋中密闭，带回实验室进行揭取、清洗、灭菌、固定等保护技术处理。

出土之后纺织品所处环境温湿度升高、见光、遇氧，迅速激起各种理化变化。在考古现场经常遇到刚打开棺盖时的那种质地优美、色彩艳丽的织物不久后就会变得面目全非，不仅色泽退变，而且质地也迅速地炭化。所以，有经验的考古人员在发掘出织品后会及时地将其置于低温环境中，并绝对避光保存。

法门寺唐代地宫的发现震惊了世界，该地宫内珍藏了大量武则天、唐懿宗、惠安皇太后等御用的丝绸文物。由于没有良好的保护技术和条件，这些国宝至今仍放在冰箱里低温、密闭、避光保存。

二、除污

出土的纺织品文物一般不可避免地粘附有大量泥土杂质，去除这部分杂质是对纺织品文物进行保护的首要步骤。

1. 除尘

大多数的陈年纺织品上面都附有许多灰尘，可使用洗耳球轻轻从中间向四周吹去微尘。大一些的杂质选用镊子小心钳去，镊子需尽可能拿得平稳，动作要轻，因金属尖头极易碰伤表面纤维。

2. 除泥垢

出土纺织品文物大多附有难以去除的泥垢，可用酒精（CH_3CH_2OH）将其溶解，粘土和酒精都是极性分子，容易相互溶解。采用酒精替代蒸馏水是因为其张力小于水分子，可避免使炭化纤维造成塌陷。用小羊毫毛笔蘸 75% 酒精溶解泥垢，当露出织品以后，羊毫笔尖要向同一个方向移动，否则会使泥浆嵌人到织品的纹理中去，造成织品图案模糊不清，从而影响观赏效果。

三、消毒

出土的纺织品文物，尤其是随葬品，有些在入葬时就已沾染有病毒、细菌，埋葬后又受到地下各种微生物的侵蚀，所以纺织品文物出土后一般要先进行消毒，一方面避免人体接触受到病毒和有害菌的感染，危害人体健康；另一方面也可以消除或减少有害微生物对出土纺织品文物的进一步损害。一般采用的方法是在发掘取出纺织品文物后，立即放入准备好的复合塑料袋，通入配好的环氧乙烷与二氧化碳混合气体（环氧乙烷与二氧化碳的重量比为 1：9），然后把塑料袋封好，放置 24 小时后取出。也可将出土的大批纺织文物集中放入一密封熏蒸室，然后通入环氧乙烷与二氧化碳混合气体，密闭 12 ~ 24 小时后取出。

环氧乙烷杀虫灭菌广谱性好，对细菌及其芽孢、病毒、真菌及其孢子等都有较强的杀伤力，对纺织纤维无腐蚀作用，也不会使染料退色。它有很强的穿透力，不仅对纺织品表面的微生物和害虫有杀灭效果，而且能穿透到纺织品内部。环氧乙烷灭菌机理是其烷基能与菌体蛋白质内的氨基、羟基、酚基、巯基结合，造成菌体细胞代谢产生不可逆的破坏作用。

四、清洗

1. 清洗前试验

对有色织物进行清洗前，必须进行局部点滴掉色试验，以判断水或其他溶剂对色素的溶解程度。其方法可以在有颜色的次要部位滴上一滴试验溶剂，湿润1分钟后，用棉球或吸湿纸沾拭，若发生颜色轉移，这种现象称为“流淌”，表明这种溶剂能使织物掉色，应改用其他溶剂。也可以用5%NaCl水溶液或2%～5%的醋酸溶液先进行颜色固定，必要时可以增大醋酸浓度，最高可达20%。然后再做点滴试验，经固色后若无流淌现象，方可使用此种溶剂。

蛋白质纤维对于碱性溶液很敏感，而植物纤维对酸性溶液很敏感，水洗过程中一般不加入其他化学试剂，有时为了固定颜色可采用的NaCl水溶液。在水洗过程中，必要时应加入表面活性剂，一般以非离子表面活性剂为好，有时也可加入阳离子活性剂。通常加入表面活性剂量在0.2%左右，对溶液的酸碱性影响不大。

天津历史博物馆的科研人员对100多年前的清代氅衣进行水洗、去霉斑处理前，先用脱乙酰化甲壳质（壳聚糖）的稀酸水溶液进行固色。这件丝织文物表面布满了雨点状霉斑，霉菌孢子深嵌在纤维中间，黑色面料色牢度很差，丝纤维脆化。固色后丝纤维强度增强，质感挺而不硬，用手触摸仍有丝绸的滑爽感和柔韧性，外观无变化。再用酸性离子水清洗霉斑和污物，因形成的小集团分子水容易浸入丝纤维中间，去霉彻底。

2. 水洗

出土织物由于自然界的综合腐蚀作用，纤维已变得非常脆弱。纤维的抗拉强度、耐折度都很小，再加上黏结成团，必须用大量的水才能清洗干净，但又不能直接放入水中清洗，可用托网和斜面平台托衬糟朽织物，避免织物进一步损坏。

（1）托网清洗法

托网是采用木质边框的尼龙网。清洗池可用平底搪瓷浅方盘或不锈钢浅方盘，采用去离子水或蒸馏水清洗织物，而不直接用自来水，以防止自来水中残留的氯或次氯酸盐对织物产生侵蚀和漂白作用。水温保持在25～30℃之间，水洗法对棉、麻、丝、毛织物均可。清洗时将托网在水中轻轻晃荡，但不能用力过猛，每次托网入水和出水时都要缓慢。利用托网清洗时，对于质地较好的织物，可以利用两张托网对扣的办法，将织物从一张托网转移到另一张托网上，来回转洗织物的另一面。

目前已将超声波方法应用于古代丝织品的水洗过程，应使用能量较小的超声波波源，因为有些织物老化得很厉害，过分的振荡会加速纤维的断裂。

（2）斜面平台清洗法

对一些老化严重的织物，应将其放在脱脂纱布衬垫的斜面玻璃平台上，在上面薄敷一层棉花或纱布，用温热蒸馏水把污渍浸湿，使污物溶解被底垫吸收，直至玻璃上流下来的水干净时为止。

还可利用高温水蒸气的强穿透力溶化粘结物，使块状织物变软、脱胶而慢慢疏解开来，每通一次蒸气流，织物上的污物就会落在棉垫上。

其方法是用纱布和脱脂棉铺成薄片做底垫，将待洗的织物放在底垫上，织物上面再覆盖同样的棉垫，然后通入蒸气流清洗，这样每清洗一次，织物上的污物就会就会落在棉垫上。然而此法温度较高，会对古代织物本身产生一定的影响。

3. 干洗

点滴掉色试验表明不能水洗的织物可换用有机溶剂清洗（同样需做掉色试验），常用的有机溶剂有丙酮、石油醚、四氯乙烯、四氯化碳等，也可采用几种有机溶剂混合液清洗，如一种混合洗涤液配方（重量比）为：

乙醇	9	三氯乙烯	2
乙酸乙酯	6	乙酸	1
丙酮	1	中性洗涤剂	10

无论用何种方法清洗污垢后，一般不得采用烘晒的方法，而应置于通风阴凉处晾干，以避免古代织物的热氧老化、光氧老化。

五、加固

1. 丝网加固

所谓丝网加固，就是将涂有树脂胶粘剂的蚕丝网，热压覆盖在织物上，从而起到对破损织物加固的作用。丝网亮丽透明，薄而轻，手感好，加固后对织物的原始纹理及图案影响不大。具体方法：先将丝网平铺在毛毡上，然后把织物放在丝网上，再在织物上铺上一层丝网，形成一种三明治结构，最后将织物和丝网一体物放在两张聚四氟乙烯薄膜中，用可调温电熨斗（温度设在丝档，约 80℃左右）稍用力有顺序地移动，将丝网与织物紧密地粘在一起。丝网加固实际上是一种改进的树脂“热加膜法”——在热塑性树脂薄膜中，压粘有丝网。在此，树脂不只是粘接剂，更是主要的成膜物质，与一般树脂膜相比，它不是密膜，而是网状膜。由于蚕丝的理化性能较植物纤维素低，是一种不耐久的天然纤维材料，现国内外多采用合成纤维来做衬托。

2. 高分子化合物渗透加固

高分子化合物渗透加固是应用浸泽、喷雾或软毛笔蘸溶液涂刷等方法，将某些高分子材料涂布于织物表面，逐渐渗透进入织物纤维内部，以达到增加其强度的一种方法。

（1）高分子加固剂性能要求

所用的加固剂应符合以下要求：

①化学性质稳定，耐老化性能好，不黄变，不会加速织物材料的老化或退色。

②具有柔韧性，并能增加织品的强度。

③无色透明，不会改变织物的色泽、质地和外观，不会使纤维膨胀。

④尽可能具有可逆性，分解时不会产生有害产物。

⑤粘度适中，以确保良好的渗透性，不发粘，不吸尘。

（2）高分子加固剂种类

①聚烯烃及其缩醛类：聚乙烯、聚乙烯醇、聚乙烯醇缩丁醛等。

②丙烯酸酯类：聚甲基丙烯酸甲酯、聚甲基丙烯酸丁酯、丙烯酸丁酯等。

③聚酯类：聚对苯二甲酸乙二酯。

④纤维素类：乙基纤维素，羧甲基纤维素，醋酸纤维素，羟丙基甲基纤维素等。

在上述加固材料中，以聚甲基丙烯酸丁酯和羟丙基甲基纤维素性能较为优良。

丙烯酸酯类具有透明性好、耐热、耐光和耐氧化降解的特性，而且通过调整丙烯酸及其共聚单体的种类、比例、聚合物的分子量以及聚合工艺等一系列措施，可制得性能和应用范围非常广泛的高分子材料。聚丙烯酸酯类纺织品加固剂能够形成柔软且富有弹性的薄膜，聚合物中的酯基具有相当强的氢键结合力，对织物产生一定的粘附性，使其能固化在纺织品上。

（3）有机硅高分子加固剂

某些高分子加固剂有其难以克服的弊端，如低分子量聚乙烯醇会使纺织品颜色加深，发粘、吸湿性增强，易于吸尘及粘上其他污物。用聚乙烯醇或聚乙烯醇缩丁醛处理的织物发硬，织物会受到老化后坚硬、开裂的加固剂锋利的边缘的摩擦损伤。

近年采用一种有机硅改性的丙烯酸树脂加固糟朽丝织品。有机硅改性的丙烯酸树脂材料具有良好的理化性能，在一定程度上减小了加固剂对织物的不利影响。通过向丙烯酸酯乳液中引人有机硅的方法而制得的有机硅改性丙烯酸酯乳液也称为硅丙乳液，其耐候性远优于纯丙烯酸树脂。其中有机硅起到改性丙烯酸酯的作用，提高其耐沾污、耐老化和耐水性能。中国建筑科学研究院硅丙涂料研究室合成的一种适用于丝织品保护代号为 SA—6 的硅丙乳液，经加固丝绸老化实验，丝织品强度增加一倍以上，色泽、手感都比较好，具有较优的耐热性、耐热性和耐霉性。

3. 接枝加固

接枝加固是利用接枝反应达到增强文物材料强度的一种方法。接枝反应的研究始于 20 世纪 50 ~ 60 年代，其反应机理一般认为是自由基链式加聚反应。在加热条件下，引发剂分解，产生初级自由基，进而引发单体形成自由基，然后与丝素大分子发生接枝共聚反应，其反应过程如下所示：

引发剂分解：$S_2O_8^{2-} \rightarrow 2SO_4^- \cdot$

链引发：$SO_4^- \cdot + M \rightarrow M \cdot + SO_4^{2-}$

$\sim S + M \cdot \rightarrow \sim SM \cdot$

（$S_2O_8^{2-}$ 代表引发剂，～S 代表丝素大分子，M 代表单体）

链增长：$\sim SM \cdot + M \rightarrow \sim SM_2 \cdot$

$\sim SM_2 \cdot + M \rightarrow \sim SM_3 \cdot$

……

$\sim SM_{m-1} \cdot + M \rightarrow + \sim SMm \cdot$

链终止：$\sim SMn \cdot + S_2O_8^{2-} \rightarrow \sim SMn—SO_4^- + SO_4^- \cdot$

$\sim SMn \cdot + \sim SMm \cdot \rightarrow SMn—MmS \sim$

（偶合终止，m、n 代表链节数）

接枝率：（$W—W_0$）$/W_0 \times 100\%$

（W 为接枝后样品重量，W_0 为接枝前样品重量）

通过接枝反应一方面将能改善材料性能的分子或基团结合到丝纤维上，另一方面使线状纤维彼此间发生交联，增加织品的强度。

丝织文物丙烯酰胺接枝加固以丙烯酰胺作为丝纤维的接枝单体，以过硫酸铵为引发剂，按单体用量 4 ～ 6g/L，浴比 1：50 配制反应液，将丝织品投入于恒温水浴锅中升温至 70 ～ 75℃，按 1.5g/L 比例加入引发剂过硫酸铵，恒温反应 120 分钟左右，然后用温水清洗，漂净后置于通风干燥处晾干。

对两件清代传世的和一件出土的明代的、颜色分别为蓝色、橙色、棕色的织品进行接枝加固，处理后颜色未见变化，三件织品的接枝率分别为 10.4%、37.7%、29.3%，重量有所增加，但质感较好，强度增大，而且可以清洗。

4. 丝胶加固

生丝主要有丝素和丝胶组成，丝胶是丝素的保护物质，具有粘合和维持丝素强度的功能。据测定，一般桑蚕茧中的丝胶含量约占生丝总量的 20% ～ 30%。可从生丝中提取丝胶，利用其粘合特性加固糟朽纺织品文物，此种加固既可以提高颜料的附着力，又可增加织物的强度。

具体方法是将未脱胶的生丝洗净，放入烧杯加入蒸馏水，水浴法加热，温度控制在 90 ～ 100℃之间，数小时后，外层丝胶溶解，加入 30% 乙醇蒸馏水液体，配置成丝胶含量 1% ～ 1.5% 的混合液。将混合液装入手捏式喷枪中，均匀喷涂织物表面。

喷涂同时保持一定的温度，以防丝胶冷凝。

我国曾用丝胶加固法对马王堆汉墓出土的一幅完整的泥金银火焰纹印花纱进行保护处理，取得较好效果。该织物褶皱多，质地强度下降，表面色彩脱落严重。方法是：首先理平褶皱，将织物平展于铺垫棉布的工作台上，用干净的滤纸吸水后轻轻置于褶皱处，待织物湿润后揭去滤纸，理平褶皱；个别难于理平的大褶皱，用包覆纸张的熨斗温度控制在 80℃左右熨平。然后用 1% 丝胶液均匀喷涂织物两面数次。织物晾干后两面衬垫中性纸，用 2mm 厚的有机玻璃平压。

参考文献

［1］王丹华．对文物保护科技工作的一点看法［J］．中国文化遗产，2004，000（003）：6-6.

［2］王晓燕．浅谈我国基础文物保护工作中存在的问题及解决策略［J］．祖国：建设版，2013，000（011）：284-284.

［3］常平．试谈基层文物保护工作的困境及对策［J］．文物鉴定与鉴赏，2018，000（003）：156-157.

［4］肖玉茶．文物考古之文物保护与管理概述［J］．大众文艺：学术版，2016.

［5］杜娟娟．浅谈博物馆文物管理中的文物保护措施［J］．赤子，2019（22）.

［6］刘建美．当代中国的文物保护制度及实践［M］．研究出版社，2013.

［7］黄文铮，郑力鹏．文物保护工程全面质量管理的基础技术工作［J］．价值工程，2011（19）：69-70.

［8］王成兴．文物保护技术［M］．安徽大学出版社，2005.

［9］徐飞．文物保护技术新世纪展望［J］．东南文化，2002（07）：93-96.

［10］崔玉洲．纸质文物保护技术及环境控制对策［J］．文物鉴定与鉴赏，2018，000（011）：104-105.

［11］张欢，梁义．纸质文物保护技术及环境控制对策［J］．中国文物科学研究，2010（04）：20-22.

［12］陆寿麟．文物保护技术［M］．科学出版社，2010.

［13］杨璐．考古发掘现场文物保护技术［M］．科学出版社，2012.

［14］张月玲．我国海洋出水文物保护技术现状分析［J］．中国国家博物馆馆刊，2012（06）：133-139.

［15］赵丰．博物馆纺织品文物保护技术手册［M］．文物出版社，2009.

［16］国家文物局．博物馆铁质文物保护技术手册［M］．文物出版社，2014.

［17］郭倩如，梅建军，潜伟．不可移动文物保护技术与法律的双重维系［J］．中国文物科学研究，2015，000（003）：10-14.

[18] 张金萍 . 馆藏纸质文物保护技术的历史，现状与展望 [C] // 馆藏文物保护科学与技术研讨会 . 中国博物馆学会；国家文物局，2009.

[19] 李长瑜 . 基于某建设项目的文物保护技术研究 [J] . 中外建筑，2019，000（004）：49–50.

[20] 李存信 . 考古现场处置与文物保护技术 [M] . 中国社会科学出版社，2016.

[21] 丁新玉 . 为文物披上科技的护甲——现代文物保护技术 [J] . 文艺生活旬刊，2016（1）：286–286.

[22] 张冲 . 浅析青铜文物保护技术的传承与发展 [J] . 山东工业技术，2015，000（010）：230–230.

[23] 罗雁冰 . 从交叉学科的角度谈文物保护技术的实验教学改革 [J] . 科学导报，2014，000（009）：16–17.

[24] 马志达 . 纺织品文物保护修复技术概要 [J] . 丝绸之路，2011（14）：116–118.

[25] 周忠福 . 纳米技术与文物保护 [C] // 中国文物保护技术协会首届学术年会 . 中国文物保护技术协会，2001.